Tom Morris
Aristoteles auf dem Chefsessel

Tom Morris

Aristoteles
auf dem Chefsessel

Was Manager von Philosophen
lernen können

Die Deutsche Bibliothek – CIP-Einheitsaufnahme

Morris, Tom:
Aristoteles auf dem Chefsessel : was Manager von Philosophen lernen können /
Tom Morris. [Aus dem Amerikan. übertr. von Thomas Pfeiffer]. –
Landsberg/Lech : mi, Verl. Moderne Industrie, 1997
 Einheitssacht.: If Aristotle ran General Motors <dt.>
 ISBN 3-478-35940-6

Titel der amerikanischen Originalausgabe: „If Aristotle Ran General Motors"
Aus dem Amerikanischen von Thomas Pfeiffer

Umschlaggestaltung: Daniela Lang, Stoffen
Satz: Dr. Ulrich Mihr GmbH, Tübingen
Druck/Bindung: Himmer, Augsburg
Printed in Germany 350 940/08 97 01
ISBN 3-478-35940-6

Inhaltsverzeichnis

5

Danksagung

Ich möchte all den großartigen Menschen danken, die durch ihre Unterstützung dieses Buch mit ermöglicht haben: meinem literarischen Agenten Reid Boates, der mich mit dem wundervollen Team bei Henry Holt & Company zusammenbrachte. Meiner fast schon unfaßbar verständnisvollen Lektorin Tracy Brown, deren Kommentare durch die Bank weg von größtem Scharfsinn zeugten. Phil Newbold, Philosoph und Philanthrop, der sich die Zeit nahm, den ersten, noch gänzlich anders aufgebauten Entwurf zu diesem Buch von A bis Z durchzuarbeiten, und wertvolle Änderungsvorschläge einbrachte. Meiner Familie – meiner Frau fürs Leben, Mary, meiner Tochter Sara und meinem Sohn Matt, die mir auch in diesem überaus hektischen Jahr die Zeit gaben, dieses Buch niederzuschreiben. Jamie Wallace, die mir jeden Tag den Rücken von störenden Ablenkungen freihielt. Tom und Mary Parent, deren Unterstützung mir so viel bedeutet. Den vielen Bekannten, deren ebenso aufschlußreiche wie inspirierende Geschichten an verschiedenen Stellen des Buches als Beispiel dienen. Und nicht zuletzt meinen vielen neuen Freunden in Wilmington und Wrightsville Beach, die Wahrheit, Schönheit, das Gute und Einheit jeden Tag aufs neue lebendig werden lassen. Ein besonderes Wort des Dankes gebührt meinem Schwager und seiner Frau, Jerry und Carolyn Teague, die gemeinsam mit Cliff, Melody und Jeff unschätzbar dazu beigetragen haben, daß meine Familie und ich unseren Wurzeln in North Carolina wieder näherkamen, und die mir durch ihren Beistand viele zusätzliche Stunden bescherten, in denen ich mich der Arbeit an diesem Buch widmen konnte. Und nicht zu vergessen die vielen Unternehmen und Verbände, die nicht davor zurückschreckten, einen Philosophen in ihre Mitte einzuladen, die mir erlaubten, meine Ideen vor und

mit ihnen durchzuspielen, und die voller Begeisterung zur Weiterentwicklung dieser Ideen beitrugen. Ich grüße euch, ihr Philosophen der Geschäftswelt, die jeden Tag aufs neue an vorderster
Front kämpfen.

Vorwort

Den Unternehmensgeist neu erfinden

Was, glauben Sie, würde Aristoteles tun, wenn er auf dem Chefsessel eines modernen Unternehmens säße? Wie würde einer der bedeutendsten Denker in der Geschichte der Menschheit, der Schüler Platons und Lehrer Alexanders des Großen, für dauerhafte Spitzenleistungen und langfristigen Erfolg in seinem Unternehmen sorgen? Worauf würde er sich konzentrieren? Was würde er anders machen? Angenommen, Sie könnten sich mit Hilfe eines Zauberspruchs mit dem großen Philosophen der Antike in Verbindung setzen und ihn um ein paar Ratschläge bitten, wie Sie Ihr Unternehmen (oder Ihr Leben) führen sollten, was würde er Ihnen wohl empfehlen, worauf Ihren Blick lenken?

Viele von uns scheinen ihr Leben phasenweise so zu leben und ihre Arbeit so zu tun, als ob sie das Rad immer wieder neu erfinden müßten. Bestenfalls orientieren wir uns an den Ideen und Handlungsstrategien von Menschen, die gerade zufällig in unserer Zeit und in unserem Kulturkreis leben und arbeiten. Offenbar haben wir vergessen, daß vor uns außergewöhnlich weise Menschen gelebt haben, große Köpfe, die sich mit denselben grundlegenden Fragen auseinandergesetzt haben, über die auch wir uns den Kopf zerbrechen – und die uns tiefe Erkenntnisse und innovative Lösungsansätze hinterlassen haben, die auch heute noch Gültigkeit besitzen.

Die Philosophen, von Platon und Aristoteles bis hin zu den Postmodernisten, haben uns ein gewaltiges Bankkonto voller Weisheit vererbt, einen unerschöpflichen Reichtum an Wissen, das sowohl auf die Wirtschaft als auch auf das Leben als solches anwendbar ist. Nichts hindert uns daran, dieses intellektuelle Kapital in unsere Karrieren und Lebensläufe zu investieren und neue Weisheiten und Einsichten zu gewinnen. Wenn wir uns in unserem Denken von den Philosophen leiten lassen und selbst anfangen, Philosophen zu werden, sind wir auf dem besten Weg, echte Spitzenleistungen, wirklichen Wohlstand und erfüllenden Erfolg in der Wirtschaft, in unseren Familien und in unserem eigenen Leben zu erreichen.

Man könnte sagen, daß Völker, deren Gesetze von Philosophen gemacht werden, immer wohlhabend sind. *Aristoteles*

Dieses Buch ist für all diejenigen gedacht, die dauerhafte unternehmerische Spitzenleistungen und persönliches Glück durch Arbeit in einer Zeit anstreben, die so turbulent und herausfordernd ist wie die unsere. Auch wenn mir Aristoteles oft als Wegweiser dienen wird – ich werde nicht nur aus seinen Ideen und Gedanken schöpfen. Aristoteles' Name wird hier in gewissem Sinne symbolisch verwendet als Repräsentant der großen Philosophen, deren Erkenntnisse zur Lösung der Probleme beitragen können, vor denen wir heute in Unternehmen und im Privatleben stehen.

Meiner Überzeugung nach lassen sich bestimmte Einsichten, die Grundvoraussetzung sind für jede Art menschlicher Höchstleistungen, ob nun in einem Unternehmen oder in der Gesellschaft, durch philosophische Überlegungen erkennen. Höchstleistungen basieren in allen Formen gesellschaftlicher Organisation – seien es nun Familien, Cliquen, Nachbarschaftsverbände, Gemeinden, Vereine oder eben auch Unternehmen – auf vier ebenso elementaren wie einfachen Prinzipien, die allgemein zugänglich, allgemein gültig und verblüffend wirksam sind. Es sind diese vier Prinzipien und der Pfad der Weisheit, den sie uns eröffnen, die ich in diesem Buch erkunden werde. Unabhängig vom Kontext und unabhängig von der Größe der sozialen Organisation, wo immer Menschen zusammen leben oder arbeiten hängt das Erreichen und Halten von Höchstleistungen von der Anwendung derselben vier Grundprinzipien ab.

Mit Hilfe einiger der von Aristoteles und anderen großen Philosophen der Antike formulierten und ebenso einfachen wie mächtigen Ideen können wir unsere Geschäftsbeziehungen wieder in ein natürliches Gleichgewicht bringen, unsere Arbeitsplätze menschlicher und effektiver gestalten und den Corporate Spirit neu beleben. Wenden wir die fundamentalen und einfachen Konzepte und Erkenntnisse über die Natur und die Voraussetzungen von Spitzenleistung konsequent auf alles an, was wir tun, so werden wir erkennen, daß schlußendlich Größe in Einfachheit wurzelt.

> **Nichts ist einfacher als Größe; in der Tat, einfach sein, heißt groß sein.** *Ralph Waldo Emerson*

Das detaillierte Studium der vier grundlegenden Prinzipien für dauerhaften Erfolg und individuelle Höchstleistung wird uns zeigen, worauf Aristoteles sich konzentrieren würde, säße er auf dem Chefsessel eines modernen Unternehmens. Welchen Rat würde er uns erteilen? Wie würde er uns helfen, unser Land in die Zukunft zu führen?

Die inneren Voraussetzungen für Spitzenleistungen

Vor kurzem verbrachte ich einige Tage mit einer Gruppe von Versicherungsmanagern in einem Golfclub in Florida. Am ersten Tag verabredeten sich vier Teilnehmer vor Beginn des offiziellen Programmteils zu einer Runde Golf. Der Mann am ersten Tee legte sich den Ball zurecht, wählte einen Schläger, holte aus – und schlug voll ins Leere. Seine Kollegen, die schon manche Runde über das Green mit ihm absolviert hatten, waren nicht wenig erstaunt. Ohne zu zögern, drehte er sich zu ihnen um und sagte mit einem Ausdruck von Ehrfurcht in der Stimme: „Verdammt schwerer Kurs."

Der schlagfertige Golfer legte mit seiner Bemerkung eine zutiefst menschliche Verhaltensweise an den Tag. Viele von uns scheinen eine angeborene Neigung zu besitzen, Probleme auf äußere Umstände, auf die sie keinen Einfluß haben, zurückzuführen.

Wir lenken die Aufmerksamkeit von uns selbst und unserem inneren Zustand ab und richten sie statt dessen auf etwas, das außerhalb von uns liegt. Nirgendwo wird dies so offensichtlich wie im modernen Geschäftsleben. Globaler Wettbewerb, technologischer Wandel, Konjunkturschwankungen, Restrukturierungsmaßnahmen, Shareholder-Forderungen, übersteigerte Erwartungen... Verdammt schwerer Kurs.

Der wichtigste Faktor im Umgang mit den Problemen, mit denen wir uns im Geschäftsleben auseinandersetzen müssen, ist unsere Fähigkeit, den Blick nach innen zu wenden und die Grundlagen unserer Geschäftspraktiken und -beziehungen zu durchleuchten. Dieses Buch wird Ihnen zeigen, warum wir in allen unseren Beziehungen – sowohl innerhalb einer Organisation als auch zu Kunden und Zulieferern – die vier Prinzipien menschlicher Spitzenleistung berücksichtigen müssen.

Wie sich heutzutage dauerhafter Erfolg erreichen läßt, können wir aus uralten Einsichten über den menschlichen Geist ableiten – und zwar sowohl in bezug auf rein individuelles wie auch auf ökonomisches Handeln. Dieses Buch geht zwar vom wirtschaftlichen Bereich aus, doch wird sich zeigen, daß wir in fast allen Fällen Schlußfolgerungen treffen können, die auch für das Leben als solches Gültigkeit besitzen.

> **Die Weisheit des Weisen ist sein außergewöhnliches Maß an gesundem Menschenverstand.** *Dean W. R. Inge*

Erwarten Sie von mir keine revolutionären oder exotischen Techniken, mit deren Hilfe sich alle unternehmerischen oder individuellen Probleme lösen lassen, denen wir am Vorabend eines neuen Jahrtausends gegenüberstehen. Viel wahrscheinlicher ist, daß ich mit Hilfe der Philosophie Erkenntnisse über die Grundlagen dauerhafter Spitzenleistung formuliere und in eine Ordnung bringen werde, die Sie mehr oder weniger unbewußt schon seit langem für sich entdeckt haben. Ich werde ein Ideengerüst entwerfen, das auf sehr einfache und umfassende Weise erklärt, warum viele der erfolgreichsten Geschäftspraktiken so gut funktionieren und warum die, die versagen, nicht funktionieren. Wir werden, bildlich gesprochen, einen Schritt zurücktreten und uns dadurch den Blick auf das große Ganze eröffnen, auf die Voraussetzungen für überlegene Leistungen und langfristig zufriedenstellenden Ergebnisse. Die Grundlagen von erfüllter Arbeit, echtem Unternehmensgeist und dauerhaften Spitzenleistungen, die ich in diesem Buch vorstelle, werden Ihnen helfen, das, was Sie bereits richtig tun, noch besser zu tun und die Hindernisse, die Ihnen dabei möglicherweise noch im Weg stehen, zu überwinden.

Hier und jetzt

Seit einiger Zeit rückt die Bedeutung von Produkt- und Servicequalität in unserer von immer härterer Konkurrenz geprägten Welt mehr und mehr in den Mittelpunkt. Jeder spricht, so scheint es, über Unternehmensreengineering und die Reorganisation von Arbeitsprozessen, und fast täglich kommen neue Managementstrategien auf den Markt. Wir drohen in der Flut neuer Technologien und exponentiell zunehmender Informationen zu ertrinken. Doch hinter allen Produkten, Dienstleistungen und Unternehmensprozessen, hinter allen Strategien und Methoden und Daten stehen auch heute noch die Menschen, die die Arbeit tun. Menschen, die sich, wie uns ein Blick in die Fachpresse oder einschlägige Cartoonsammlungen zeigt, als Opfer, nicht als Nutznießer dieser neuen, ausschließlich auf zahlenmäßigen Erfolg ausgerichteten Unternehmensstrategien empfinden – mit entsprechend verheerenden Folgen für den Unternehmensgeist.

Ich übertreibe nicht, wenn ich sage, daß wir in einer Zeit leben, in der der Corporate Spirit neu erfunden werden muß. Die Vision des produktiven und kreativen Unternehmens läuft Gefahr, unter dem Druck, der von vielen Seiten ausgeübt wird, zu zerbrechen, sich aufzulösen und durch zynisches Mißtrauen und engstirniges, destruktives Selbstinteresse einerseits oder Passivität und Hoffnungslosigkeit andererseits ersetzt zu werden.

Zu viele Menschen fühlen sich zu unsicher, zu bedroht, zuwenig anerkannt in ihrer Arbeit. Als Folge fehlt ihnen die Motivation, sich in eine Sache zu verbeißen, bis an ihre Grenzen zu gehen und einen Job so gut zu tun, wie es ihnen nur möglich ist. Und das kann sich, zumindest langfristig, kein Unternehmen leisten. Wir stehen vor einer spirituellen Krise, nicht nur in der Wirtschaft und im Wirtschaftsleben, sondern in der Gesellschaft insgesamt, einer Krise, die erst seit kurzem als solche wahrgenommen wird.

Meiner Überzeugung nach haben heute viele Unternehmen, bildlich gesprochen, bereits ihren letzten Tropfen Treibstoff – die Motivation ihrer Mitarbeiter – verbrannt, haben das aber wegen der allen organisatorischen Prozessen innewohnenden Trägheit (noch) nicht registriert. Ein Unternehmen, das den letzten Rest an gutem Willen und Motivation seiner Mitarbeiter verspielt hat, wird vom alten Schwung zwar noch eine Weile, oft sogar eine gute Weile, in Fahrt gehalten, aber wehe, wenn sich in der Straße plötzlich Schlaglöcher auftun oder es gar bergauf geht!

> **Das größte Gut einer Nation ist die Moral ihrer Bürger. Die größte Gefahr, die einer Nation drohen kann, ist der Zusammenbruch dieser Moral.** *George B. Courtelyou*

Die eigentliche, wirkliche Grundlage dauerhafter Spitzenleistung sind die Menschen, die die Arbeit tun. Deshalb wird es höchste Zeit, sich auf zutiefst menschliche Aspekte wie Glück, Zufriedenheit, Sinn und Erfüllung am Arbeitsplatz zu konzentrieren. Nur wenn wir die zentrale Rolle dieser Aspekte in der Gesellschaft und im Arbeitsleben anerkennen, können wir uns daranmachen, den Arbeitsethos neu zu erfinden und damit den Grundstein für dauerhafte Spitzenleistungen zu legen. Versäumen wir das, wird keine der anderen Strategien, die derzeit en vogue sind – sei es Reengineering, Kundenorientierung, Open-Book-Management oder was auch immer –, auf Dauer den erwünschten Erfolg erbringen.

In Großunternehmen, in Kleinbetrieben, in Anwaltskanzleien, in Schulen oder Arztpraxen, wo immer Menschen zusammen arbeiten, muß der Corporate Spirit gepflegt werden. Das englische Wort für Unternehmen, „corporation", geht auf das lateinische

Wort für Körper, „corpus", zurück, und ein Unternehmen, eine „corporation", ist zunächst und vor allem ein „Körper" von Menschen mit den gleichen Interessen oder Zielen, die im Rahmen einer regelhaften Struktur zusammen leben oder arbeiten. Ich wandte das Wissen der antiken Philosophen auf meine Umgebung an und erkannte, daß dieselben Prinzipien, die im persönlichen oder familiären Kontext oder zwischen Freunden Menschen zu Höchstleistungen anspornen, ebenso im Geschäftsleben und am Markt wirksam sind. Trotzdem werden diese Grundsätze von den modernen Betriebs- und Wirtschaftswissenschaften fast gänzlich ignoriert und in der Managementpraxis entsprechend wenig gewürdigt.

Menschen verspüren keine Motivation, ihr Bestes zu geben, solange sie nicht ein Mindestmaß an Zufriedenheit bei ihrer Arbeit empfinden, solange sie diese nicht als sinnvoll – und zu einem bestimmten Grad –, als beglückend erleben.

Wieder und wieder haben Motivationstrainer bestätigt, daß extrinsische, also äußerliche Anreize wie Lohnerhöhungen, Beförderungen oder Prämien nur begrenzt motivationssteigernd wirken. Dasselbe gilt, und zwar auf allen Ebenen einer Organisation, für negative Anreize, beispielsweise die Angst vor dem Verlust des Arbeitsplatzes. Ohne den intrinsischen, den inneren Anreiz, den Glück, Erfüllung oder Sinnhaftigkeit in der Arbeit vermitteln, müssen alle Versuche fehlschlagen, Menschen so weit zu motivieren, daß sie ihren höchstmöglichen Leistungsgrad erreichen und halten.

Noch die geringste Sache mit einer Bedeutung ist mehr wert im Leben als die größte Sache ohne sie. *C. G. Jung*

In diesem Buch werde ich zeigen, wie sich aus einer guten Dosis antiker Weisheit zusammen mit einem Schuß zeitgenössischer Philosophie über individuelle Motivation und menschliche Leistungsfähigkeit eine Mischung herstellen läßt, die modernen, auf Gewinnmaximierung ausgerichteten Unternehmen genau die Mittel an die Hand gibt, mit denen sie den Herausforderungen unserer

Zeit begegnen können. Mit Hilfe dieser ebenso einfachen wie wirksamen Ideen können wir uns und unsere Mitarbeiter in die einmalige Position versetzen, produktive Fortschritte zu erzielen und gleichzeitig die Grundlage für unternehmerischen Fortschritt zu schaffen.

Reengineering und die meisten der in letzter Zeit so ausgiebig diskutierten Management- und Arbeitsplatzinnovationen können nur von oben herab initiiert werden. Die Wiederbelebung des Corporate Spirit hingegen ist ein Prozeß, den jeder in Gang bringen kann.

Jeder kann, unabhängig von seiner Position innerhalb einer Hierarchie, die Initiative ergreifen, den Unternehmensgeist in seinem Umfeld wiederbeleben und damit einen Prozeß auslösen, der unter Umständen weit über dieses begrenzte Umfeld hinaus spürbar wird. Das Wichtigste in jeder Organisation ist somit für jeden leicht zugänglich. Auf den folgenden Seiten werde ich zeigen, wie Sie mit vier einfachen Prinzipien eine dauerhafte Verbesserung erreichen können – Prinzipien, die nicht nur unsere Ansichten über Unternehmen, sondern auch über unsere Familien und sozialen Gemeinschaften revolutionieren werden. Das wäre es, was Aristoteles, würde er auf dem Chefsessel sitzen, zuallererst in Angriff nehmen würde.

Einführung

Spitzenleistung in Unternehmen und das Streben nach Glück

Es mag ironisch klingen, aber die Herausforderungen, vor denen wir heute am Ende des 20. Jahrhunderts stehen, lassen sich ohne die Rückbesinnung auf die ältesten Erkenntnisse der Menschheit nicht lösen. Es ist an der Zeit für einen Weckruf, an der Zeit, uns aufzumachen zu einem Ausflug in die Welt der Philosophie. Wir stehen an einer historischen Wegkreuzung, an der wir besser als jemals zuvor die Natur des Menschen verstehen und dieses Wissen auf die Art und Weise anwenden müssen, wie wir leben und Geschäfte betreiben. Die Menschen, mit den wir leben und Geschäftsbeziehungen unterhalten, werden sich mit nicht weniger zufriedengeben.

Als Sohn einer Unternehmerfamilie war es für mich nur natürlich, bei meinem Eintritt in die University of North Carolina Betriebswirtschaft als Hauptfach zu belegen. Fasziniert von der Welt der Wirtschaft und ihren Institutionen, fing ich an, das Studium der Wirtschaftsrechte ins Auge zu fassen, nicht ohne dabei von einer späteren Führungsposition in einem großen Unternehmen zu träumen.

Doch mit der Zeit entwickelte ich ein immer größeres Interesse an Dingen, über die in meinen Wirtschaftsseminaren kein Wort verloren wurde. Schließlich gelangte ich zu der Erkenntnis, daß die Wirtschaft unseres Landes in absehbarer Zeit ohne ein tieferes Verständnis der menschlichen Natur nicht mehr konkurrenzfähig sein würde und daß ich ohne Einsicht in die großen Fragen, die sich die Menschheit seit jeher stellte, niemals in der Lage sein würde, das zu erreichen, was ich anstrebte. Also schrieb ich mich für Philosophie und Religion ein und machte mich auf, die letzten

Fragen, jeden Aspekt des großen Gemäldes des menschlichen Lebens und Arbeitens zu erforschen.

Jedes Ding hat seine Zeit, und selbst vieles von dem, was Ruhm bringt, ist den Launen der Moden unterworfen. Doch die Weisheit besitzt einen Vorzug: Sie ist ewiglich. *Balthasar Gracián*

Meine Suche nach Erkenntnis und Einsicht brachte mir zunächst einen College-Abschluß in Religion ein und veranlaßte mich, mich das erste Mal als Autor eines philosophischen Werkes zu versuchen – das daraus resultierende dünne Bändchen wurde ein Jahr nach meiner Graduation veröffentlicht. Dieselbe Suche führte mich an das prestigeträchtige Department for Religious Studies an der Yale University. Entschlossen, nichts unversucht und ungetan zu lassen, um der endgültigen Erkenntnis teilhaftig zu werden, wurde ich der zweite Student an der Yale University, der es jemals versuchte und auch schaffte, gleichzeitig einen Doktor in Religionswissenschaften und Philosophie abzulegen. Es waren sechs schwere, aber oft auch berauschende Jahre.

Während ich meine Doktorarbeit beendete, schrieb ich mein zweites Buch, kehrte zurück nach North Carolina, wurde Vater und unterrichtete halbtags an der University of North Carolina. Nebenher erwarb ich eine Lizenz als Immobilienmakler, damit ich, sollte sich die Notwendigkeit ergeben, meinen Eltern in ihrem Geschäft unter die Arme greifen konnte – und um nicht ganz den Kontakt zur Geschäftswelt zu verlieren. Ein unwiderstehliches Angebot für eine Professur an einer der angesehensten Philosophiefakultäten des Landes lockte mich jedoch bald darauf an die University of Notre Dame in South Bend, Indiana. Dort verlebte ich 15 wundervolle Jahre; ich unterrichtete und schrieb insgesamt neun philosophische Werke für namhafte Verlage, darunter Oxford, Cornell und Notre Dame Press. Ich stand im Austausch mit einigen der bedeutendsten zeitgenössischen Denker und kam dadurch in den Genuß, mein wachsendes philosophisches Verständnis an den höchsten Maßstäben intellektueller Präzision zu messen.

Das Studium der großen Philosophen der Antike lehrte mich, wie man als Philosoph in der Gegenwart leben kann. Aufbauend auf ihren Einsichten fing ich an, eigene Gedankengebäude zu entwickkeln und neue Erkenntnisse zu gewinnen. Und genau das bereitete mich auf eine ebenso unerwartete wie bemerkenswerte Wende der Dinge in meinem Leben vor: Eine Verkettung von Umständen katapultierte mich endlich aus dem Elfenbeinturm der Wissenschaft hinaus und markierte den Startpunkt einer aufregend neuartigen Existenz als neuzeitlicher Philosoph.

Neue Bedürfnisse und Erwartungen am Arbeitsplatz

Vor ein paar Jahren hatte ich die wichtigste Unterhaltung meines Lebens. Meine professoralen Pflichten in Notre Dame nahmen mich vollauf in Anspruch; ich verfolgte die zeitgenössischen philosophischen Strömungen, schrieb meine eigenen Einsichten nieder und führte zahllose hoffnungsvolle und aufstrebende Studenten in die Welt der Philosophie ein. Eines Tages wurde ich von einer in South Bend sehr aktiven und prominenten Frau angesprochen. Sie hatte von meinen Vorlesungen erfahren und lud mich ein, vor einer Gruppe junger Unternehmer und Lokalpolitiker einen Vortrag über Ethik zu halten.

Ich fühlte mich sehr geehrt, mußte ihr aber gestehen, daß ich noch nie zuvor einen Vortrag vor einem nichtakademischen Publikum gehalten hatte. Außerdem sei ich, gab ich zu bedenken, weder ein Wirtschaftsprofessor noch ein Managementberater. Ich war mir unsicher, wie sich das, worüber ich sprechen konnte, mit den beruflichen Interessen dieser jungen Führungskräfte vereinen lassen würde. Kurz gesagt, ich fürchtete, diese jungen Nachwuchsmanager würden einfach nicht wissen, was sie mit einem Philosophen oder der Philosophie anfangen sollten.

Die Frau, die selbst mitten im politischen Leben stand, schenkte mir ein beruhigendes Lächeln und sagte etwas, was mein Leben verändern sollte.

„Sehen Sie, Tom, als ich 18 und auf dem College war, saßen

wir im Wohnheim ganze Nächte lang wach und redeten uns die
Kopfe heiß über alle möglichen und unmöglichen weltbewegenden Dinge – Leben, Tod, Liebe, Sinn, Gott, Glück, die Zukunft,
das Gute und das Böse. Jetzt bin ich 45 Jahre alt, und wenn ich
mich mit meinen Freunden treffe, drehen sich die Gespräche nur
über das, was die Kinder tun, über Sonderangebote im Einkaufs-
zentrum, gegen wen Notre Dame am Wochenende spielt. Niemals
mehr reden wir über etwas Wichtiges. Seitdem haben wir alle viel
erlebt und durchgemacht und tragen eine ganze Reihe tiefschür-
fender Fragen mit uns herum, die uns nicht zur Ruhe kommen lassen. Wer weiß, vielleicht haben wir sogar ein paar Antworten.
Aber es ergibt sich einfach keine Gelegenheit, mit anderen Leuten
über diese großen Fragen zu sprechen. Bitte, geben Sie sich einen
Ruck und uns einen Anlaß, endlich einmal wieder über die Dinge
zu reden, die wirklich zählen. Wir alle könnten ein bißchen Philosophie in unserem Leben gut gebrauchen."

Was hätte ich entgegnen können? Sie hatte recht. Der Bedarf
war da. Ich hatte das Gefühl, ich sollte die Herausforderung annehmen. Aber wie würden die Leute reagieren? Sokrates hatte
im alten Griechenland oft vor der Öffentlichkeit philosophiert,
seinen Mitmenschen eine Chance gegeben, über wichtige Dinge
nachzudenken und zu diskutieren – und das nicht ohne Erfolg,
wie die Tatsache beweist, daß er auf öffentlichen Druck hin gezwungen wurde, den Schierlingsbecher zu leeren. Ich für meinen
Teil hoffte zwar auf eine andere Art Erfolg, aber was dann tatsächlich daraus erwuchs, hätte ich mir nicht in meinen kühnsten Träumen vorzustellen gewagt.

In den Jahren seit dieser Aufforderung erlebte ich ein für einen
Philosophen des 20. Jahrhunderts überaus ungewöhnliches, wenn
nicht sogar einzigartiges Abenteuer. Ich flog kreuz und quer durch
das Land, unterbrochen von kurzen Stippvisiten ins Ausland, und
sprach vor großen, begeisterten Gruppen „realer" Menschen –
Menschen außerhalb der akademischen Zirkel – über Themen
wie Erfolg, Ethik, Glück, individuelle Zufriedenheit, das Leben
von und in Unternehmen, Spitzenleistung durch Partnerschaft
und den Sinn von alledem, diskutierte in lebhaften und aufschluß-
reichen Seminaren mit Spitzenleuten aus der Wirtschaft und wur-

de auf zahllose Versammlungen eingeladen, von kleinen Bürgergruppentreffen bis hin zu riesigen, landesweiten Konferenzen. Ich arbeitete mit Kleinunternehmern und internationalen Konzernen zusammen, sprach mit Lehrern, Eltern, Ärzten, Anwälten, einfachen Arbeitern, Meistern, Managern und Regierungsvertretern. Ich nahm auf dem Sofa von Regis und Kathie Lee (Anm. d. Übers.: US-Talkshowmaster) Platz, um den Frühaufstehern im Land ein bißchen Philosophie nahezubringen. Und jedesmal war ich von der Reaktion der Menschen erneut überrascht.

Während ich von Treffen zu Treffen und von Vortrag zu Vortrag eilte, wurde ich Zeuge einer aufregenden Entwicklung. In den vergangenen Jahren erlebte ich etwas, was ich nie für möglich gehalten hätte. Menschen, die vor Geldsorgen nicht mehr ein und aus wußten und Menschen, die einen Erfolg nach dem anderen feierten, Menschen zu Zeiten und an Orten, an denen man es nie erwartet hätte: Überall und immer wieder fingen und fangen sie an, etwas zu tun, was mich als Philosoph ebensosehr erfreut wie in maßloses Erstaunen versetzt:

Sie werden zu Philosophen. Ganze normale Menschen unterschiedlichster Herkunft und sozialer Stellung brechen auf in eine Welt der Erkenntnis und Weisheit, dieselbe Welt, die auch die Frau in Notre Dame wiederentdecken wollte. Überall im Land beginnen die Menschen, ihre Arbeit und ihr Leben mit neuen Augen zu betrachten. Sie fangen an zu philosophieren, über die Grundlagen ihres Lebens zu reflektieren, sich zu fragen, wie sie wirklich leben möchten. Sie befassen sich mit den großen Fragen des Lebens und wollen wissen, welche Bedeutung diese Fragen (und die Antworten darauf) für sie haben.

> **Es gibt nämlich ein Heilmittel für die Seele, die Philosophie.**
> *Cicero*

Was verbirgt sich hinter dieser erstaunlichen Entwicklung? Stellt sie in gewissem Ausmaß eine Antwort auf die Exzesse der achtziger Jahre dar? Ist sie Ausdruck einer geistig-spirituellen Gegenreaktion auf die materialistische Fixierung unserer Kultur? Wird sie angetrieben von den besonderen gesellschaftlichen Zwängen der neunziger Jahre? Könnte es sein, daß das herannahende Ende des umwälzendsten und ereignisreichsten Milleniums in der Geschichte der Menschheit uns dazu veranlaßt, Bilanz zu ziehen, unsere fundamentalen Werte und Prioritäten zu überdenken und uns Fragen wie „Wo stehen wir?" und „Wohin gehen wir?" zu stellen?

Angesichts des Zusammenbruchs der alten Weltordnung und der täglich wachsenden Gefahr einer neuen „Weltunordnung", der sich weltweit ausbreitenden und zusehends gewalttätigen Kriminalität, der immer rasanteren Geschwindigkeit des „Fortschrittes", der von Kräften angetrieben wird, die scheinbar jenseits unserer Kontrolle liegen, und angesichts der wachsenden Einsicht in die tiefgreifenden Probleme, an denen unsere fundamentalen sozialen Institutionen leiden, fangen viele Menschen an, sich verloren und verwirrt zu fühlen. In einer Zeit, in der sich alle Werte und Traditionen auflösen, suchen wir um so mehr nach einem festen Platz im Leben, nach einem Sinn in unserem Dasein.

> **Keine Fehler zu machen, liegt nicht in der Macht des Menschen; doch die Weisen und Guten lernen aus ihren Fehlern und Irrtümern Weisheit für die Zukunft.** *Plutarch*

Das Ende des Traumes

Es ist noch gar nicht so lange her, daß die meisten Menschen in den industrialisierten Ländern darauf vertrauten, harte Arbeit würde sich unterm Strich stets auszahlen und einem ein gewisses Maß an Wohlstand und Sicherheit bescheren. Seit einiger Zeit jedoch schwindet dieses Vertrauen rapide dahin. Immer mehr Menschen arbeiten so hart, wie sie nur können, und verlieren dennoch ihren Job – aus strategischen oder finanziellen Gründen, die niemand so ganz zu begreifen scheint. Immer öfter wird von Arbeitern und Angestellten verlangt, mehr zu arbeiten, sich mehr einzusetzen, und das, obwohl immer mehr Unternehmen lange für selbstverständlich gehaltene Anreize und Leistungen wie Weihnachtsgeld oder Lohnfortzahlung ersatzlos streichen und statt dessen drohend mit dem Zaunpfahl der Arbeitslosigkeit winken. So ist es kein Wunder, daß Arbeitszufriedenheit und -moral in vielen Unternehmen auf einen historischen Tiefpunkt gefallen sind. Die einen reagieren auf den steigenden existentiellen Druck mit wütenden Protesten, die anderen mit verzagter Passivität. Und viel zu viele haben das Gefühl, ihren Platz in der Welt verloren zu haben.

So viele Rezepte für das Erreichen des Glücks bislang angepriesen wurden, so viele haben auch versagt; die einstmals hehren Worte vom goldenen Zeitalter des allgemeinen Wohlstands klingen heute nur noch hohl und leer. Es gibt, so scheint es, keine einfachen, fertig ausformuliert in der Schublade liegenden Rezepte dafür, wie man ein zufriedenstellendes Leben führen könnte, ein Leben, das es wert ist, gelebt zu werden. Und dieses Gefühl des Mangels fordert uns dazu heraus, uns – endlich – ernsthaft mit unserer Situation auseinanderzusetzen. Die Zeit, die uns auf der Erde gegeben wurde, ist zu kostbar, als daß wir sie leichtfertig verschwenden dürften.

Philosophie ist ein guter Rat.   *Seneca*

Bringen wir die Philosophie ins Bild. Philosophie heißt etymologisch betrachtet, „Liebe zur Weisheit". Das griechische Bestimmungswort *philo* bedeutet so viel wie „Liebhaber" oder „Liebe", während das Wort *sophía* für „Weisheit" steht. Man beachte, es heißt nicht „Kenntnis der Weisheit", sondern „*Liebe* zur Weisheit". Denken Sie darüber einen Moment nach. Was man liebt, umarmt man; fehlt es einem, so sucht man danach. In der Philosophie geht es ihrem eigentlichen Sinn nach nicht nur darum, Fragen zu stellen und Erkenntnisse zu gewinnen. Die Philosophie ist nicht nur eine Sache des Verstandes, sondern auch eine des Herzens, die leidenschaftliche Suche nach und die rückhaltlose Verehrung von Weisheit oder, anders ausgedrückt, von unverfälschten Einsichten über das Leben.

> **Eine große Siegerin über die Glücksgöttin ist gewiß die Philosophie.** *Juvenal*

Im Austausch mit den vielen Menschen, die die Art und Weise in Frage stellen, wie sie leben und arbeiten, entwickelte ich klare Vorstellungen über die Stärken und Schwächen des modernen Unternehmensklimas und erkannte, wie und was die Philosophen der Antike zu dauerhaften Spitzenleistungen in allen unseren Unternehmungen beitragen können. Gleichzeitig wurde mir eindringlicher als jemals zuvor bewußt, wie wichtig es ist, die Arbeit um das Leben zu bereichern. Das alles half mir, eine neue Strategie zur Reorganisation der Arbeitswelt zu formulieren, die eben das leisten kann: unsere Arbeit „beleben".

Unternehmenswerte und individuelle Verpflichtung

Wer sich daranmacht, sein Leben anhand seiner ureigensten Werte zu beurteilen und neu auszurichten, wird sich schwer damit tun, eine Arbeitsumwelt zu akzeptieren, die eben diese Werte nicht respektiert und fördert.Unter Arbeitsbedingungen, die nicht berücksichtigen, was die Menschen bewegt, was wirklich für sie zählt, werden sie nicht ihr Bestes geben. Die Wirtschaft verliert unnötigerweise eine große Anzahl sehr talentierter Mitarbeiter an die Midlife- und die „Midcareer"-Krise. Und die, die bleiben, erbringen oftmals nicht mehr die Leistungen, zu denen sie fähig wären. Die Rückbesinnung auf philosophische Grundwerte erfaßt alle Bevölkerungsschichten. Wer effektive Führung und Spitzenleistungen erreichen will, sollte zusehen, daß er bereit ist, auf diese Welle aufzuspringen, daß er sein Brett auf dem Wasser hat und in die richtige Richtung paddelt. Denn diese Welle wird uns weiter von dem uns bekannten Ufer wegtragen, als wir uns vorstellen können.

> **Das Merkmal der Weisheit ist, die Gegenwart richtig zu lesen und die Gelegenheit beim Schopf zu ergreifen.** *Homer*

Eben davon handelt dieses Buch: wie man die Zeichen der Zeit erkennt und die richtige Umgebung für bestmögliche Motivation am Arbeitsplatz erzeugt. Das Fundament für dauerhafte Höchstleistungen legen heißt, alle unsere gemeinsamen Unternehmungen auf eine neue Grundlage zu stellen – auf eine Grundlage, die auf den eigentlichen und tiefen Werten beruht. Viele Unternehmen lassen regelmäßig einen Motivationstrainer ins Haus kommen, der die Belegschaft anspornen soll. Dagegen ist nichts einzuwenden. Doch diese Samen der Inspiration müssen in fruchtbaren Boden gepflanzt werden, sollen sie Wurzeln schlagen und Früchte tragen. Wir werden sehen, was die großen Denker der Antike dazu zu sagen hatten, wie man den Boden düngen, die Umwelt verbessern, die Voraussetzungen für Höchstleistungen schaffen und binnen erstaunlich kurzer Zeit die Früchte seiner Bemühungen ernten kann.

> **Nicht der ist meiner Ansicht nach weise, der nur in Worten weise ist, sondern der, der weise ist in seinen Taten.** *Hl. Gregor*

Im ersten Jahrhundert nach Christi verkündete der Stoiker Seneca, die besten Ideen der Menschheit seien das Eigentum aller Menschen. Es kommt nur noch darauf an, daß wir sie uns aneignen und sie richtig anwenden.

Aristoteles und die Suche nach dem Glück

Der große Philosoph Aristoteles blickte tief in die Natur des Menschen. Er war 20 Jahre lang Schüler und Gefährte von Platon gewesen, einem der kreativsten und weitblickendsten Denker in der Geschichte der Menschheit. Platon wiederum hatte die Kunst des kritischen und kreativen Denkens bei Sokrates erlernt, dem Mann, über den der römische Redner, Philosoph und Politiker Cicero später sagte, er habe als erster die Philosophie auf den Marktplatz gebracht.

Was klug ist, muß man lernen von dem klugen Mann.

Euripides

Sokrates, der von 470 bis 399 vor Christus lebte, gab uns das erste Beispiel eines Mannes, der sich auf die Suche nach wahrer Weisheit begab. Sein Schüler Platon (428–348 vor Christus) übte einen so umfassenden Einfluß auf das westliche Denken und Schreiben aus, daß noch der Harvard-Philosoph und Mathematiker Alfred North Whitehead in unserem Jahrhundert die Geschichte der Philosophie als eine bloße Aneinanderreihung von Fußnoten zu Platon bezeichnete. Aristoteles, der von 384 bis 322 vor Christus lebte, profitierte von Sokrates und Platon: Er vereinte die pragmatischen ethischen Interessen Sokrates' mit dem systematischen Denken seines Schülers. Ausgestattet mit einem großen Talent zur exakten Beobachtung, entwickelte Aristoteles die analytische Fähigkeit, hinter die Bühne des Lebens zu blicken. Wann immer er seine Gedanken auf die Natur des Menschen richtete, gewann er Einblicke, die bis zu diesem Tag an Tiefe und Beständigkeit ihresgleichen suchen.

Als Aristoteles die Welt in Augenschein nahm, sah er – wie wir alle es tun –, daß die Menschen verschiedene Dinge anstreben. Manche jagen dem Geld hinterher. Andere träumen von Ruhm. Einige verzehren sich nach Liebe, andere gieren nach Macht. Die Ängstlichen suchen Sicherheit, die Wagemutigen Abenteuer. Doch Aristoteles erkannte auch, daß der Mensch, so unterschiedlich seine Ziele auch sein mochten, in seinem Leben tatsächlich nur nach einem suchte: nach Glück. Eine Erkenntnis, die nach Aristoteles von vielen anderen Philosophen wiederholt wurde.

Alle Menschen suchen nach Glück. Dies gilt ohne jede Ausnahme. Welche Mittel auch immer sie einsetzen, alles dient diesem Ziel. Der Grund dafür, warum der eine in den Krieg zieht und der andere ihn scheut, ist bei beiden derselbe Wunsch, nur mit anderen Mitteln verfolgt. Der Wille unternimmt keinen noch so kleinen Schritt, der nicht auf dieses Ziel hinführt. Dies ist das Motiv jeder Handlung eines jeden Menschen, selbst derer, die sich selbst erhängen. *Blaise Pascal*

Der Direktor eines Unternehmens, der Arbeiter in der Versandstelle, der Abteilungsleiter, der Verkäufer, der Buchhalter, der Kunde, der potentielle Kunde, der Lieferant, kurz gesagt jeder, mit dem Sie im Laufe eines Tages Umgang haben, versucht bei allem, was er tut, glücklich zu sein. Das ist das Streben, das alle Menschen eint, das allen Handlungen zugrunde liegt. Sollte es uns gelingen zu erfassen, worin dieses Glück besteht, das wir alle anstreben, dann halten wir das Wissen darum in der Hand, was Menschen wirklich motiviert, dann haben wir das Geheimnis entschlüsselt, wie wir in allen kooperativen Unternehmungen dauerhaften Erfolg erreichen können. Einfach, aber wirksam.

Aber, was ist das, Glück? Was genau ist es, wonach wir alle streben? Verstehen wir das, dann können wir auch besser erkennen, worauf die Menschen in ihrer Arbeit und ihrem Leben wirklich Wert legen. Von allen großen Philosophen aller Zeiten, die über das Glück nachdachten, wurden uns insgesamt nur drei Auffassungen davon überliefert, was Glück sei. Und eine davon gibt uns den Schlüssel in die Hand, mit dem wir das Geheimnis individueller Motivation enträtseln und die Grundlage für dauerhafte Spitzenleistungen in Unternehmen schaffen können.

Die erste Ansicht von Glück geht zwar auf unsere Vorväter zurück, dominiert aber immer noch die Sichtweise der meisten Menschen des 20. Jahrhunderts. Lassen Sie mich hier einen Zeitgenossen zitieren, der bereits viele Jahre vor seinem Tod einer meiner Lieblingsphilosophen war, den Komödianten George Burns. Burns sagte einmal in Anspielung auf Rousseau, aber mit einer für ihn typischen Pointe: „Glück ist ein gutes Essen, eine gute

27

Zigarre und eine gute Frau. Oder eine schlechte Frau, je nachdem, wieviel Glück man ertragen kann."

Glück: ein gutes Bankkonto, ein guter Koch und eine gute Verdauung. *Jean-Jacques Rousseau*

Burns, das Urbild des amerikanischen Taugenichts, brachte in seinem Bonmot den klassischen hedonistischen Standpunkt zum Ausdruck, daß Glück nichts anderes sei als Lust. Der daraus folgende Ratschlag lautet, daß man – um Glück zu finden – Lust suchen und Schmerz vermeiden muß.

Glück als Lust

Dieses Verständnis von Glück ist es, das hinter dem fast schon fanatischen Streben unserer Zeit nach Geld und materiellen Dingen steht. Oder, wie die Schriftstellerin Jane Austen schon vor einem Jahrhundert schrieb: „Ein hohes Gehalt ist das beste Rezept für Glück, von dem ich jemals gehört habe." Natürlich gehen wir davon aus, daß die Menschen vor allem deshalb dem Geld nachjagen, weil sie sich damit Dinge leisten können, von denen sie annehmen, sie würden sie glücklich machen – oder zumindest erheblich dazu beitragen. Vor dem Hintergrund des hedonistischen Glücksbegriffs sind die Dinge, denen die Menschen auf ihrer Suche nach dem Glück nacheifern – Geld, Ruhm, Macht und Status –, eben deshalb so verlockend, weil sie entweder direkt oder durch das, was sie ermöglichen, Lust erzeugen – und eben diese Lust ist die Essenz des Glücks.

Geld ist leicht verdient, wenn Geld das ist, was man will. Doch abgesehen von einigen wenigen Ausnahmen wollen die Menschen kein Geld. Sie wollen Luxus und Liebe und Bewunderung. *John Steinbeck*

Ist Glück dasselbe wie Lust? Aristoteles sagte einmal, dieser Begriff könne auf weidende Kühe angewandt werden, aber nicht auf Menschen. Albert Einstein schloß sich Aristoteles an, als er über jede Weltsicht, die Lust mit Glück gleichsetzt, folgendes sagte: „In diesem Sinne habe ich Behaglichkeit und Glück niemals als Selbstzweck betrachtet – eine solche Ethik würde ich höchstens als einer Schweineherde angemessen bezeichnen." Herbe, aber wahre Worte.

Bei aller Bedeutung für das menschliche Leben: Lust ist nur ein Steinchen in einem viel größeren Puzzle. Natürlich kann ich mir ein glückliches Leben bar jeder Lust nicht vorstellen. Aber Lust ist nicht dasselbe wie Glück. Der hin und wieder durchscheinende Hang zur Selbstzerstörung bei den Reichen und Berühmten bestätigt das nur zu eindrucksvoll.

> **Viele, die mit widrigen Umständen zu kämpfen haben, sind glücklich – viele inmitten des größten Wohlstands zutiefst unglücklich.** *Publius Cornelius Tacitus*

Glück ist nicht identisch mit Lust. Und das ist auch gut so, wenn wir Glück in der Arbeit suchen; ein Arbeitstag ist nämlich üblicherweise alles andere als eine Abfolge lusterfüllter Momente. Nichtsdestotrotz sollte so viel Lust oder Freude wie nur möglich mit unserer Arbeit verbunden sein. Menschen geben ihr Bestes, wenn sie das, was sie tun, genießen. Natürlich können äußere Anreize dazu beitragen, die Lust an der Arbeit zu verstärken. Zum einen über eine angemessene Entlohnung für die Tätigkeit, zum anderen aber auch über die Anerkennung für gute Leistungen. Auch Status bietet sich als Anreiz an, selbst in Organisationen mit einer flachen Hierarchie. Eine formale Beförderung auf der Karriereleiter ist keine notwendige Voraussetzung für Statuserwerb. Wir können Mitarbeiter auf vielfältigste Weise auszeichnen, beispielsweise indem wir Kollegen, die mit Macht verantwortungsbewußt umgehen, mehr Kompetenzen einräumen.

Geld, Status, Anerkennung und Macht können unzweifelhaft zu einem glücklichen Leben oder zumindest zu einer positiven

Arbeitserfahrung beitragen, vorausgesetzt, sie werden richtig angenommen und eingesetzt. Doch schon an der Tatsache, daß diese Dinge nicht automatisch zum Glück führen, läßt sich erkennen, daß Geld, Ruhm, Macht und Status an sich nicht dasselbe sind wie Glück. Wie wir in Kürze sehen werden, kommt es vor allem auf den übergreifenden Kontext an, in dem wir diese „Freuden" genießen. Wenn wir wollen, daß die Menschen in unserer Umgebung ein gewisses Glücksgefühl in den Tätigkeiten empfinden, die wir gemeinsam tun, und selbst durch unsere Arbeit Glück empfinden wollen, so müssen wir über bloße Fragen der Kompensation, Anerkennung, Macht und Achtung hinausgehen. Allerdings haben wir damit immer noch nicht geklärt, was genau Glück ist.

Es existiert ein zweiter Glücksbegriff, der auf die Stoiker zurückgeht und zahlreiche Querverbindungen zum philosophischen Denken des Ostens aufweist. Auch dieser Glücksbegriff übt heute auf viele Menschen eine große Anziehungskraft aus, insbesondere auf diejenigen, die die Begrenztheit des Hedonismus erkannt haben. Diese zweite Denkrichtung begreift Glück als persönlichen Frieden.

Ein glückliches Leben besteht in der Ruhe der Seele. *Cicero*

Glück als innerer Friede

Gelassenheit. Gleichmut. Innere Ruhe. Stellen Sie sich den Geist eines glücklichen Menschen als die Oberfläche eines tiefen Sees an einem windstillen Tag vor. Unzählige Menschen aus allen Bevölkerungsschichten versuchen, mit Hilfe von meditativen Techniken einen solchen Zustand zu erreichen. Vor kurzem traf ich einen konservativen und sehr gepflegten Mann mittleren Alters, der sich einfach nicht damit abfinden konnte, was sein Sohn seit einiger Zeit zu tun pflegte. „Mein Sohn hat angefangen zu meditieren", sagte er und zuckte etwas hilflos mit den Schultern. „Wahrscheinlich immer noch besser, als einfach herumzusitzen und nichts zu tun." Nun, meditieren *ist* herumsitzen und nichts tun. Aber es ist die bestmögliche Art, nichts zu tun, ein Nichtstun, das darauf abzielt, einen Zustand des inneren Friedens zu erlangen.

Unzweifelhaft könnten wir alle ein wenig mehr Ruhe im Leben gebrauchen. Die *Los Angeles Times* brachte vor kurzem als Titelstory ihrer wöchentliche Beilage eine Geschichte mit dem Titel „Das Neue Zeitalter der Angst: Am Ende des amerikanischen Jahrhunderts steht ein gestreßtes Land." Die Angst nimmt in den USA geradezu epidemische Formen an. Die Leute sorgen sich um ihre Jobs, ihre Ehen, ihre Freundschaften. Und das fängt nicht erst damit an, daß jemand eine Familie versorgen und eine Hypothek abzahlen muß. Erschreckend viele Grundschulkinder klagen, sie seien „überlastet", und zusehends stehen Lehrer vor der Notwendigkeit, ihren Schülern physische und mentale Strategien zur Bewältigung der Zwänge des modernen Lebens beizubringen.

Diese Entwicklung darf nicht auf die leichte Schulter genommen werden. Im Flugzeug las ich vor kurzem einen Zeitungsartikel, in dem Angst als nicht zu unterschätzendes Gesundheitsrisiko bezeichnet wurde: Einer neueren Untersuchung an 1000 Erwachsenen zufolge erleiden hypernervöse Personen viermal häufiger einen Herzinfarkt als der Bevölkerungsdurchschnitt. Ich dachte mir: „*Das* zu lesen, wird ihnen bestimmt nicht weiterhelfen." Aber es ist nur zu wahr: Angst tötet. Sie tötet den Geist und den Körper. Deshalb müssen wir unsere Ängste überwinden.

Die alten Stoiker sagten, nichts in der Welt sei so gut oder so schlimm, wie es auf den ersten Blick erscheint. Sie wußten, daß viele Menschen nur deshalb rastlos sind, weil sie sich von den guten Dingen zu sehr begeistern und von den schlechten Dingen zu sehr niederdrücken lassen. Wir brauchen eine Art psychologischen Stoßdämpfer, der uns hilft, die Unebenheiten auf der Straße des Lebens zu absorbieren; wir brauchen ein gewisses Maß an innerem Frieden, der uns erlaubt, inmitten all der Überraschungen, die das Leben für uns bereithält, gelassen unseren Kurs zu verfolgen. Wir alle brauchen ein bißchen Ruhe.

Es gibt keine Freude, nur Ruhe.　　*Alfred Lord Tennyson*

Doch die Geschwindigkeit des modernen Lebens läßt das kaum zu. Noch in den fünfziger Jahren versprachen uns die Sozialwissenschaftler für das Ende des Jahrhunderts ein Leben voller Freizeit und Entspannung. Die Technologie würde uns von allen stumpfen, zeitraubenden Tätigkeiten befreien, und wir bräuchten nur noch vier Stunden am Tag zu arbeiten. Warum, glauben Sie, schossen just in jener Zeit an den amerikanischen Universitäten Abteilungen für Freizeitforschung und Erholungsmanagement wie die Pilze aus dem Boden? Nein, nicht um neue Footballspieler für die College-Teams heranzuzüchten, sondern um herauszufinden, was wir mit all dieser uns versprochenen Freizeit anfangen könnten.

Doch die Vision vom gelobten Freizeitparadies blieb eine Vision. Im Gegenteil, irgend jemand scheint die Schnellvorlauftaste gedrückt zu haben: Mobiltelefone, Pager, Mikrowellen, Fünf-Minuten-Mahlzeiten.... Glauben Sie mir, ich weiß, wovon ich spreche. Vor einiger Zeit stand ich wieder einmal vollkommen gestreßt vor meinem Faxgerät, das gerade eine Seite ausspuckte, ich gestikulierte wie wild und brüllte den unschuldigen Apparat entnervt an: „Schneller! Schneller!"

Irgendwie ist die Sache außer Kontrolle geraten. Der Journalist und Essayist Joel Aschenbach schrieb kürzlich über ein Forschungsteam, das an der Entwicklung von Mobiltelefon-Implantaten arbeitet. Der Empfänger wird in die Ohrmuschel eingepflanzt, der Sender in eine Zahnkrone eingearbeitet. Können Sie sich das vorstellen?

„Herr Doktor, ich höre in meinen Ohren dauernd so ein Klingeln."

„Nun, warum heben Sie dann nicht ab?"

Wohin soll diese Hektik führen? Bestimmt nicht ins Paradies. Im Gegenteil, viel wahrscheinlicher ist, daß sie uns in den Wahnsinn treibt. So überreizt, wie wir sind, werden wir niemals das Glück finden. Wir brauchen ein gewisses Maß an Ruhe, an innerem Frieden, an Gelassenheit – sonst werden wir niemals in der Lage sein, mit dem sinnvoll umzugehen, was die Zukunft noch alles für uns bereithalten mag.

Innerer Friede ist, das hatten die Stoiker bereits erkannt, wichtig. Aber: Entspricht ein Zustand des inneren Friedens dem des Glücks? Die Britin Mary Ann Evans, die vor 100 Jahren unter dem Pseudonym George Eliot Gesellschaftsromane verfaßte, schrieb einmal: „Es ist vergebens zu sagen, menschliche Wesen sollten sich mit innerer Ruhe begnügen; sie brauchen Aufregung. Und finden sie keine, so werden sie welche erzeugen."

Ein sorgenfreies Leben ist ein schwieriges Unterfangen.
William Cowper

Victor Frankl drückte das in seinem bedeutenden Werk *Der Mensch auf der Suche nach dem Sinn* so aus:

Meiner Ansicht nach stellt es ein gefährliches Mißverständnis der Psycho-Hygiene dar, anzunehmen, daß ein Mensch zunächst und vor allem ein Gleichgewicht braucht oder, wie es in der Biologie heißt, „Homöostase", sprich einen Zustand der Spannungslosigkeit. Tatsächlich braucht der Mensch keinen spannungslosen Zustand, sondern den Kampf um und das Streben nach einem würdigen Ziel, eine selbstgewählte Aufgabe. Was er braucht, ist nicht die Auflösung von Spannung um jeden Preis, sondern den Ruf einer potentiellen Bedeutung, die von ihm erfüllt werden muß.

Glück ist kein Zustand, den man erreicht, sondern eine Form des Reisens. *Margaret Lee Runbeck*

Heutzutage scheinen sehr viele Menschen berufliche Herausforderungen abzulehnen. Statt dessen streben sie ein Gleichgewicht an, eine Ruhe in ihrer Arbeit, die sie jedoch – in ihrer Eigenschaft als menschliche Problemlöser – überflüssig macht. Menschen blühen inmitten vollkommener Ruhe nicht auf; vielmehr brauchen sie „Action", Herausforderungen, ein gesundes Maß an Spannung in ihrem Leben. Menschliches Glück ist eben nicht das emotionale Gegenstück eines ausgiebigen Mittagsschlafes. Damit unsere

Kollegen in ihrer Arbeit glücklicher werden, müssen wir ihnen vielleicht in der Tat erlauben, ihren Nerven hin und wieder eine Ruhepause zu gönnen. Aber Glück in der Arbeit darf nicht mit Passivität verwechselt werden. Vollkommene Ruhe gibt es nur im Tod.

> **Der Mensch muß erkennen, daß im Theater des Menschenlebens die Rolle des Zuschauers nur Gott und den Engeln vorbehalten ist.** *Francis Bacon*

George Eliot und Victor Frankl bestätigen eine Einsicht, die mehr als 2000 Jahre zuvor schon Aristoteles formulierte, als er sagte: „Glück ist eine Form des Handelns." Lassen Sie mich diese Aussage etwas konkretisieren: Glück ist die Teilnahme an etwas, das Erfüllung bringt.

Glück als Teilnahme an etwas Erfüllendem

In seinem Traktat *De Finibus* verkündete der römische Staatsmann und praktizierende Philosoph Cicero: „Die Seele sehnt sich danach, etwas zu schaffen." Nicht das Haben, sondern das Tun steht am unmittelbarsten in Verbindung mit dem wirklichen Gefühl des Seins. Wir sind und fühlen uns am besten, wenn wir mit einer lohnenswerten Aufgabe beschäftigt sind.

> **Ich erhebe mich am Morgen, zerrissen zwischen dem Bedürfnis, die Welt zu verbessern (oder zu retten), und dem Bedürfnis, die Welt zu genießen. Das macht es so schwierig, den Tag zu planen.** *E.B. White*

Als ich vor einiger Zeit eine Reihe von Vorträgen in Disney World hielt, kaufte mir meine Frau eine Biographie von Walt Disney, um mir einen Einblick in sein Leben zu verschaffen. Lassen Sie mich einen kurzen Auszug daraus zitieren, den ich in diesem Zusammenhang für besonders erhellend halte:

Geld verdienen hat mich immer schon gelangweilt. Ich wollte Dinge tun, ich wollte etwas aufbauen. Etwas in die Gänge bringen… Ich bin nicht wie manche andere Leute, die das Geld verehren als etwas, was man irgendwo zu hohen Haufen aufstapelt. Ich habe Geld stets nur unter einem Aspekt betrachtet, und zwar dem, was ich damit anstellen könnte… Ich glaube nicht, daß ich etwas besitze, das mir von Nutzen sein wird, es sei denn dadurch, daß ich etwas damit tue.

Walt Disney war, was sein Verhältnis zum Glück betraf, ein Aristoteliker. Es ging ihm niemals darum, einfach einen Berg Geld anzuhäufen oder materiellen Luxus zu genießen. Für Walt Disney bedeutete Glück immer, etwas zu tun, zu erschaffen, neue Dinge hervorzubringen, die die Welt bereichern.

Nur mit einem Meißel in der Hand fühle ich mich wohl.
Michelangelo

Glück ist nicht dasselbe wie Lust und auch nicht dasselbe wie innerer Friede. Lust wie innerer Friede sind eher passive Zustände, gleichgültig wieviel Aktivität wir auf der Jagd nach ihnen hin und wieder an den Tag legen mögen. Glück liegt niemals in der Passivität, sondern darin, an etwas teilzuhaben, was uns Erfüllung bringt. Im Idealfall geht das Glück einher mit einem Gefühl der Lust und einem Empfinden des inneren Friedens. Tatsächlich kann man argumentieren, daß eine der reinsten Formen des inneren Friedens jene Zufriedenheit ist, die der Mitarbeit an einer wichtigen Aufgabe entspringt, und daß eine der größten Freuden im Leben die aktive Erfüllung ist, die von einer gut gemachten Arbeit herrührt. Demnach hängt Glück zwar sowohl mit innerem Frieden als auch mit Lust zusammen, ist aber weder das eine noch das andere. Glück liegt im Tätigsein oder, anders ausgedrückt, in der Arbeit.

> **Schmecke die Freude, die von der Arbeit herrührt.**
>
> *Henry Wadsworth Longfellow*

Allerdings wirft diese Definition des Glücks eine neue und sehr offensichtliche Frage auf. Was genau, so muß gefragt werden, bringt dem Menschen Erfüllung? Es ist eine Sache, gesagt zu bekommen: Glück ist, an etwas Erfüllendem teilzuhaben. Doch wir können diese Aussage (und was genau Glück ist) nicht verstehen – oder ihre Bedeutung für das, was Menschen in Gruppen oder Organisationen motiviert –, ehe wir nicht wissen, was uns Erfüllung verschafft. Eine Frage, auf die es zwei Antworten gibt.

Die erste Antwort ist sehr einfach: Verschiedene Menschen finden in unterschiedlichen Dingen Erfüllung. Vielleicht ist es für Sie persönlich eine Erfüllung, daß Sie in einem offenen Großraumbüro mit vielen anderen Menschen zusammenarbeiten. Jemand anderes dagegen mag Erfüllung in einer abgeschiedeneren Umgebung finden. Vielleicht fühlen Sie sich in einem gewissen Maße erfüllt, wenn Sie in Ihrer Freizeit ein Musikinstrument spielen, ich dagegen, wenn ich Sport treibe.

Diese Antwort ist zwar richtig, bleibt aber an der Oberfläche. Die großen Philosophen erkannten die Gemeinsamkeit dieser verschiedenen Definitionen von Erfüllung. Meine zweite Antwort auf die Frage nach der Natur der Erfüllung bezieht diese Einsicht mit ein. Eine Tätigkeit oder eine Unternehmung, eine Beziehung oder eine Beteiligung, eine Arbeit oder ein Spiel, das alles kann nur dann erfüllend sein, wenn darin vier fundamentale Dimensionen menschlicher Erfahrung berücksichtigt und gefördert werden.

Ich werde diese vier Dimensionen in Kürze ausführlich erklären. Vorab jedoch sollte ich darauf hinweisen, daß sie die vier grundlegenden Wege sind, auf denen wir die Welt, in der wir leben, wahrnehmen. Bei jeder dieser Möglichkeiten, das Leben zu erfassen, können alle unsere Sinne beteiligt sein. Und in allem, was wir tun, können sich diese vier Dimensionen widerspiegeln. Diese vierdimensionale Struktur unserer Erfahrung ist universell, denn sie wurzelt tief in der menschlichen Natur.

Für jegliches Wohlsein schenkte genug die Natur, wenn nur den Gebrauch man verstünde. *Claudianus*

Das ist der gemeinsame Nenner jenseits der offenkundigen Vielfalt des menschlichen Lebens. Egal, ob Sie alleinstehend oder verheiratet sind, beschäftigt oder arbeitslos, Arzt, Anwalt, Vorarbeiter oder Manager, Mutter oder Politiker, ob Sie im Verkauf arbeiten oder in der Forschung: wo auch immer Ihr Platz in der Welt ist, Sie werden in Ihrem Tun keine Erfüllung finden, solange nicht diese vier fundamentalen Dimensionen der Erfahrung angesprochen werden – dasselbe gilt übrigens auch für Ihre Mitmenschen und Kollegen.

Die alten Philosophen beschäftigten sich intensiv mit diesen Dimensionen und ihrer Bedeutung für das Gefühl der Erfüllung. Die großen Denker des Mittelalters griffen diese Ideen wieder auf. Thomas von Aquin (1225–1274) etwa erklärte, jedem Menschen (in Aquins Terminologie: Seienden) seien *Transzendentalien,* Bestimmtheiten, zu eigen, und Wilhelm von Ockham (um 1285–1349) formulierte vergleichbare, wenn auch weiterentwickelte Ideen. Was ich Ihnen hier vorstellen werde, geht zwar zu einem erheblichen Teil auf die Vorarbeit anderer Denker zurück, ist aber dennoch primär das Ergebnis meiner eigenen Gedanken und Erfahrungen. Ich habe alles, was über dieses Thema gedacht und geforscht wurde, berücksichtigt und eine Theorie des menschlichen Glücks und der Höchstleistungen am Arbeitsplatz entworfen, die der Wahrheit sehr nahe kommen dürfte. Letztendlich jedoch bleibt es jedem Leser selbst überlassen, die hier präsentierten Ideen zu testen und seinen eigenen Erfahrungen gegenüberzustellen.

Die vier Dimensionen
menschlicher Erfahrung

In allen Kulturen und zu allen Zeiten existierten und existieren vier fundamentale Dimensionen menschlicher Erfahrung. Obwohl sie von entscheidender Bedeutung für die individuelle Motivation am Arbeitsplatz – und damit auch für die Fähigkeit von Unternehmen, Höchstleistungen zu erbringen – sind, wurden sie lange Zeit sträflich vernachlässigt. Jede dieser vier Dimensionen beinhaltet eine Grundvoraussetzung für dauerhafte Erfüllung:

1. Die intellektuelle Dimension strebt nach *Wahrheit*
2. Die ästhetische Dimension strebt nach *Schönheit*
3. Die moralische Dimension strebt nach *dem Guten*
4. Die spirituelle Dimension strebt nach *Einheit*.

Das Intellektuelle, das Ästhetische, das Moralische und das Spirituelle: Wahrheit, Schönheit, das Gute und Einheit. Das sind die Elemente, die das menschliche Sein strukturieren – und die im Geschäftsleben sträflich vernachlässigten vier Grundlagen für optimale Leistungsfähigkeit.

Lassen Sie mich diese vier Dimensionen und die dazugehörigen Ziele wegen ihrer überragenden Bedeutung nochmals kurz tabellarisch darstellen:

Die vier Dimensionen menschlicher Erfahrung	Die vier Grundlagen menschlicher Spitzenleistungen
Das Intellektuelle	Wahrheit
Das Ästhetische	Schönheit
Das Moralische	Das Gute
Das Spirituelle	Einheit

Ich bin zu der Überzeugung gelangt, daß wir mit diesen vier Dimensionen der Erfahrung und den vier Grundlagen für Spitzenleistung zum einen die individuelle Befriedigung am Arbeitsplatz wiederentdecken und zum anderen den Corporate Spirit in unserer Zeit neu erfinden können. Sie sind die Schlüssel zu dauerhaften Spitzenleistungen, weil sie die Voraussetzung für Erfüllung im Unternehmen sind und damit schlußendlich über individuelle Erfüllung und persönliches Glück entscheiden.

Gleichgültig, womit jemand beschäftigt ist, er wird keinen positiven Corporate Spirit empfinden, solange nicht seine Tätigkeit mit seinem persönlichen Streben nach Glück verbunden ist, solange er nicht ein gewisses Maß an Erfüllung und individuellem Glück daraus ableiten kann. Erst wenn wir die zentrale Bedeutung der individuellen Erfüllung voll und ganz erfaßt haben, werden wir erkennen, wie individuelle Zufriedenheit mit lebendigen und produktiven zwischenmenschlichen Beziehungen, Organisationen und Unternehmen zusammenhängt.

Wer untersucht, wie Wahrheit, Schönheit, das Gute und Einheit im privaten und geschäftlichen Leben umgesetzt werden, entschlüsselt die eigentlichen Grundlagen für dauerhafte Spitzenleistungen in allen geschäftlichen Unternehmungen. Es sind die Menschen in Unternehmen und ihre Wechselbeziehungen untereinander, die letztlich darüber entscheiden, ob ein Unternehmen zu Höchstleistungen fähig ist oder in der Mittelmäßigkeit versinkt.

Einer der kreativsten Wissenschaftler unserer Zeit, der Mac-Arthur-Preisträger John Holland von der University of Michigan, sagte einmal über jedes einigermaßen komplexe System: „Wir können nicht einfach die Teile zusammenaddieren und dann hoffen, das Ganze zu verstehen. Warum? Weil die Summe der Teile kein adäquates Bild dessen ergibt, was das System als Ganzes leistet. Die Wechselbeziehungen sind ebenso wichtig wie die Elemente." Wir beschäftigen uns hier damit, wie die elementarsten „Teilchen" aller wirtschaftlichen Systeme und Beziehungen – die Menschen – interagieren müssen, damit das System dauerhafte Spitzenleistungen erbringen kann. Nur wenn wir das verstehen, verstehen wir wirklich, welche Voraussetzungen wir für Spitzenleistungen brauchen und wie sie erreicht werden können.

Teil I
Wahrheit

1

Die intellektuelle Dimension

Die erste universelle Dimension menschlicher Erfahrung ist die intellektuelle Dimension, der Aspekt unserer Natur, der auf Wahrheit abzielt.

Jeder Mensch besitzt einen Verstand, folglich weist jede unserer Erfahrungen eine intellektuelle Dimension auf. Wir brauchen Ideen so notwendig wie Essen, Wasser oder Luft. So wie diese den Körper am Leben erhalten, erhalten Ideen den Geist am Leben. Und so, wie wir gutes Essen, sauberes Wasser und reine Luft benötigen, sind wir auch auf gute Ideen – und letztendlich auf Wahrheit – angewiesen.

Die Seele verzichtet nur ungern auf Wahrheit. *Epiktet*

Wahrheit bedeutet nichts anderes, als die Realität so darzustellen, wie die Dinge sich tatsächlich verhalten. Anders ausgedrückt: Wahrheit ist das Maß an Exaktheit, mit der eine gute Landkarte die von ihr abgedeckte Region wiedergibt. Aristoteles sagte über die Wahrheit im Gegensatz zur Unwahrheit folgendes: „Von etwas, das ist, zu sagen, es sei nicht, oder von etwas, das nicht ist, es sei, ist unwahr; dagegen von etwas, das ist, zu sagen, es sei, und von etwas, das nicht ist, es sei nicht, ist wahr." (Sind Sie nicht erleichtert, daß Sie mich und nicht Aristoteles lesen?) Wahrheit ist unsere Rettungsleine, unsere Richtschnur. Die Wahrheit über die Wahrheit ist einfach.

Ohne eine genaue Karte, die uns den Weg zeigt, ist es schwierig, einen klaren Kurs durch das Leben zu steuern. Wissen bedeutet, eine solche Karte zu besitzen, eine Karte, die „wahr" ist, der Realität entspricht und uns mit ihr verbindet. Langsam aber sicher wird die lebenswichtige Bedeutung von Wissen für jedes Unternehmen allgemein anerkannt.

Ob es um das Erkennen von Kundenbedürfnissen geht, um die Beobachtung von Konkurrenten oder die Fähigkeit, von den Erfahrungen unserer Kollegen zu lernen und die Erwartungen anderer zu erfüllen – man kann sich wohl kaum etwas Wichtigeres als die Wahrheit vorstellen.

Dennoch scheint es, als würde die Bedeutung der Wahrheit noch lange nicht in dem Maße anerkannt, wie es ihr zukommt. Hierzu fällt mir eine witzige Bemerkung ein, der ich einen gewissen Wahrheitsgehalt nicht absprechen will: Die Wahrheit muß überaus kostbar sein, bedenkt man, wie sparsam die Menschen mit ihr umgehen.

> **So, wie man von der Heuchelei sagt, sie sei das höchste Lob der Tugend, so bestätigt nichts die Macht der Wahrheit so sehr wie die Kunst der Lüge.**   *William Hazlitt*

Ein Mensch, der unabhängig davon, wie schmerzhaft es ist, die Wahrheit sagt, empfindet offensichtlich eine ausgeprägte Achtung vor ihr.

Aber selbst wer lügt, beweist damit, daß er zumindest in gewissem Maße die Macht der Wahrheit anerkennt. Wer lügt, hält die Wahrheit für zu bedeutsam, um sie auszusprechen.

Ist Wahrheit wichtig im Wirtschaftsleben? Und wenn ja, wie sollten wir mit ihr, wie sollten wir im Hinblick auf die Wahrheit miteinander umgehen? Dies sind einige der Fragen, auf die ich in diesem und dem nächsten Kapitel eingehen möchte.

> **Jene, die die Wahrheit kennen, sind nicht denen ebenbürtig, die sie lieben; und die sie lieben, nicht denen, die sich an ihr erfreuen.**   *Konfuzius*

Wahrheit und Respekt

Jeder von uns besitzt einen Verstand, der respektiert und benutzt werden will. Das bedeutet zunächst und vor allem, daß geistlose Arbeit nicht befriedigend sein kann. Der Mensch ist eben keine Maschine. Und doch baut ein Großteil der ökonomischen Theorien und Managementmethoden des letzten Jahrhunderts auf eben dieser Annahme auf.

Don Petersen, der ehemalige Präsident der Ford Motor Company, weiß in diesem Zusammenhang eine interessante Geschichte zu erzählen. Einmal, bei einem Besuch in einer Stanzerei in Buffalo, trat ein hünenhafter Mann auf ihn zu und sagte: „Wissen Sie, ich will Ihnen nur eins sagen: Früher habe ich es gehaßt, hier zu arbeiten. Doch seit einiger Zeit fragt man mich, was ich hiervon oder davon halte, und das gibt mir das Gefühl, wichtig zu sein. Ich hätte nie geglaubt, daß Ford mich als Menschen sehen würde. Heute komme ich gerne zur Arbeit."

Eine der nobelsten Gesten gegenüber einem anderen Menschen ist, ihn zu fragen, was er über das, was wir gemeinsam tun, denkt. Wenn wir nachfragen und bereit sind zuzuhören, bringen wir dem anderen aufrichtigen Respekt entgegen – und werden aller Wahrscheinlichkeit nach ebenso respektvoll behandelt.

Wir müssen versuchen, ein Klima zu kultivieren, in dem die Menschen keine Angst haben, die Wahrheit auszusprechen. Wir sind auf wahre Informationen angewiesen, um die Untiefen auf dem Weg in die Zukunft sicher umschiffen zu können. Doch damit wir die Wahrheit von anderen erfahren, müssen sie bereit sein, ihr Wissen mit uns zu teilen. Zu viele Mitarbeiter, vom Verkauf über die Fertigung bis hin zum Management, scheuen davor zurück, ihrem Vorgesetzten die nackte Wahrheit ins Gesicht zu sagen. Warum? Weil sie innerhalb einer Unternehmenskultur arbeiten, in der der wirkliche Wert der Wahrheit nicht erkannt wird!

> **Ich suche ja nur die Wahrheit, sie, von der niemand je Schaden erlitten hat.** *Marc Aurel*

In seinem jüngsten Buch über drei Top-CEOs und Meister der Unternehmensreorganisation – Jack Welch von General Electric, Mike Walsh (inzwischen leider verstorben) von der Union Pacific Railroad und Percy Barnevik von Asea Brown Boveri – identifiziert Tom Peters elf Charakteristika, auf die der Erfolg dieser drei Männer beruht. Eine dieser elf Qualitäten ist, schreibt Peters, ihr fast schon „angeborener Hang zur Wahrheit". Das Vermögen, die Wahrheit herauszufinden, die Fähigkeit, mit ihr umzugehen, und das Wissen, sie richtig einzusetzen, verleihen große Macht. Doch nur der geht mit Wahrheit effektiv um, der die Menschen um sich herum respektiert und sie mit Wertschätzung behandelt – ein zentrales Thema bei der Erneuerung des Unternehmensgeistes.

Vor ein paar Jahren hatte ich das Vergnügen, Tom Chappel kennenzulernen, den Gründer von Tom's of Maine, einem heute sehr bekannten Hersteller von Körperpflegeprodukten. Im Laufe des Vormittags, den wir auf der Veranda seiner Villa in Vermont verbrachten, bekam ich eine sehr interessante Anekdote über Führungsstil zu hören.

Chappel hatte sein Unternehmen auf klaren moralischen Prinzipien aufgebaut. Doch je mehr das Geschäft wuchs und je mehr Leute allein wegen ihres technischen und organisatorischen Wissens eingestellt wurden, desto mehr geriet die ursprüngliche, moralisch fundierte Unternehmensvision in Vergessenheit. Um die moralischen Prinzipien wieder in den Mittelpunkt zu rücken, beschloß Chappel, sich teilweise aus dem Tagesgeschäft zurückzuziehen und einen Teil der Woche an der Harvard Divinity School zu studieren. Wohlgemerkt, an der Harvard *Divinity* School, nicht an der Harvard *Business* School – an der theologischen und nicht an der betriebswirtschaftlichen Fakultät! Der Vorstand des Unternehmens war überzeugt, Chappel habe seinen Verstand verloren. Sie konnten nicht nachvollziehen, daß er lediglich versuchte, seine Seele wiederzufinden.

Eine der wichtigsten Entdeckungen, die Chappel am Harvard Divinity College machte, waren die Schriften Martin Bubers. Buber, ein bedeutender jüdischer Theologe, der von 1878 bis 1965 lebte, stellte in seinem Buch *Ich und Du* die These auf, daß es nur zwei grundsätzliche Beziehungen zwischen zwei individuellen Einheiten in dieser Welt gibt. Die erste bezeichnet er als ʻdie Ich-Es-Beziehung. Die Ich-Es-Beziehung beschreibt eine Beziehung zwischen einem Individuum und einem bloß als Ding oder Gegenstand aufgefaßten Objekt, dessen Wert ausschließlich extrinsisch und in seiner Funktion begründet ist. Steht man in einer Ich-Es-Beziehung zu einem Objekt, schätzt man es nur insoweit, als es einem zweckdienlich ist. Das ist zum Beispiel die Art von Beziehung, in der wir zu einer Tasse stehen, deren Nutzen allein darin besteht, daß sie eine Flüssigkeit halten kann und uns erlaubt, diese Flüssigkeit auf effektive Weise in unseren Mund zu befördern. Oder die Beziehung, in der wir zu einem Kopiergerät stehen, dessen Nutzen sich in der Vervielfältigung von Schriftstücken erschöpft, oder die zu einem Computer, der nicht mehr ist als das, was er tut, besser gesagt, als das, was wir ihm auftragen zu tun.

Die zweite von Buber identifizierte Beziehung ist die Ich-Du-Beziehung, in der ein Individuum zu einem anderen Individuum stehen sollte. Die Ich-Du-Beziehung basiert auf gegenseitigem Respekt, in ihr wird dem Gegenüber ein intrinsischer, eigenständiger Wert zugesprochen, ein Wert, der ihm an und für sich innewohnt, unabhängig davon, ob dieses Individuum uns von Nutzen sein kann oder nicht.

> **Empfindet man Respekt für Menschen, so, wie sie sind, kann man ihnen besser helfen, besser zu werden, als sie sind.**
> *John Gardner*

In der Tradition Immanuel Kants (1724–1804) forderte Buber, der Mensch dürfe andere Menschen niemals bloß als Mittel zum Zweck betrachten. Anders gesagt, wir sollen andere Menschen niemals so benutzen, wie wir Gegenstände benutzen. Natürlich heißt das nicht, daß man niemanden mehr damit beauftragen darf, einen Kaffee zu kochen, eine Kopie anzufertigen oder ein Telefonat für uns zu führen. Es bedeutet vielmehr, daß man andere Menschen niemals nur solange als wertvoll betrachtet, als sie einem von Nutzen sind. Die Ich-Du-Beziehung basiert auf gegenseitigem Respekt und Würde.

Tom Chappel erkannte, daß sich in seinem Unternehmen eine Ich-Es-Beziehung zu den Kunden breitgemacht hatte; der einzige Wert, der in den Kunden noch gesehen wurde, war das Geld, das man an ihnen verdienen konnte. Wenn das die Art ist, wie wir unsere Kunden betrachten, welchen Anlaß sollten sie dann verspüren, uns ihr Geld zu geben? Buber und die Werke anderer Philosophen und Theologen halfen Chappel, das Ruder herumzureißen, die Einstellung seiner Mitarbeiter zu verändern und Tom's of Maine zu dem konsequent kundenorientierten und erfolgreichen Unternehmen zu machen, das es heute ist. Die ganze Geschichte können Sie in Tom Chappels vor kurzem in Amerika erschienenen Buch *The Soul of a Business* nachlesen.

> **Die Wahrheitsliebe ist das Herz aller Sittlichkeit.**
> *Thomas Henry Huxley*

Eine Unternehmenskultur, in der die Wahrheit nicht respektiert wird, ist eine Unternehmenskultur, in der das Individuum nicht respektiert wird. Die einzige Möglichkeit, eine Ich-Du-Beziehung mit unseren Mitmenschen und Mitarbeitern aufzubauen, besteht darin, die Wahrheit über das, was man gemeinsam tut, einzufordern – und zu geben. Das ist die einzig angemessene Art, Mitarbeiter zu behandeln. Und genau so müssen wir unsere Zulieferer und Händler einerseits und unsere Kunden und potentiellen Kunden andererseits behandeln.

Sind wir einem Dritten gegenüber aufrichtig, so erweisen wir ihm Respekt. Dasselbe gilt, wenn wir ihn ernsthaft um seine Meinung bitten. Jedesmal, wenn Sie einen Kunden ernsthaft nach seiner Meinung fragen – und ihm dann auch aufmerksam zuhören – behandeln Sie ihn als ein „Du". Und genau das ist der Kern einer moralisch integren Beziehung, die – wenn sie aufrichtig ist – automatisch Früchte tragen wird. Dadurch, daß die Wahrheit zum Gemeingut wird, helfen wir mit, eine kooperative Haltung zu erzeugen – Grundvoraussetzung für dauerhafte, produktive Arbeitsbeziehungen.

Wissen und das Bedürfnis nach Wahrheit

Wahrheit ist die Grundlage allen Vertrauens – und Vertrauen ist eine essentielle Voraussetzung für jedes unternehmerische Bemühen, ja, für jede zwischenmenschliche Aktivität.

> **Wenn Menschen, die in einem Unternehmen zusammen arbeiten, einander vertrauen, weil sie alle entsprechend gemeinsamen ethischen Normen handeln, sinken die Transaktionskosten.** *Francis Fukuyama*

Daß wir die Schwelle zum Zeitalter der Informationsgesellschaft überschritten haben, ist oft genug gesagt worden und braucht hier nicht wiederholt zu werden. Worüber wir heute nachdenken müssen, ist die Bedeutung dieser Entwicklung für die Art und Weise, wie wir miteinander arbeiten. Machen wir den Menschen, die mit uns arbeiten, die rapide zunehmende Menge an Informationen zugänglich, aus denen sie möglicherweise Nutzen ziehen könnten? Oder halten wir Informationen so lange zurück, bis wir einen konkreten Bedarf für ihre Weitergabe erkennen?

Nicht zu Unrecht streiten Wirtschaftswissenschaftler zur Zeit heftig darüber, wie sich effizientere Unternehmen schaffen lassen. Im Interesse der langfristigen Konkurrenzfähigkeit müssen die Ursachen von Unproduktivität identifiziert und ausgeschaltet werden. Allerdings wird bei allen Versuchen, mehr Effizienz zu schaffen, ein Aspekt praktisch durchgängig übersehen. Wahrscheinlich wird in modernen Unternehmen durch nichts mehr Zeit und Energie verschwendet als durch die Verwirrung, die entsteht, wenn die Wahrheit verschwiegen wird und das dadurch entstehende Wissensvakuum durch Spekulationen, Gerüchte und Klatsch gefüllt wird.

Enthält man Menschen die für ihre Tätigkeit (und ihr Selbstverständnis) relevanten Informationen vor, fühlen sie sich verloren, fehlt ihnen das Gefühl, ihr Leben und ihr Schicksal in der Hand zu haben. Wir Menschen können das Gefühl der Hilflosigkeit und des Ausgeliefertseins nur schlecht ertragen; läßt man uns über unsere Situation im unklaren, klammern wir uns an die erstbesten, relevant erscheinenden Informationen. Und von hier aus ist es nur noch ein kurzer Schritt, bis die Gerüchteküche überkocht, die Spekulationen ins Kraut schießen und die Herzen und Gedanken der Menschen vergiften.

Das Gerücht ist schneller als jedes andere Übel.   *Vergil*

Menschen können ohne Wahrheit nicht leben. Wird sie ihnen vorenthalten, stürzen sie sich auf alles, was den Anschein von Wahrheit erweckt. Eine Eigenschaft, die in Unternehmen zu erheblichen Problemen führen kann.

Das wußte bereits der im ersten Jahrhundert nach Christus in Hispanien lebende Poet Martial, als er schrieb: „Den man verdeckt, den Fehl, achtet man immer für groß." Wann immer man vor einem Problem steht, steht man auch vor der Notwendigkeit, die Wahrheit zu sagen. Die Menschen, mit denen Sie zusammenarbeiten, können nicht optimal arbeiten, wenn sie damit beschäftigt sind, Horrorszenarien über den Zustand des Unternehmens, darüber, was Sie über sie denken oder was die Zukunft bringen wird, zu entwerfen. Wahrheit, und sei sie auch unangenehm, ist die Grundlage für eine Problemlösung, die diesen Namen auch verdient, vorausgesetzt, die Wahrheit wird mit Verständnis und Mitgefühl präsentiert.

So unwiderstehlich ist die Natur der Wahrheit, daß alles, worum sie bittet und was sie wünscht, die Freiheit des Erscheinens ist.   *Thomas Paine*

Einer meiner Nachbarn arbeitete viele Jahre bei General Electric, und zwar direkt unter Jack Welch. Sein Job war es, ins Schlingern geratene GE-Beteiligungen entweder wieder auf Kurs zu bringen oder „abzuwickeln". Am meisten Erfolg hatte er, berichtete er, wenn er in ein Unternehmen hineinging und der gesamten Belegschaft gleich am Anfang unmißverständlich klarmachte, warum er da war, wie die Situation aussah und was getan werden mußte, wollten sie das Ruder noch herumreißen. Er sagte den Leuten die ungeschminkte Wahrheit, wie furchtbar sie sich auch zunächst anhören mochte, mitten ins Gesicht. Dies führte nicht, wie man erwarten würde, zu Niedergeschlagenheit, sondern stärkte im Gegenteil die Moral und die Einsatzbereitschaft der Mitarbeiter. Gleichzeitig erlebte mein Nachbar mit, wie in Unternehmen, wo die Sanierer die Wahrheit zurückhielten, die Gerüchteküche überkochte, sich in der Belegschaft Verzweiflung breitmachte, die Moral und mit ihr die Produktivität in den Keller sackte und am Ende der Betrieb so gut wie immer eingestellt wurde.

James B. Miller erzählt in seinem Buch *The Corporate Coach* die Geschichte seines Unternehmens, Miller Business Systems and Business Interiors, das als das Unternehmen mit einer der höchsten Kundentreuequoten in seiner Branche gilt. Zu Beginn des Buches erklärt Miller, was man tun soll, wenn ein Problem vorliegt, das einen Kunden betrifft: „Sagen Sie dem Kunden die Wahrheit." Sehr einfach. Und sehr wirksam. Er warnt dringend davor, ein anderes Vorgehen zu wählen, und betont: „Nur die Wahrheit, nichts als die Wahrheit!"

Vor einiger Zeit hatte ich ein Erlebnis, das diesen Punkt unterstrich. Ich führte meine Verwandten zum Essen in eines meiner Lieblingsrestaurants aus. Üblicherweise geht das hervorragende Essen in diesem Restaurant mit einer prompten Bedienung einher. Nachdem wir dieses Mal jedoch unsere Bestellung aufgegeben hatten, blieb uns ungewöhnlich viel Zeit, Neuigkeiten auszutauschen und die Inneneinrichtung des Restaurants zu bewundern. Schließlich fing ich an, mich zu fragen, ob der junge Mann, der unsere Bestellung aufgenommen hatte, nicht ein Student mit Flausen im Kopf war, der uns, angetan in seinem besten Kellner-Outfit, einen üblen Streich spielte. Weitere zehn Minuten verstrichen. Schließlich rief ich den jungen Mann zu uns her und erkundigte mich, wann wir wohl die bestellte Suppe erhalten würden. Er warf mir einen Blick zu, als würde er mich das erste Mal sehen, sagte „Einen Moment bitte" und verschwand wieder. Ging er in die Küche, um mit einem Kommilitonen zu reden, der sich heute als Koch verkleidet hatte? Eine Minute später stand der Manager an unserem Tisch, erklärte uns, daß unsere Bestellung zu seinem tiefsten Bedauern irgendwie übersehen worden sein mußte und daß unser Essen selbstverständlich auf Kosten des Hauses gehen würde.

Allein dadurch, daß er uns die Wahrheit sagte und die Verantwortung für die Konsequenzen übernahm, wurden aus uns Gelegenheitsbesuchern treue Stammkunden. Wäre der Manager nicht an unseren Tisch gekommen, ich hätte mich nicht beschwert. Selbst wenn ich mich beschwert und verlangt hätte, ihn zu sprechen, hätte er immer noch zuviel Betrieb in der Küche als Grund für die Verzögerung vorschieben und unsere Beschwerde abtun können. Doch das tat er nicht. Er sagte uns die Wahrheit. Und natürlich zählte auch, daß er die Rechnung für unser Essen übernahm. Doch selbst ohne diese großzügige Geste hätte uns das Rockola Café als neue Stammkunden gewonnen.

Wie jede Facette des normalen Lebens, so wird auch das Geschäftsleben von zwischenmenschlichen Beziehungen bestimmt. Eine auf Unaufrichtigkeit gründende Beziehung gleicht einem auf Sand gebauten Haus, eine Beziehung dagegen, die auf Wahrheit beruht, einer in den Fels gehauenen Festung. Wie Regis McKenna in seinem Buch *Relationship Marketing* schreibt, werden die ebenso kurzsichtigen wie kurzlebigen Unternehmensstrategien der Achtziger durch ein neues Paradigma ersetzt. Statt mit Scheuklappen auf kurzfristige Profitmaximierung zu starren, rückt die Beziehung zu den Kunden in den Mittelpunkt. „In Zukunft", schreibt McKenna, „werden Unternehmen eine überlegene Stellung im Wettbewerb durch den Aufbau dauerhafter Beziehungen zu ihren Kunden zu erreichen suchen; Beziehungen, die auf Vertrauen, Qualität und Ausrichtung an den Interessen der Kunden basieren." Und Vertrauen ist, wie wir gesehen haben, ohne Wahrheit langfristig unmöglich.

Die Wahrheit ist der wahre Gott des Menschen und das einzig Unsterbliche, das uns Sterblichen überlassen wurde.
Ben Johnson

Wann immer Sie einem anderen die Wahrheit sagen, erweisen Sie ihm damit ein gewisses Maß an Respekt, eine Achtung, die in aller Regel anerkannt und Ihnen zurückgegeben wird. Ich sage bewußt „ein gewisses Maß", weil es natürlich möglich ist, die Wahrheit so auszusprechen, daß sie verletzend wirkt. Ein zentraler Aspekt der vierdimensionalen Struktur menschlicher Erfahrung und der vier entsprechenden Grundlagen für Spitzenleistungen ist, daß jede dieser Dimensionen in Übereinstimmung mit den jeweils drei anderen Dimensionen und Grundlagen angewandt werden muß.

Nur wenn alle Dimensionen und Grundlagen zusammen umgesetzt werden, empfinden wir wahres Glück und können das in uns schlummernde Potential freisetzen.

Folglich muß Wahrheit in Übereinstimmung mit den Prinzipien der Schönheit, des Guten und der Einheit eingesetzt werden, wollen wir anderen Menschen wirklichen Respekt erweisen. Die tiefen Beziehungen zwischen Wahrheit, Schönheit, dem Guten und der Einheit spielen an jeder Schnittstelle eine zentrale Rolle. Die Verbindungen, in der die vier Dimensionen menschlicher Erfahrung zueinander stehen, sind ebenso wichtig wie jede dieser Dimensionen für sich allein betrachtet.

> **Den Worten verdanken wir es, daß wir uns über die Bestien erheben konnten; doch den Worten verdanken wir es auch, daß wir so oft auf die Ebene von Dämonen abgesunken sind.**
> *Aldous Huxley*

Die Wahrheit auszusprechen, ohne diesen Zusammenhang zu verstehen, kann für eine Beziehung, sei es im Privat- oder im Geschäftsleben, verheerende Folgen haben.

Wir alle kennen Menschen, denen es Vergnügen zu bereiten scheint, anderen damit wehzutun, zu unpassenden Zeiten unangenehme Wahrheiten zu verkünden. Diese Menschen verwenden die Wahrheit nicht als produktive Kraft, sondern als zerstörerische Waffe.

Das Prinzip der Zweischneidigkeit

Es gibt ein universelles Prinzip, das unser Leben zu bestimmen scheint und das ich hier das „Prinzip der Zweischneidigkeit" nenne. Dieses Prinzip ist ebenso simpel wie umfassend:

Insoweit etwas die Macht hat, Gutes zu schaffen, besitzt es eine entsprechende Macht, Schlechtes zu tun. In der Mehrzahl der Fälle hängt es von uns ab, wie wir diese Macht einsetzen.

Beispiele dafür gibt es in Hülle und Fülle. Die Kernspaltung besitzt eine gewaltige Macht, Gutes zu schaffen, man denke nur an die Nuklearmedizin. Noch offensichtlicher jedoch ist ihre vernichtende Macht, verkörpert in den Atombombenarsenalen der Supermächte und dem Wort Hiroshima. Oder nehmen wir den menschlichen Fortschrittsglauben. Ohne diesen Glauben, diesen Ehrgeiz hätten wir nichts erschaffen und nichts erbaut, würden weder unsere Kultur noch unsere Zivilisation existieren. Doch der außer Kontrolle geratene Fortschrittsehrgeiz ist auch verantwortlich für eine Vielzahl von sozialen, politischen und persönlichen Mißständen in unserer Welt.

> **Je größer die Macht, desto größer die Gefahr des Machtmißbrauches.** *Edmund Burke*

Im Rahmen eines Vortrages über Erfolg und Ethik in einem Unternehmen kam ich mehrfach auf den spirituellen Aspekt des menschlichen Lebens zu sprechen. Nach der Rede kam der Direktor des Unternehmens zu mir, erklärte mir, wie sehr er sich von meinem Vortrag angesprochen fühlte und fügte dann hinzu: „Aber eine Frage habe ich doch. Mir fiel auf, daß Sie gegen Ende Ihrer Rede mehrfach von Spiritualität sprachen. Was Sie sagten, erschien mir richtig, obwohl ich der organisierten Religion seit jeher sehr distanziert gegenüberstehe. Im Namen der Kirche wurden im Laufe der Jahrhunderte einfach zu viele Greueltaten verübt."

Ich war zwar mit keinem Wort auf organisierte Religion einge-
gangen, dennoch war es nur natürlich, daß er diese Verbindung
zog. Diese Frage war der Anfang einer überaus interessanten
Unterhaltung über das Prinzip der Zweischneidigkeit. Wenn die
organisierte Religion die Macht hat, Böses zu tun, dann besitzt
sie auch die Macht, Gutes zu schaffen. Dasselbe gilt auch im Hinblick auf andere Institutionen, beispielsweise Regierungen oder
Unternehmen. Vom Standpunkt des Prinzips der Zweischneidigkeit aus betrachtet, wohnt *jeder* Institution das Potential inne, der
Menschheit zu nutzen oder ihr zu schaden.

Während ich an diesem Buch schreibe, leiden die Vereinigten
Staaten immer noch unter den Nachwirkungen des Schocks, den
der Bombenanschlag auf das Bundeshaus in Oklahoma City aus-
gelöst hat. Selbst in dieser Tragödie zeigt sich das Prinzip der
Zweischneidigkeit: Dasselbe Düngemittel, welches das Getreide
wachsen läßt, dem die Menschen in Oklahoma ihren Wohlstand
verdanken, wurde auch dazu benutzt, die Bombe zu bauen, die
das Leben von so vielen Einwohnern Oklahoma Citys gefordert
hat.

Wahrscheinlich fallen Ihnen zahlreiche weitere Beispiele für
dieses Prinzip ein. Worum es hier geht, ist – natürlich – die Bedeutung dieses Prinzips für die Wahrheit. Es ist wichtig, zu verstehen, daß die Wahrheit eine große Macht besitzt, Gutes zu tun.
Doch zu erkennen, daß ihr eine entsprechende Macht zum
Schlechten innewohnt, daß sie dazu mißbraucht werden kann,
Schaden anzurichten und Zwietracht zu säen, ist genauso ausschlaggebend. Eben weil die Wahrheit so mächtig ist, kann sie
dazu benutzt werden, Großes zu tun, im guten wie im schlechten
Sinne.

**Alle grausamen Menschen bezeichnen sich als Hüter der Of-
fenheit.** *Tennessee Williams*

Im Neuen Testament spricht der Apostel Paulus davon, die Wahrheit in Liebe zu sagen. Was er damit meint, stimmt mit dem, wovon hier die Rede ist, überein. Die intellektuelle Dimension des

menschlichen Lebens darf nicht ignoriert oder vernachlässigt werden. Doch genauso wichtig ist es, daß sie in Übereinstimmung mit den anderen drei Dimensionen menschlicher Erfahrung ausgeübt wird. Allein so nähern wir uns einen Schritt dem eigentlichen Ziel von Glück und Erfüllung.

Robert Townsend, der frühere Direktor von American Express und Präsident und CEO von Avis Rent A Car, erzählte von einem ehemaligen Mitarbeiter, der ganz offensichtlich die Kunst, die „Wahrheit in Liebe" zu sagen, beherrschte. Jedesmal, wenn Townsend eine neue Idee präsentierte, die dieser Mitarbeiter für unpraktikabel hielt, erhielt er von ihm ein Memo, das mit dem Satz „Dear Jefe de Oro" anfing. Diese, wie er sagt, auf die alten Inkas zurückgehende Form der Anrede bedeutet übersetzt ungefähr „Verehrter Meister des Goldes". Weiter hieß es in den Memos dann etwa: „Wenn Sie es so sagen, wird es mein unablässiges Bemühen sein, es so zu tun. Doch bevor ich mich aufmache im Dienste dieses Ihres neuesten Anliegens, muß ich Sie mit tiefster Zuneigung und größtem Respekt davon in Kenntnis setzen, daß Sie wieder einmal den Mund zu voll genommen haben ..." In der Folge listete dieser mutige Bannerträger der ungeschminkten Wahrheit detailliert die Gründe auf, warum Townsends Idee seiner Ansicht nach nicht funktionieren konnte – und bewahrte seinen Chef damit nach dessen eigenen Angaben mehr als nur einmal vor einer peinlichen Pleite.

> **Offenheit ohne die Regeln des Anstands ist nichts anderes als Unhöflichkeit.** *Konfuzius*

Unsere Aufgabe besteht darin, eine Stimmung, eine Unternehmenskultur zu erzeugen, in der niemand Angst hat, auch unangenehme Wahrheiten auszusprechen, sondern in der das so einfach wie möglich gemacht wird. Manager sind auf das Feedback ihrer Mitarbeiter angewiesen, die oftmals aufgrund ihrer Position eher dazu in Lage sind, einen bestimmten Aspekt besser zu beurteilen. Niemand innerhalb einer Organisation kann sein Bestmögliches zum Wohlergehen des Ganzen beitragen, ohne bereit und in der

Lage zu sein, wenn nötig auch schmerzhafte oder unangenehme Tatsachen in einer positiven und angenehmen Weise zu formulieren. Die Fähigkeit, die Wahrheit „in Liebe" auszusprechen, stellt ein nicht zu überschätzendes Kapital dar und sollte von Personen in Führungspositionen ausdrücklich ermutigt und vorgelebt werden.

Wissen und Macht

In viel zu vielen Unternehmen folgen Manager und Geschäftsführung einem überholten und unproduktiven Grundsatz, dem, wie ich es nenne, „Wissen-bei-Bedarf"-Prinzip. Sie teilen mit ihren Untergebenen nur die Informationen, von denen sie annehmen, daß sie diese Informationen unbedingt benötigen, um ihre Aufgabe erfüllen zu können – und vergessen dabei, daß minimales Wissen üblicherweise stark mit minimaler Kompetenz korreliert. Wer so handelt, versteht nicht, daß jemand, der nur über ein begrenztes Wissen über die allgemeinen Umstände verfügt, die für seine Arbeit von Relevanz sind, eine gegebene Aufgabe kaum wirklich hervorragend ausführen kann.

Generell gilt sowohl im privaten wie auch im Arbeitsleben der Grundsatz: Über je mehr Informationen wir verfügen, um so besser. Das menschliche „Bedürfnis zu wissen" ist weitaus stärker ausgeprägt, als es sich die Anhänger des Minimalwissen-Prinzips eingestehen.

> **Der Mensch ist nicht mehr als das, was er weiß.**
> *Francis Bacon*

„Wissen ist Macht" erklärte der englische Philosoph Thomas Hobbes (1588–1679). Zu Recht. Doch allzuoft wird aus dieser Erkenntnis die verhängnisvolle Schlußfolgerung abgeleitet, daß man um so mehr Macht gewinnt, um so mehr exklusives Wissen man erwirbt, Wissen also, das man nicht weitergibt. Wer so denkt, übersieht, daß Wissen teilen nicht gleichbedeutend ist mit Macht teilen. Im Gegenteil, wir mehren unsere Macht, wenn wir unser Wissen teilen. Der Grund dafür ist ganz einfach. Die Macht eines Managers am Markt – oder in der Welt – hängt unabdingbar mit der Macht des Unternehmens zusammen, für das er tätig ist. Seine Macht ist nichts anderes als die kollektive Macht der in diesem Unternehmen arbeitenden Menschen. Jede Ausweitung dieser Machtbasis stärkt somit das Ausmaß – die Reichweite – seiner eigenen Macht.

Meine eigene Erfahrung als Lehrer hat mir gezeigt, daß wir durch die Weitergabe von Wissen neues Wissen schaffen. Nicht nur, weil das, was zuvor nur ich wußte, nun auch 30 oder 300 Studenten wissen. Es ist mehr als das.

Jeder Student, mit dem ich mein Wissen teile, hört und verarbeitet dieses Wissen vor einem Hintergrund von Erfahrungen und Überzeugungen, der sich in einem gewissen Grad von meinem unterscheidet. Durch die Interaktion dieses neu erworbenen Wissens mit dem vorherigen Wissen dieser 30 oder 300 Studenten entstehen neue Einsichten, die Wissen über das hinaus erzeugen, was ich mitzuteilen hatte oder überhaupt wußte. Das ist der Grund, warum ein guter Lehrer von seinen Schülern ebenso lernen kann wie diese von ihm.

Dasselbe gilt für Unternehmen und im Hinblick auf die Machtfrage. Wenn Wissen weitergegeben wird, entsteht neues Wissen – folglich auch mehr Macht. Warum sich mit einem 40-Watt-Unternehmen bescheiden, wenn man ein Megawatt-Unternehmen haben könnte? Geben Sie Ihr Wissen weiter, und Sie vervielfachen Ihre Macht.

Eine Investition in Wissen bringt immer noch die besten Zinsen. *Benjamin Franklin*

Das Open-Book-Spiel

Das ist die philosophische Grundlage für den Erfolg des soge-
nannten „Open-Book-Managements". Der Kernpunkt des Open-
Book-Managements besteht darin, alle Beschäftigten eines Unternehmens über die finanzielle Lage des Betriebes, seinen Markt
und die strategischen Planungen zu informieren. Der Name geht
auf die neue und in manchen Fällen radikal umgesetzte Praxis zurück, die Bücher allen oder zumindest doch den meisten Mitarbeitern gegenüber offenzulegen und ihnen Gelegenheit zu geben, alle
für das Unternehmen wichtigen Daten selbst zu lesen und zu bewerten. Die Vertreter des Open-Book-Ansatzes gehen davon aus,
daß gut informierte Mitarbeiter die Motivation und den Drang
verspüren, langfristig hervorragende Arbeit zu leisten.

Ich hatte das Vergnügen, Jack Stack, einen der Pioniere des
Open-Book-Managements, zu treffen, als ihm der *Business Enter-
prise Trust Award* für beispielhafte moralische Führung in der
Wirtschaft verliehen wurde. Als Stack die Leitung der Springfield
Remanufacturing Company übernahm, war der Standort gerade
erst von der International Harvester Company aufgegeben worden. Angesichts einer immensen Schuldenlast hing der Fortbe-
stand des Betriebs am sprichwörtlichen seidenen Faden. Der
nächste Fehler konnte das sofortige Aus bedeuten. Überzeugt,
daß das Unternehmen sich langfristig nur dann am Markt behaup-
ten konnte, wenn alle Mitarbeiter hinter seinen Entscheidungen
standen, arbeitete Stack unermüdlich darauf hin, Vertrauen zu
schaffen und den Corporate Spirit aufzubauen. Schließlich gelangte er zu dem Schluß, dieses Ziel nur erreichen zu können,
wenn die gesamte Belegschaft über die Lage des Gesamtunternehmens im Bilde war. Stack brachte jedem einzelnen Mitarbeiter
bei, wie man Finanzberichte liest und interpretiert, und veranlaßte, daß die Bücher des Unternehmens regelmäßig offengelegt werden – heute weiß jeder Mitarbeiter, wo Springfield Manufacturing
steht, wohin sie alle gemeinsam unterwegs sind und was sie dafür
tun müssen.

In seinem hochinteressanten Buch *The Great Game of Business*
legt Stack die zentrale Rolle der Wahrheit am Arbeitsplatz und für

die Mitarbeitermotivation dar und belegt seine Thesen mit den verblüffenden Erfolgen, die er seiner Politik der radikalen Offenheit verdankte. *The Great Game of Business* ist eines der wenigen Wirtschaftsbücher, das ich bei so gut wie jedem Vortrag über die Wiederentdeckung des Corporate Spirit meinen Zuhörern ans Herz lege. Stack stellte fest, daß Wahrheit befreiend wirkt, Menschen dazu motiviert, ihr Bestes zu geben. Wer weiß, wo er steht und warum das so ist, erkennt von sich aus, was getan werden muß, und wird auch dann hinter Maßnahmen stehen, wenn sie schmerzhaft sind. Menschen, sagt Stack, können überraschend kreativ sein, gibt man ihnen nur die richtigen Rohstoffe und läßt man ihnen nur genügend Spielraum. Wenn sich heute jemand bei Springfield Remanufacturing um eine Stelle bewirbt, sagt ihm Stack schon beim Vorstellungsgespräch, daß jeder Job bei SRC zu 30 Prozent aus Lernen besteht.

Nur die Gebildeten sind frei. *Epiktet*

Effektiv arbeiten ist ebenso wichtig wie hart arbeiten. Aber ohne Zugang zur Wahrheit ist effektives Arbeiten unmöglich. Jeder, mit dem wir als Kollegen, Kunden oder Lieferanten zu tun haben, besitzt – unabhängig von seiner Ausbildung oder seiner Stellung – eine intellektuelle Dimension. Wenn wir diese Seite in seinem Leben durch einen gegenseitigen Austausch von Ideen, durch „in Liebe" weitergegebene Wahrheit respektieren und fördern, tragen wir damit viel dazu bei, daß er in der Zusammenarbeit mit uns ein bestimmtes Maß an Erfüllung und Glück empfindet. Und das wiederum fördert eine Umgebung, in der wir selbst effektiver und besser arbeiten und leben können.

2

Wahrheit und Lüge

Glücklich kann man keinen nennen, der von der Wahrheit weit abgekommen ist. *Seneca*

Unternehmen sind ergebnisorientiert. Eine der größten Verlokkungen, der Unternehmer ausgesetzt sind, ist der Versuch, bestimmte Ergebnisse um jeden Preis zu erzielen und sei es um den Preis, andere Menschen mehr oder weniger zu manipulieren. Andere zu manipulieren, heißt jedoch nichts anderes, als die Wahrheit zu manipulieren. Der griechische Schriftsteller Diogenes Laertius läßt in seinem berühmten Werk *Leben und Meinungen der berühmten Philosophen* den weisen Anacharsis, der im sechsten Jahrhundert vor Christus auf ausgedehnten Reisen die Sitten und Handelsgebräuche der Menschen studierte, sagen: „Der Markt ist ein Platz, der recht eigentlich dazu bestimmt ist, sich gegenseitig zu täuschen und zu übervorteilen." Eine Einsicht, die heute nicht weniger gilt als damals. Die Wahrheit fällt leicht unseren anderen Gelüsten zum Opfer.

Doch wer lange genug in dieser Welt lebt, mit wachen Augen durch sie hindurchgeht und sich Gedanken macht über das, was er sieht, wird Seneca zustimmen, wenn dieser ausruft, keiner könne glücklich genannt werden, der „von der Wahrheit weit abgekommen ist". Es gibt zwei Wege, aus diesem Schoß vertrieben zu werden: andere zu belügen oder selbst belogen zu werden.

Sophokles, die Wahrheit und die Lüge

Lassen Sie sich von mir mit einer Passage aus der von Sophokles
409 vor Christus verfaßten Tragödie *Philoktetes* etwas tiefer in die
Welt der Antike entführen. In dieser hier zitierten Stelle gibt der
Philosoph eine Konversation zwischen Odysseus und seinem ehr-
geizigen Kontrahenten Neoptolemos wieder. Odysseus versucht,
Neoptolemos im Kampf gegen seinen angeschlagenen, nichtsdestotrotz mächtigen Feind Philoktetes, in dessen Besitz sich ein mit
Zauberkraft ausgestatteter Bogen befindet, auf seine Seite zu ziehen.

Neoptolemos: Nun offenbare schon deinen ganzen Plan!
Odysseus: Achilleus' Sohn, das Ziel, zu dem du kamst,
　　Heischt starken Sinn und nicht nur Körperkraft;
　　Wenn du hier Neues, Ungeahntes hörst,
　　Hilf trotzdem, denn als Helfer kamst du mit.
Neoptolemos: Befiehl!
Odysseus: Du mußt die Seele Philoktetes
　　Gewinnen mit verstellter Redekunst.
　　Fragt er nach deinem Namen und Woher,
　　So sag: Achilleus' Sohn! Verbirg es nicht!
　　Doch füg hinzu, du fliehst der Griechen Heer
　　Und Flotte, fährst im hellen Zorne heim,
　　Weil sie dich flehentlich vom Haus geholt
　　Als einzge Hoffnung für den Fall der Burg
　　Und dann des Vaters Waffen dir versagt,
　　Die du mit Recht als Erster fordertest,
　　Und sie Odysseus gaben. Sag, soviel
　　Du irgend willst, von meiner Schlechtigkeit,
　　Das alles kränkt mich nicht, doch weigerst du's,
　　So schaffst du allen Griechen großes Leid:
　　Kommt dieser Bogen nicht in unsere Hand,
　　Wird Trojas Erde nie von dir zerstört!
　　Nur du, nicht ich, kannst treues Freundeswort
　　Mit diesem Manne tauschen, sei gewiß!
　　Durch keinen Schwur gefesselt zogst du aus,

Nicht wie die erste Flotte unter Zwang.
Von all dem würde ich betroffen sein.
Wenn er, des Bogens mächtig, mich erblickt,
Bin ich verloren und du bist's mit mir.
Das muß berechnet sein, wenn du zum Dieb
Der unbesiegten Waffen werden willst.
Ich weiß, mein Sohn, so reden und mit List
Das Böse schaffen, ist nicht deine Art.
Doch bleibt der Kranz des Sieges immer süß.
So wag's! Wir sind nicht immer so verrucht!
Für eines Tages kurze Spanne führ
Ich dich den krummen Weg, dann stehst du ganz
Als gottesfürchtigster der Menschen da.
Neoptolemos: Schon diese bloßen Worte schmerzen mich,
Sie auszuführen wäre mir verhaßt.
Das Ränkeschmieden hab' ich nie gelernt,
Ich selbst, noch ward vom Vater dies gesagt.
Ich führ euch gern den Mann gewaltsam weg
Und ohne List, mit seinem einen Fuß
Besiegt er niemals unsre Übermacht.
Als Helfer zog ich mit und will auch nicht
Verräter heißen; aber höher steht
Gerades Scheitern als ein krummer Sieg.
Odysseus: O edlen Vaters Sohn, auch mir war einst
Die Zunge langsam und die Faust behend.
Nun hat Erfahrung mich belehrt, daß doch
Die Rede alles lenkt und nicht die Tat.
Neoptolemos: Was willst du sonst von mir als Lügenwerk?
Odysseus: Ich sagte nur: Fang diesen Mann mit List!
Neoptolemos: Warum mit Täuschungen statt mit gutem Wort?
Odysseus: Er beugt sich keinem Wort und keiner Macht!
Neoptolemos: So machen ihn die Riesenkräfte kühn?
Odysseus: Die Todespfeile fehlen nie das Ziel.
Neoptolemos: Und niemand wagt sich an den Mann heran?
Odysseus: Ich sagte, daß es nur der List gelingt.
Neoptolemos: Da gilt die Lüge dir als ehrenvoll?
Odysseus: Nur, wenn es um die letzte Rettung geht.

Neoptolemos: Wer spricht ihm solche Lügen ins Gesicht?
Odysseus: Wenn es dir hilft, so zögere nicht mehr!
Neoptolemos: Was hilft es mir, wenn er nach Troja kommt?
Odysseus: Nur dieser Bogen nimmt die Feste ein.
Neoptolemos: Ihr nanntet mich als den Eroberer!
Odysseus: Dich nicht allein, und auch den Bogen nicht.
Neoptolemos: Ich seh's, der Bogen muß erobert sein.
Odysseus: Zwei große Preise winken dir als Lohn.
Neoptolemos: Sag welche, und ich weigre mich nicht mehr.
Neoptolemos: Der Ruhm der Klugheit und der Tapferkeit.
Odysseus: So laß ich jede Scham und trete bei.
Neoptolemos: Und bleibst du meines Planes eingedenk?
Odysseus: Sei sicher, da ich einmal zugesagt!*

Dieses kleine Gespräch ist in mehrfacher Hinsicht aufschlußreich. Zunächst appelliert Odysseus an Neoptolemos' Sendungsbewußtsein, seine Loyalität und sein Pflichtgefühl. Dann macht er ihm den Auftrag, Philoktetes zu täuschen, mit Beschönigungen und der Aussicht auf den Sieg schmackhaft. Odysseus nennt das, was er von Neoptolemos erwartet, nicht beim Wort. Er sagt ihm nicht, daß er den Widersacher mit Lügen hinters Licht führen soll. Im Gegenteil, schon sehr früh erwidert er auf Neoptolemos Frage, wie er sich dem Philoktetes vorstellen soll, er bräuchte nicht zu lügen. Neoptolemos ist der erste, der die Dinge beim Namen nennt, als er sagt, Odysseus erwarte von ihm, daß er „lüge" und „täusche". Odysseus nennt es: seine List, seinen Verstand und seine Redekunst einzusetzen. Betrug wird hier als ein akzeptables und – unter den gegebenen Umständen – notwendiges Vorgehen gesehen. Odysseus appelliert an das natürliche Verlangen nach Tapferkeit und Ruhm, Ziele, von denen er ganz richtig annimmt, daß sie den jungen Neoptolemos motivieren werden. Mit seiner Überzeugungskraft scheint er Neoptolemos' Skrupel ausräumen zu können, womit er die Richtigkeit eben der Argumente bestätigt, die er ins Feld führt. So gelingt es ihm, Neoptolemos derge-

---

* Sophokles, *Tragödien,* in der Übersetzung von Ernst Buschor, Zürich und Stuttgart 1968, S. 295 ff.

stalt zu manipulieren, daß dieser bereit ist, einen anderen, Philoktetes, zu manipulieren.

Im weiteren Verlauf der Tragödie folgt Neoptolemos den Ratschlägen des Odysseus und umspinnt Philoktetes mit einem ausgeklügelten Netz von Lügen. Neoptolemos, dessen wahre Identität noch unerkannt ist, erschleicht sich Philoktetes' Freundschaft und bringt ihn dazu, ihm seine Wunderwaffe, Herakles' magischen Bogen, anzuvertrauen, ohne den nach einem Spruch des Orakels Troja nicht erobert werden kann.

Doch gerade als Neoptolemos die Aufgabe vollbracht hat und den Bogen in Händen hält, überfallen ihn Zweifel, und es kommt ihm zu Bewußtsein, daß er im Begriff ist, seinen Prinzipien zuwiderzuhandeln. Von Reue überfallen, ruft er aus: „Wer seine Art verrät und fremden Sinn/Vollstreckt, ach, dem ist alles widerlich."

Die Lüge bringt den Lügner schnell zu Fall. *Marsilio Ficino*

Neoptolemos offenbart sich Philoktetes, der über den Verrat verständlicherweise sehr aufgebracht ist, und macht sogar Anstalten, ihm den Bogen zurückzugeben. Dies weiß Odysseus jedoch zu verhindern. Obwohl Philoktetes Neoptolemos' Ansinnen, mit ihm und Odysseus gegen Troja ins Feld zu ziehen, entrüstet von sich weist, kehrt Neoptolemos später zu ihm zurück und händigt ihm gegen Odysseus' heftigen Widerstand den Bogen wieder aus. Allein, Philoktetes bleibt bei seinem Entschluß. Erst gegen Ende des Stückes läßt er sich von der Stimme des Herakles, des *deus ex machina,* umstimmen und zieht mit seinen Widersachern in den Krieg gegen die Trojaner.

Eine der Lehren, die sich aus dieser Geschichte ziehen lassen, könnte lauten: Wurde Vertrauen erst einmal durch Lügen zerstört, läßt es sich nur durch göttliche Intervention wiederherstellen. Dadurch, daß er die Wahrheit und damit einen anderen Menschen manipulierte, handelte Neoptolemos gegen seine Natur und empfand, als er sich seiner Tat bewußt wurde, eine überwältigende Abscheu vor sich selbst. Die alten Philosophen hätten auch gesagt, daß er sich, indem er zum Lügner wurde, selbst schadete.

Das Opfer der Intrige, Philoktetes, wurde erniedrigt und kam, wenn auch auf andere Art und Weise, ebenfalls zu Schaden. Opfer, wohin man sieht.

Und nichts anderes ist zu erwarten, wenn man im Interesse des eigenen Vorteils von der Wahrheit abweicht.

Denn verhaßt ist mir der Mann gleich den Toren des Hades, der das eine verbirgt im Sinn und anderes ausspricht.
Achill in Homers **Ilias**

Der Preis der Täuschung

Schon immer haben Menschen zur Lüge gegriffen, um ihre Ziele zu erreichen – harmlose kleine Lügen erzählt, sich in Notlügen geflüchtet, wildes Seemannsgarn gesponnen, hinterhältige Intrigen geknüpft, Finten und Ablenkungsmanöver ausgeheckt. „Die Bestellung wurde schon letzte Woche ausgeliefert", „Von einem solchen Bericht wissen wir nichts", „Ich habe Fieber, wir müssen den Termin verschieben", „Noch weiter mit dem Preis heruntergehen kann ich nicht; wir kommen so schon kaum Null auf Null heraus", „Nun, wenn Sie nicht wollen, wir haben einen anderen Interessenten, der bereit ist, den Preis zu bezahlen".

Wann glauben Sie wem, wessen Worte zweifeln Sie an? Wenn man Sie anständig behandelt? Wenn Sie auf der „richtigen", der vorteilhaften Seite einer manipulativen Ich-Es-Beziehung stehen? Plötzlich feststellen zu müssen, daß man sich auf der falschen Seite bei einer Lüge befindet, kann äußerst unangenehm sein. Und, wie uns Neoptolemos Schicksal gewarnt hat, jede Seite ist die falsche Seite.

Adlai Stevenson wird oft mit folgenden Worten zitiert: „Eine Lüge ist eine Sünde wider den Herrn und eine sehr handliche Hilfe in Zeiten der Not." Sehr humorvoll, aber auch entlarvend in seinem Witz. Die meisten von uns verurteilen die Lüge im Prinzip, glauben aber insgeheim, sie könnten hin und wieder von ihr profitieren. In Abwandlung eines berühmten Ausspruches von

Aristoteles über die Wut ließe sich sagen, daß wir weniger in der Lüge als solcher das Problem sehen, als darin, wann wir wen und wie sehr belügen müssen, um das zu erreichen, worauf wir aus sind.

Das Gegenteil der Wahrheit hat hunderttausend Formen und ein grenzenloses Feld. *Michel de Montaigne*

Lügen ist eine der schädlichsten und destabilisierendsten Verhaltensformen im zwischenmenschlichen Umgang. Weichen wir von der Wahrheit ab, so fangen wir an, Gewohnheiten zu errichten, die in einen Sumpf der Ungewißheit führen, in ein unübersehbares Gewirr von Formen und Schatten, die sich ständig verändern und uns in die Irre leiten wie die trügerischen Reflexionen in einem Spiegelkabinett. Wir verlieren unser Gefühl für die Wahrheit – und für ihre Bedeutung.

Hegen Angestellte eines Unternehmens den Verdacht, daß ihre Vorgesetzten um eines Vorteils willen Geschäftspartner belügen, so werden sie sich – ob bewußt oder nicht – selbst als potentielle Opfer derselben Nachlässigkeit im Umgang mit der Wahrheit sehen. Man kann keine Lügen in die Welt setzen und sie dann wie einen bissigen Hofhund an einer Kette festbinden, auf daß sie uns nicht mehr in die Quere kommen. Aus Handlungen entstehen Gewohnheiten, und Gewohnheiten lassen sich oft nur schwer kontrollieren oder durchbrechen, wie Aristoteles so weise erkannt hat.

Ein Schwindel jagt den anderen. *Terenz*

Eine Gruppe von Individuen, die sich gemeinsam zu einer Lüge oder einer Intrige verabredet, stellt die in sich labilste Verbindung dar, die zwischen Menschen denkbar ist – eine Konspiration von Lügnern, eine Verbindung, die in ein logisches Dilemma führt: Die Gewißheit, daß die Mitverschwörer die Vereinbarung einhalten, setzt voraus, an ihre Bereitschaft zur Lüge zu glauben. Doch wenn dem so ist, inwieweit kann man dann ihrem Versprechen zur

Komplizenschaft trauen? Jede Gruppe von Menschen, die die Täuschung Außenstehender als taktisches Mittel zur Erreichung ihrer Ziele einsetzt, leistet damit der Ausbreitung von Mißtrauen innerhalb der Gruppe selbst Vorschub. Und wo das gegenseitige Vertrauen erschüttert ist, sind dauerhafte Spitzenleistungen unmöglich.

Wir alle sind intellektuelle Geschöpfe. Wir besitzen ein instinktives Bedürfnis, einen instinktiven Hang nach Wahrheit. Ein Blick auf die Evolutionsgeschichte zeigt, daß dies einer der grundlegendsten Mechanismen der Menschheit ist: Wer nicht in der Lage ist, die Wahrheit herauszufinden und an ihr festzuhalten, ist zum Untergang verurteilt. Manche Philosophen führen unsere Sehnsucht nach Wahrheit sogar weiter zurück: auf Gott. Rene Descartes (1596–1650), der „Vater der modernen Philosophie", der große Mathematiker und Wissenschaftler Blaise Pascal (1632–1662) und der Schotte Thomas Reid (1710–1796), einer der wichtigsten Vertreter der „common-sense"-Philosophie (der Philosophie des „gesunden Menschenverstandes") – sie alle waren überzeugt davon, daß uns unser Schöpfer eine angeborene Neigung zur Wahrheit als Grundlage des empfindenden Individuums selbst und der komplexeren menschlichen Gemeinschaften mitgegeben hat.

> **Nicht zum Zwecke der gegenseitigen Täuschung wurde die Sprache dem Mensch gegeben, sondern damit er seine Gedanken anderen mitteilen möge.** *Augustinus*

Welcher Weltsicht auch immer Sie sich verpflichtet fühlen, der Erkenntnis, daß der Wahrheit eine fundamentale Bedeutung zukommt und sie nicht leichtfertig mißbraucht werden darf, kann man sich kaum verschließen. Jeder Mensch kommt mit einer natürlichen Anlage zur Gutgläubigkeit auf die Welt, mit der Neigung, das zu glauben, was seine Mitmenschen ihm sagen; anders wären wir beispielsweise gar nicht in der Lage dazu, unsere Muttersprache zu lernen. Wird diese angeborene Disposition zum Vertrauen zu oft mißbraucht, entpuppen sich vorgebliche Wahrheiten das eine um das andere Mal als Unwahrheiten, werden wir immer wieder belogen, so werden wir notwendigerweise vorsichtig und mißtrauisch.

Machen wir diese Erfahrung mit einem Individuum oder einer Organisation, egal ob im privaten oder im geschäftlichen Bereich, werden unser Umgang und unser Verhältnis zu diesem Menschen oder diesem Unternehmen von Argwohn und Zweifeln bestimmt sein – was uns viel Zeit und geistige Energie kostet, die sich anderswo lohnender einbringen ließe.

> **Einem Lügner pflegen wir nicht einmal zu glauben, wenn er die Wahrheit sagt.** *Cicero*

So leicht Vertrauen zerstört werden kann, so schwer ist es wiederherzustellen. Nichts zerstört den Corporate Spirit schneller und gründlicher als Lug und Betrug. Deshalb kommt jemand, der lügt, nie wirklich unbeschadet davon. Selbst wenn Sie bei einer Lüge nicht ertappt werden, fügen Sie sich selbst Schaden zu. Sie sind zu einem Lügner geworden. Und auch wenn Ihre Lügen nicht entlarvt werden: Sie werden auch Ihre Mitmenschen für Lügner halten. Das beeinträchtigt Ihre Fähigkeit, mit anderen aufrichtig zu verhandeln und ihren Worten Glauben zu schenken, selbst wenn das, was sie sagen, wahr ist und es in Ihrem Interesse wäre, es zu glauben.

Die Grundlage von Vertrauen

Vertrauen ist der Schmierstoff menschlicher Beziehungen. Ohne Vertrauen kommt das Räderwerk der Beziehungen ins Stocken und schließlich ganz zum Erliegen. Die einzig richtige Methode, ein Unternehmen zu führen, besteht darin, alle Mitarbeiter dazu zu ermutigen, sich gegenseitig, den Lieferanten, den Kunden und den Vorgesetzten die Wahrheit zu sagen. Wahrheit muß einer der zentralen Werte jeder Organisation sein, die an ihrem eigenen Wohlergehen interessiert ist.

So die Welt gegen die Wahrheit geht, geht Athanasios gegen die Welt.
Hl. Athanasios

Damit will ich nicht sagen, daß die Wahrheit immer und überall ausgesprochen werden muß. Manche Dinge bleiben besser ungesagt. Genausowenig sage ich, daß man alles immer im besten Licht erscheinen lassen soll. Man sollte jedoch immer seinen eigenen Empfindungen darüber treu bleiben, worin die Wahrheit besteht und wie Sie sie am besten als Grundlage Ihrer Handlungen einsetzen können. Wenn alle und jeder von uns es sich zur Gewohnheit machen, stets der Wahrheit ins Gesicht zu blicken und in ihr zu leben, wird es sehr viel leichter sein, sie mit anderen zu teilen, selbst wenn das manchmal unangenehm oder schmerzhaft ist.

Sei dir gegenüber so ehrlich, wie du anderen gegenüber nicht falsch bist.
Francis Bacon

Die Wahrheit in einem Unternehmen respektieren, sie hochhalten und fördern ist keineswegs nur die Aufgabe der Führungsriege, auch wenn sie immer den Weg weisen und mit gutem Beispiel vorangehen sollte. Die Wahrheit ist jedermanns Sache. Wann immer Sie mit einem Kollegen in Kontakt treten, erinnern Sie sich daran, daß er ein intellektuelles Wesen ist, und wann immer Sie mit einem Kunden verhandeln, erinnern Sie sich an sein Bedürfnis nach Wahrheit. Eine solidere Grundlage für dauerhafte Spitzenleistung gibt es nicht.

3

Die Wahrheit über Spitzenleistung

Vor ein paar Jahren ließ ich ein offizielles Philosophie-T-Shirt als Preis für meine besten Studenten drucken. In Anspielung auf meine Jugendzeit, in der ich mich als Rockgitarrist versucht hatte, entwarf mein Freund und Comic-Zeichner Dan Foote eine moderne Version des berühmten „Denker" von Rodin und hängte ihm eine rote E-Gitarre über die Schulter. Über dem Bild, das auf der Rückseite des T-Shirts aufgedruckt war, prangte der Slogan meiner Philosophie-Seminare:

IDEAS ROCK THE WORLD

Daß Ideen die Welt bewegen, ist mehr als nur ein Slogan; es ist eine der fundamentalsten Wahrheiten, die wir für uns entdecken können. Schon Platon hatte das verstanden. Er erkannte, daß alle Objekte und Strukturen in der Welt als Reflexe auf Ideen gesehen werden können. Unsere Handlungen in der Welt, sagte der große Philosoph, sind eine Folge unserer Gedanken. Und auch was wir in der Welt erreichen, ist eine Konsequenz unserer Gedanken.

> **Wird der Geist eines Menschen durch eine neue Idee erweitert, kann er niemals mehr auf seine ursprüngliche Dimension zurückgeführt werden.** *Oliver Wendell Holmes Jr.*

Denken Sie nur daran, wieviel Einfluß die Idee der Freiheit auf die politische Geschichte der Menschheit ausübte. Oder der Glaube an die Existenz Gottes auf die Entstehung der westlichen Zivilisation. Die Kultur und das Leben jeder Gruppe von Menschen und damit jeder Form menschlicher Organisation ist zu einem

71

wesentlichen Teil das Ergebnis der Ideen, die in den Köpfen dieser Menschen wirken – sowohl der expliziten Ideen, über die soviel gesprochen wird, als auch der tieferliegenden Annahmen, die, obwohl wir uns ihrer weniger bewußt sind, dennoch alles andere formen. Philosophen bezeichnen sie manchmal als „Präsuppositionen": diese fundamentalen, im Hintergrund wirksamen Annahmen, die Gleise, die den Weg unserer Gedanken und Handlungen vorgeben.

Dieses Kapitel untersucht eine wichtige Grundlage für unser Verhalten im Beruf, im Sport und selbst in der Erziehung, ein Prinzip, das darüber bestimmt, wie wir mit den Menschen um uns herum – seien es nun Kollegen, Mitspieler oder Kommilitonen – umgehen und kooperieren. Dieses Prinzip kann unser Denken beherrschen und unser gesamtes Streben in die eine oder andere Richtung lenken, je nachdem, wie wir es verstehen. Und es hängt direkt zusammen mit den Fragen nach persönlicher Erfüllung und Corporate Spirit. Es ist das Prinzip der Höchstleistung.

> **Kein Begriff ist schlechter definiert als der der Höchstleistung, obwohl sie das ist, was wir am meisten anstreben; ja, wir ausschließlich anstreben.** *Jonathan Edwards*

Dieses Prinzip allein kann die grundlegenden Prozesse bestimmen, die in einer Organisation ablaufen. Es kann uns entweder in eine Position bringen, die uns erlaubt, den uns größtmöglichen Erfolg zu erzielen – oder uns von dem abschneiden, was für unsere Existenz und für unser individuelles Wohlergehen am wichtigsten ist.

Gewinner und Verlierer

Lassen Sie mich den Begriff der Höchstleistung, wie ich ihn hier verwende, anhand von drei Auffassungen dessen, was wahre Höchstleistung bedeutet, konkretisieren. Das weitere Verständnis der hier formulierten Prinzipien setzt voraus, daß wir diese drei Denkweisen kurz betrachten und uns ihrer Unterschiede bewußt werden.

Für erfolgreiches unternehmerisches Handeln in unserer Zeit gibt es womöglich keine wichtigere Voraussetzung als die, daß wir uns in allen unseren Gedanken und Handlungen von der Idee der Höchstleistung, dem Streben nach Spitzenleistungen, leiten lassen. Unser Gemeinschaftsgefühl, unser Glaube daran, was wir gemeinsam erreichen können, hängt ganz davon ab, inwieweit wir diese Einsicht beherzigen.

Die erste Ansicht über Höchstleistung beruht auf dem abendländischen Denken, auf der griechischen, römischen und europäischen Tradition, innerhalb derer sich die westliche Philosophie entwickelte. Deshalb bezeichne ich es auch als das konkurrenzorientierte abendländische Gewinnmodell. Hier besteht Höchstleistung darin, ein Nullsummenspiel zu gewinnen. Ein Nullsummenspiel beschreibt eine Situation, in der auf jeden Gewinner ein oder mehrere Verlierer kommen. Ich kann ein Tennismatch nur gewinnen, wenn mein Gegner verliert. In einem Krieg gibt es nur einen Sieger, wenn es auch einen Besiegten gibt.

> **Jedes Kind der angelsächsischen Rasse wird so erzogen, daß es Erster sein will. Das ist unser System. Ein Mann wird seine Größe an dem Verlust, dem Neid und dem Haß seiner Konkurrenten messen.** *Ralph Waldo Emerson*

Der Gesamtertrag bei einem Nullsummenspiel ist immer gleich; je mehr Sie erhalten, desto weniger bekomme ich, oder, was mir natürlich lieber wäre, andersherum. Stellen Sie sich einen Kuchen vor. Je mehr Stücke Sie auf Ihren Teller laden, desto weniger bleiben übrig für mich. Im Kontext eines Nullsummenspiels bedeutet Höchstleistung demnach nichts anderes, als alle zu schlagen, die mich herausfordern. Höchstleistung in diesem Sinne bezeichnet den Zustand, sich über die Masse (die Konkurrenten) zu erheben und die Früchte des Sieges zu ernten. Diese Definition dominierte die westliche Vorstellung von Höchstleistung schon vor der Zeit, als Julius Cäsar seine berühmten Worte „Veni, vidi, vici" (Ich kam, sah und siegte) aussprach.

Das konkurrenzorientierte abendländische Gewinnmodell ist im modernen Denken so beherrschend, daß allein der Umstand, von ihm als nur einem möglichen Modell unter vielen zu sprechen, manche Menschen irritiert – ein sicheres Zeichen der zentralen Stellung, die es in unserer Kultur einnimmt. Fußballfans rufen entweder „Wir sind die Meister!" oder gar nichts. Nicht umsonst wird der Ausspruch des legendären amerikanischen Footballtrainers Vince Lombardi von den Sportfanatikern im ganzen Land immer wieder gerne zitiert: „Siegen ist nicht alles, es ist das einzige."

Selbst die Politik ist heute ein Nullsummenspiel. Statt der Sorge um das Wohl des Landes dominiert der Kampf um Einfluß, Posten und begrenzte staatliche Mittel, wo der Gewinner oft genug alles einheimst und der Verlierer mit leeren Händen dasteht.

> **Der Mensch ist ein Raubtier. Er muß stets versuchen, jemanden oder etwas zu besiegen.** *Charles Lamb*

Wie kommt es, daß gerade Metaphern aus dem Sport und dem Militär seit mehreren Generationen unser Denken in Wirtschaft und Politik dominieren? Fast alle von uns wurden in der Schule zum Konkurrenzdenken erzogen, wurden ständig beurteilt, benotet, Examen unterworfen, mit anderen verglichen und im Sportunterricht dazu angespornt, einander zu besiegen. Die Leute, die Politik machen und Unternehmen führen, waren bis vor kurzer – man muß sagen, beschämend kurzer – Zeit fast ausschließlich Männer. Und zwar zumeist Männer mit einer militärischen Ausbildung, die sich an ihre Zeit als Soldaten (oder Sportler) als die lebendigste und aufregendste ihres Lebens erinnern, die Zeit, in der sie bis an ihre Grenzen gehen mußten, in der sie Erfolge über Gegner (und Feinde) feiern konnten. Kein Wunder also, daß die Sprache des Krieges und des Sportes seit langer Zeit Wirtschaft und Politik beherrscht.

Doch es greift noch tiefer. Im Sport und im Militär sind einige der grundlegendsten Sichtweisen über Höchstleistung verkörpert. Natürlich können wir aus dem, was uns Sporttrainer zu sagen haben, auch Lehren ziehen. Die Einstellung, mit allen (gerade noch erlaubten) Mitteln einen Sieg zu erringen, kann Menschen dazu anspornen, ihr Bestes zu geben, über sich selbst hinauszuwachsen, normalerweise jenseits ihrer Fähigkeiten liegende Dinge zu wagen – und sie in einen Zustand der Erregung versetzen, den sie auf andere Weise kaum jemals erreichen würden. Konkurrenzorientiertes Denken kann uns auf dem Weg zu wahrer Höchstleistung weiterbringen. Wird es jedoch als ausschließliches Konzept verstanden, als der einzige Weg, der zur Höchstleistung führt, drohen verheerende Folgen.

Konkurrenzdenken birgt Probleme

Das konkurrenzorientierte Gewinnmodell neigt dazu, eine individualistische und einseitig auf Gegnerschaft ausgerichtete Auffassung von Höchstleistung zu fördern. Natürlich brauchen wir ein gewisses Maß an individualistischem und damit manchmal auch antagonistischem Denken. Beispielsweise, wenn wir mit etwas konfrontiert werden, dem wir Widerstand entgegensetzen müssen. Dennoch ist ein Verständnis von Höchstleistung, das ausschließlich individualistisches und auf Gegnerschaft ausgerichtetes Denken fördert, äußerst problematisch.

Daß der außer Kontrolle geratene Individualismus und das Denken in Feindbildern für das Auseinanderdriften unserer Gesellschaft zumindest mitverantwortlich ist, ist hinreichend bekannt und belegt. Vor ein paar Jahren drehte ich einen Videofilm über Ethik in den Rechtsberufen. Ich interviewte Juristen aus den verschiedensten Bereichen – Anwälte in Großkanzleien, Partner in kleinen Sozietäten, selbständige Anwälte, Richter vom Obersten Bundesgericht bis hinunter zum Landgericht und Staatsanwälte auf allen Ebenen. Fast ohne Ausnahme klagte jeder einzelne von ihnen, die Juristerei mache keinen Spaß mehr, weil das Konkurrenzdenken zugenommen habe. Angesichts eines Rechtssystems, das auf einem von seiner Natur her antagonistischen Prozedere beruht, eine seltsam anmutende Klage. Gleicht nicht ein Anwalt, zumal ein amerikanischer, der moniert, seine Tätigkeit sei von Konkurrenz geprägt, einem Footballspieler, der sich darüber beklagt, daß er auf dem Spielfeld andauernd von anderen Spielern angerempelt wird? Ist nicht das genau der Sinn des Spieles?

Ja und nein. Ein heute praktizierender Jurist beschwert sich mit ebensoviel Grund über zuviel Konkurrenzdenken in unserem Rechtssystem wie der Verteidiger einer Footballmannschaft über die übermäßige Brutalität im Profifootball. Football ist, natürlich, ein körperbetontes Spiel, aber nicht notwendigerweise ein brutales. Dasselbe trifft, im übertragenen Sinne, auch auf unser Rechtssystem zu.

> **Die Menschen müssen die Natur verdorben haben, denn obgleich sie nicht als Wölfe geboren wurden, sind sie Wölfe geworden.**
> *Voltaire*

Einige ältere Anwälte erklärten mir, daß die Jurisprudenz einmal als Berufsfeld für Menschen galt, die von dem Wunsch beseelt waren, Probleme für andere zu lösen, nach für alle Beteiligten tragbaren Auswegen und Kompromissen zu suchen, denen die Frage danach, wer gewann und wer verlor, weit weniger wichtig war, als daß Gerechtigkeit gesprochen wurde. Die hemmungslose Sieger-Verlierer-Mentalität, die heute unser Rechtssystem beherrscht, ver- oder zumindest behindert den Kompromiß, der zumindest theoretisch die Möglichkeit eröffnet, auch bei schwierigen Problemen zu einer für beide Seiten einigermaßen zufriedenstellenden Lösung zu gelangen. Die Politik der verbrannten Erde, die heute allerorten gepflegt wird, hat die alten Regeln über den Haufen geworfen und den praktizierenden Juristen das Leben vor den Schranken der Gerichte unendlich schwerer gemacht.

Das gilt nicht nur für die Rechtswissenschaft. Ein pensionierter Arzt äußerte kürzlich dieselbe Ansicht über die Medizin. Fühlten sich früher die Kollegen gemeinsam der Wissenschaft und Heilkunde verpflichtet, wird heute mit harten Bandagen gekämpft, und der wirtschaftliche Erfolg rangiert vor der Sorge um das Wohl des Patienten. Das war zwar nur die Stimme eines einzelnen Arztes, doch ich fürchte, daß viele andere, die in den Heilberufen tätig sind, sich seinem Urteil anschließen würden.

> **Die Menschen scheinen mit Vorliebe um Dinge zu kämpfen, die dafür überaus ungeeignet sind.** *G.K. Chesterton*

Konkurrenz ist – natürlich – auch sehr gesund. Doch ausschließlich konkurrenzorientiertes Denken kann zu sehr schwerwiegenden Problemen führen. Abgesehen davon, daß es exzessiven Individualismus und eine unangemessene Aggressivität fördert, kann jemand, der so denkt, nicht zwischen persönlicher Höchstleistung einerseits und der auf Feindbildern beruhenden Höchstleistung andererseits unterscheiden.

Als Gitarrenspieler komme ich dem Niveau meiner persönlichen Höchstleistung ziemlich nahe. Berücksichtigt man meine sonstigen Pflichten und Interessen, bin ich ungefähr so gut geworden, wie es meinem Talent entspricht. Vergleicht man mich aber mit anderen Gitarrenspielern, klingt das, was ich zustande bringe, kaum sehr beeindruckend. Wäre ich so vermessen, in ein Aufnahmestudio zu gehen und einen Studiogitarristen zu einem kleinen Vergleich herauszufordern, würde jeder, der zufällig anwesend ist, schon nach ein paar Akkorden wissen, warum ich Philosoph und nicht Musiker geworden bin. Es gibt, will ich damit sagen, eine Form der persönlichen Höchstleistung, die im wesentlichen nicht antagonistischer Natur ist.

> **Wir widmen unsere ganze Aufmerksamkeit der unendlich müßigen Frage, ob A ebenso gut war wie B, wenn doch die eigentliche Frage lauten müßte, ob A so gut war, wie es ihm nur möglich war.** *William Graham Summer*

Was aber noch wichtiger ist: Man kann eine von Feindbildern geprägte Höchstleistung erreichen, ohne seine persönliche Höchstleistung erreicht zu haben. Ein Unternehmen oder ein Football-team kann in seiner Branche oder seiner Liga an der Spitze stehen, ohne sein Bestes zu geben, vorausgesetzt, es ist besser als seine Konkurrenten. Anders ausgedrückt, Sie können der Beste in Ihrer Stadt, Ihrem Markt, Ihrem Sport oder Ihrer Branche sein, ohne daß Sie sich Ihrem eigentlichen Leistungspotential auch nur be-wußt werden. Was das angeht, können Sie selbst bei einer starken Konkurrenz eine Zeitlang der Beste bleiben, ohne Ihr Bestes zu geben. Wie gesagt, eine Zeitlang. Doch das ist, Sie ahnen es schon, ein potentiell instabiler Zustand. Nichts bleibt jemals, wie es war, und wer sich auf seinen Lorbeeren ausruht, wird meistens früher oder – seltener – später vom Thron gestürzt. An der Spitze kann sich auf Dauer nur der halten, der mit allem in seiner Macht stehenden Mitteln persönliche Höchstleistung anstrebt. Und das gilt nicht nur für einzelne, sondern auch für Teams und Unterneh-men.

Wer Höchstleistung nur im Vergleich mit Konkurrenten be-greift, kann nicht zwischen Konkurrenzkampf und anderen For-men der Höchstleistung unterscheiden. Man könnte sagen, sein intellektuelles Netz ist nicht darauf ausgelegt, einige sehr grund-legende Wahrheiten einzufangen. So widersinnig es auf den ersten Blick klingen mag: Wer seine Leistungen nur mit denen seiner Konkurrenten vergleicht – und nicht mit seinem eigenem Poten-tial –, macht sich gerade dadurch äußerst verwundbar. Um das zu vermeiden, müssen Sie anfangen, über Höchstleistung in einer Art und Weise zu denken, die nicht bloß vergleichender, sondern auch absoluter Natur ist, sprich, sich *auch* an Ihren potentiellen Höchstleistungen orientiert.

Die ungeschminkte Wahrheit

In den Jahren, die ich an der Notre Dame University unterrichtete, ging mir auf, wie sehr unsere Kultur von konkurrenzorientiertem Denken durchdrungen ist. Die Studenten in meinen Einführungs-seminaren hatten auf den Highschools zu den Besten ihrer Jahr-gänge gezählt. Sie waren Präsidentin oder Vizepräsident der

Schülervertretung gewesen, Kapitän des Football- oder Basketballteams, die unbestrittenen Stars an ihren Schulen und in ihren Heimatorten. Was sie erreicht hatten, verdankten sie zumeist dem Einsatz ihrer Ellbogen. Meine Aufgabe war es, ihnen beizubringen, daß das Leben aus mehr als Konkurrenzkampf besteht. Etliche meiner Professorenkollegen waren der Ansicht, daß manche Studenten diese Einsicht schlecht verdauen können und man sie ihnen nur schrittweise und sehr diplomatisch, durch die Blume sozusagen, beibringen durfte.

Ich für meinen Teil hielt es immer für das Beste, so direkt wie möglich zu sein und gleich in der ersten Stunde zu sagen, was gesagt werden mußte.

Lassen Sie mich das anhand einer kurzen Geschichte illustrieren. Vielleicht kennen Sie schon den Witz von dem Manager, der sich nach zehn Jahren ununterbrochener Arbeit seinen ersten Urlaub gönnt. Am Tag nach seiner Abreise erhält er von seiner Sekretärin ein Fax mit dem knappen Wortlaut: „Ihre Katze ist tot." Der Manager, schockiert von der Nachricht, ruft sofort seine Sekretärin an. „Was um alles in der Welt fällt Ihnen ein, mir ein Fax zu schicken, auf dem steht: ‚Ihre Katze ist tot'?"

„Was wollen Sie damit sagen?" fragt die verunsicherte Sekretärin zurück. „Ihre Katze *ist* tot."

„Ja, aber das ist doch keine Art, einem eine solche Nachricht in einem Satz vor den Kopf zu knallen. Mein Gott, wenn Sie schon eine schlechte Nachricht überbringen müssen, dann tun Sie das wenigstens schonend. Mit etwas mehr Diplomatie. Sie haben mir meinen ganzen Urlaub versaut."

„Aber was hätte ich denn sonst tun sollen?" erkundigt sie sich kleinlaut.

„Mich ein bißchen darauf vorbereiten", erwidert der Manager. „Zum Beispiel mir ein Fax schicken, auf dem steht: ‚Ihre Katze ist auf dem Dach', dann, eine Stunde später, eines, auf dem steht: ‚Ihre Katze ist vom Dach gefallen', und als nächstes: ‚Ihre Katze ist beim Tierarzt.' Dann, ein paar Stunden später, wäre ich vielleicht, vielleicht, bereit für ein Fax, auf dem steht: ‚Ihre Katze ist tot.' Bitte, seien Sie in Zukunft ein wenig einfühlsamer, falls Sie einmal wieder solche Neuigkeiten für mich haben."

„Es tut mir leid. Ich werde Ihren Ratschlag beherzigen", antwortet die Sekretärin.

Drei Tage später erhält der Manager wieder ein Fax von seiner Sekretärin: „Ihre Mutter ist auf dem Dach."

Diese Geschichte zeigt: Indirekte Kommunikation kann in bestimmten Fällen pure Zeitverschwendung sein. Wenn Sie etwas Wichtiges zu sagen haben, dann sagen Sie es. Ich habe meinen leistungsorientierten Studenten immer so klar und deutlich wie nur möglich gesagt, daß der Konkurrenzkampf nicht jede wache Stunde ihres Lebens dominieren darf. Bei den meisten erfolgreichen Unternehmern steht der Gedanke an Konkurrenz erst an zweiter Stelle.

Wachstum als Ziel

Das bringt uns zu unserem zweiten Höchstleistungsmodell, ein Ansatz, der in einem alten hinduistischen Sprichwort gut zum Ausdruck kommt:

Es liegt nichts Edles darin, besser als ein anderer Mensch zu sein. Wahrer Edelmut liegt darin, besser als dein früheres Selbst zu sein.

Hier wird ausgesprochen, was ich als das absolute Wachstumsmodell des Ostens bezeichne. Seine Wurzeln liegen in den großen Denktraditionen des Fernen Ostens, vom Taoismus über den Buddhismus bis hin den verschiedenen Schattierungen des Hinduismus.

Im absoluten Wachstumsmodell bewerten wir unseren Fortschritt in Richtung auf eine höhere Stufe der Höchstleistung nicht durch den Vergleich mit einem anderen Konkurrenten, sondern dadurch, daß wir unser jetziges Selbst unserem früheren gegenüberstellen. Wir vergleichen nicht zu einem bestimmten Zeitpunkt, sondern betrachten eine Entwicklung. Diese Art des Vergleichs ist nicht konkurrenzorientiert. Sie betrifft nicht zwei Personen oder Organisationen, sondern ist nach innen gerichtet. Und genau das ist der Kern des absoluten Wachstumsmodells der Höchstleistung.

Ich versuche nicht, besser als die anderen zu tanzen. Ich versuche nur, besser zu tanzen als ich selbst. *Michail Barischnikow*

Das absolute Wachstumsmodell dreht sich um Entwicklung und Wachstum, um das, was die Philosophen Teleologie nennen – die gerichtete Bewegung auf ein Ziel, ein *Telos* hin. Bin ich heute meinen Zielen näher als gestern? Arbeiten wir als Unternehmen heute effektiver als vor einem Jahr? Werden wir besser? Wie können wir unseren Zielen näher kommen? Die in den letzten Jahren in Mode gekommene Strategie der kontinuierlichen Qualitätsverbesserung ist eine zeitgenössische Anwendung des absoluten Wachstumsmodells. Es geht darum, die Qualität eines Produkts, einer Dienstleistung oder eines Arbeitsablaufes kontinuierlich zu verbessern – aber ohne den ständigen Vergleich mit der Konkurrenz.

Wenn wir das Streben nach persönlicher Höchstleistung als den einzig zuverlässigen Weg zu einer wahrhaft konkurrenzorientierten Höchstleistung verstehen, dann kommt dem absoluten Wachstumsmodell eine Schlüsselbedeutung als Leitmotiv für unser Denken zu, da es genau darauf ausgerichtet ist – auf individuelle Höchstleistung.

Um mit der absoluten Sichtweise von Höchstleistung arbeiten zu können, benötigen wir viererlei: ein klares Ziel, eine klare Vorstellung darüber, wo wir stehen, eine Strategie, wie wir unser Ziel erreichen und einen Maßstab, an dem wir unseren Fortschritt ablesen können.

Es ist kein Zufall, daß ich das absolute Wachstumsmodell mit einem Zitat aus einer der großen Weltreligionen eingeführt habe. Allen großen Religionen dieser Welt ist eine dreiteilige ideologische Struktur gemein: Sie beschreiben zuerst, wo wir uns befinden, formulieren als zweites ein erstrebenswertes Ideal und erläutern drittens einen Weg, der vom einen zum anderen führt. Ihr eigentliches Ziel ist die Verbesserung unseres gegenwärtigen

Zustandes. Erlösung besteht oder manifestiert sich in der Bewegung auf dieses endgültige Ziel hin.

Wer ein krisengeschütteltes Unternehmen wieder auf den richtigen Kurs bringen will, muß genauso vorgehen. Er muß analysieren, wo das Unternehmen steht und welches seine fundamentalen Probleme sind; er muß formulieren, wohin das Unternehmen gelangen muß, und muß – schließlich – eine glaubhafte und positive Lösung bieten, wie sich dieser Turnaround vollziehen läßt.

Dieser Ansatz setzt eine klare Vorstellung dessen voraus, wohin wir gelangen wollen. Welche Ziele verfolgen wir? Welche Ideale streben wir an? Welche Standards wollen wir erfüllen? In meinem Buch *True Success: A New Philosophy of Excellence* habe ich auf die Bedeutung dieses Verständnisses für jeden hingewiesen, der dauerhaften Erfolg anstrebt. Eine klare Zielvorstellung ist die erste der sieben universellen Bedingungen für Erfolg, ohne sie ist Erfolg unmöglich.

Darüber hinaus setzt das absolute Wachstumsmodell ein gewisses Maß an Selbstkenntnis voraus. Wir können uns, wie wir heute sind, nicht mit dem vergleichen, was wir vor einem Jahr waren, ohne uns beider Zustände genau bewußt zu sein. Um unseren gegenwärtigen Zustand richtig bewerten zu können, müssen wir wissen, wo wir relativ zu unserem Ziel gesehen stehen und wo wir früher standen.

Alles Menschliche muß sich zurückentwickeln, so es nicht voranschreitet. *Edward Gibbon*

Als nächstes benötigen wir eine Strategie, eine Methode, wie wir uns vom Status quo näher auf unser Ideal zubewegen können. Es ist wenig hilfreich zu wissen, wo man steht und wohin man kommen möchte, wenn man keinen Plan, keine Vorstellung davon hat, wie man sein Ziel erreichen oder sich zumindest darauf zubewegen kann.

Und schließlich brauchen wir einen Maßstab, anhand dessen wir unseren Fortschritt abmessen können. Dieser Maßstab ergibt sich im Normalfall aus unserem Ziel. Nehmen wir einmal an, Sie haben beschlossen, ein so guter Verkäufer zu werden, wie es Ihnen nur möglich ist. Wie messen Sie Ihren Fortschritt? Bewerten Sie Ihre Kundenkontakte, Ihre Nachfaßaktionen, Ihre Abschlußquote, die Zahl der Ihnen von zufriedenen Kunden ins Haus geschickten Neukunden? Wie flexibel reagieren Sie auf die Bedürfnisse Ihrer Kunden? Vielleicht sollten Sie gemeinsam mit Ihren wichtigsten Kunden einen Maßstab entwickeln, anhand dessen Sie die Qualität Ihrer Leistungen bewerten können. Wenn wir vergleichen, dann stets relativ zu einem absoluten Maßstab. Bevor wir die Frage nach Fort- oder Rückschritt beantworten können, müssen wir irgendwie die Richtung und das Ausmaß unserer Bewegung wahrnehmen und verfolgen, und genau dabei hilft uns ein Maßstab.

> **Vergessen Sie Ihre Gegner; spielen Sie immer gegen Gleiche.**
> *Sam Snead*

Absolutes Denken kann uns helfen, auf dem Pfad zu größerer Höchstleistung voranzukommen. Doch als ausschließliches Denkmodell stößt auch das absolute Wachstumsmodell schnell an seine Grenzen.

Die Probleme der Egozentriker

Auf der Suche nach Höchstleistung allein auf das absolute Wachstumsmodell zu setzen, engt den Blick oft allzusehr auf das eigene Selbst ein, und das kann leicht zu Problemen führen. Natürlich ist es für jedes Individuum, jedes Unternehmen oder jede Abteilung von zentraler Bedeutung, die eigene Entwicklung wahrzunehmen und weitere Verbesserungen anzustreben. Allerdings muß man bedenken, daß dieser Ansatz – und manche der östlichen Philosophien, auf denen er beruht – zumindest latent eine übermäßige Selbstzentriertheit fördert.

Wer sich nur noch auf seine mißliche Lage, seine Probleme, seine Aufgabe im Leben, sein endgültiges Ziel konzentriert, verliert schnell seine Umgebung und seine Mitmenschen aus den Augen. Er hört auf, ihre Sorgen wahrzunehmen, vergißt den Nutzen, den ihm der Blick über den Tellerrand der eigenen Interessen hinaus erschließt.

Er läuft Gefahr, das Interesse an Strukturen, Institutionen und Beziehungen zu verlieren, die auf den ersten Blick nichts zu seinem selbstdefinierten Ziel beitragen. Das gilt nicht nur für Individuen, sondern auch für Unternehmen. Insofern das absolute Wachstumsmodell einer egozentrischen Haltung Vorschub leistet, läuft es Gefahr, in eine Denk- und damit Handlungsweise zu münden, die man ohne Übertreibung als potentiell selbstzerstörerisch bezeichnen kann.

Das Leben steckt voller Ironie und Widersprüche. Ich bin zu dem Schluß gekommen, daß eine der größten Ironien des Lebens auf den Kern aller Ethik stößt:

Selbstzentriertheit ist Selbstvernichtung,
Selbstlosigkeit ist Selbsterfüllung.

Daß Individuen, die sich auf sich selbst und ihre eigenen Interessen konzentrieren, oder Unternehmen, die ihren eigenen Fortschritt in den Mittelpunkt aller Bemühungen rücken, am meisten Erfolg haben, erscheint auf den ersten Blick logisch. Und doch ist das ein gefährlicher Trugschluß.

In unserer Welt sind diejenigen Individuen oder Organisationen erfolgreich, die ihre Aufmerksamkeit über ihr Selbstinteresse und ihren eigenen Fortschritt hinaus – so wichtig das auch sein mag – auf die Welt um sie herum richten, die Energie und Zeit in Projekte und Strukturen investieren, die über das unmittelbare Selbstinteresse hinausgehen.

Selbstloses Verhalten ist in seinen Auswirkungen beileibe nicht nur uneigennützig, so uneigennützig es auch in seinen Zielsetzungen sein mag. Es spricht sogar einiges dafür, daß die Konsequenzen einer selbstlosen Handlung um so weniger ausschließlich selbstlos sind, je selbstloser sie gemeint ist. Einfacher ausgedrückt: Wer sich darum bemüht, anderen zu helfen, hilft sich selbst unter Umständen weit mehr als erwartet.

Nun will ich damit keineswegs andeuten, ein gesundes Maß an Selbstinteresse sei schlecht oder gar selbstzerstörerisch. Schließlich ist unser Eigeninteresse die Grundlage für unser Interesse an anderen. Das Problematische – und schlußendlich Zerstörerische – an einem ausschließlichen Selbstinteresse ist, daß es keine übergreifenden Sichtweisen wahrnimmt.

Die Macht der Partnerschaft

Das dritte Modell der Höchstleistung, das ich hier vorstellen möchte, wird seit einiger Zeit von immer mehr Unternehmen in den unterschiedlichsten Branchen praktiziert – von Dienstleistern im Gesundheitswesen über Banken und Versicherungen bis hin zum produzierenden Gewerbe. Da ich auf diesen Trend während meiner Jahre an der University of Notre Dame im Bundesstaat Indiana aufmerksam wurde, nenne ich es das *Partnerschaftsmodell des Mittleren Westens.*

Dieses Denkmodell richtet seine Aufmerksamkeit über die Grenzen eines Individuums oder Einzelunternehmens hinaus auf eine neue Beziehungsstruktur, die im Einklang mit neueren wissenschaftlichen Erkenntnissen steht.

Das Modell geht von der Annahme aus, daß zwischen zwei einander gleichgestellten Individuen – oder Unternehmen – eine Vielzahl von Beziehungen möglich sind, die sich in einem Beziehungskontinuum darstellen lassen.

Ich präsentiere mich Ihnen in einer Form, die der Beziehung entspricht, die ich zu Ihnen anstrebe. *Luigi Pirandello*

Die negativste Form der Beziehung, die zwischen zwei Individuen oder Institutionen bestehen kann, ist die primär auf Kampf ausgerichtete Kampf-Beziehung. Die Absichten der Parteien, die wechselseitigen Handlungen und die daraus folgenden Konsequenzen in einer solchen Beziehung sind relativ einfach zu identifizieren: Aggression, Widerstand und Schaden. Länder können sich mit-

85

einander im Kriegszustand befinden – und Individuen. Unternehmen versuchen, einem anderen Marktanteile abzujagen, oder kämpfen mit allen Mitteln gegen einen Konkurrenten, um nicht aus dem Markt gedrängt zu werden. Bedauerlicherweise ist Kampf in unserer Welt manchmal unverzichtbar. Noch bedauerlicher jedoch ist die Tatsache, daß wir oft auch dort kämpfen, wo es überflüssig ist.

Wenn einzelne Mitarbeiter oder ganze Abteilungen eines Unternehmens einander bekämpfen, dann ist das nicht nur überflüssig, sondern auch in höchstem Maße kontraproduktiv und selbstzerstörerisch.

Kampforientierte Beziehungsstrukturen innerhalb einer Organisation entstehen oft schleichend und führen quasi unter der Hand zu Konflikten und Uneinigkeit zwischen einzelnen Abteilungen oder Mitarbeitern. Das geht meist so lange weiter, bis einer der Beteiligten die Entwicklung erkennt, zur Sprache bringt und etwas dagegen unternimmt.

Etwas höher im Spektrum der möglichen Beziehungen rangiert die Konkurrenz-Beziehung. Das primäre Element dieser Beziehung ist zwar auch die Auseinandersetzung, aber nicht in Form eines offenen Kampfes, sondern im Rahmen eines regelhaften Wettbewerbs.

Die zentrale Orientierung der Akteure, ihre Handlungen und die Konsequenzen daraus lassen sich unter den Begriffen Rivalität und gesplittete Motivation zusammenfassen.

Lassen Sie mich den Begriff gesplittete Motivation kurz erklären. Wenn Sie sich in Konkurrenz zu jemandem anderen befinden, behalten Sie mit einem Auge Ihr Ziel im Blick, während Sie mit dem anderen auf Ihren Konkurrenten schielen. Dadurch laufen Sie Gefahr, hin und her zu springen zwischen Handlungen, die Sie Ihrem Ziel näherbringen und solchen, die Ihren Wettbewerber davon abhalten, zuerst dort anzukommen oder die zumindest sein Vorankommen verlangsamen. Das verleitet Sie dazu, Ihre Energie und Aufmerksamkeit aufzuteilen, was unter Umständen zur Folge hat, daß Sie selbst weniger schnell vorankommen und einen – mitunter erheblichen – Teil Ihrer Ressourcen für unproduktive Handlungen verschwenden.

Als meine Kinder noch klein waren, wohnte in unserer Nachbarschaft ein sehr konkurrenzorientierter Junge. Jedesmal, wenn die Kinder auf dem Gehweg oder im Hof vor dem Haus ein Wettrennen austrugen, streckte er im Rennen seinen linken Arm aus. Was er damit erreichen wollte, war klar: verhindern, daß die anderen ihn überholen. Das gelang ihm zwar auch, aber oft wandte er ebensoviel Energie dafür auf, seinen unmittelbaren Verfolger zurückzuhalten, wie auf das Rennen selbst. Und deshalb war er nach ein paar Durchgängen auch meist viel zu erschöpft, um überhaupt noch mithalten zu können.

Der Konkurrenzdruck kann Kräfte mobilisieren und die Produktivität steigern, er kann uns aber auch von unserem eigentlichen Ziel ablenken, so daß unsere Kräfte vorschnell erlahmen. Mit je härteren Bandagen der Wettkampf ausgetragen wird, desto eher mutiert eine Konkurrenz- in eine Kampf-Beziehung – mit all ihren negativen Konsequenzen.

> **Was zu tun in unserer Macht steht, steht auch nicht zu tun in unserer Macht.** *Aristoteles*

Eine noch höhere Form der Beziehung ist die auf gegenseitiger Zustimmung basierende kooperative Beziehung. Sie führt zu Einverständnis und Freiwilligkeit, und viele Hände helfen mit, eine Aufgabe zu erledigen.

Viele Menschen sind der Ansicht, die kooperative Beziehung markiere das der Kampf-Beziehung gegenüberliegende Ende des Beziehungsspektrums. Man kämpft, konkurriert oder kooperiert. Falsch. Das Spektrum läßt auch jenseits der Kooperation noch Raum für eine weitere Beziehungsform, und erst diese markiert den der Kampf-Beziehung entgegengesetzten Endpunkt.

Diese Beziehungsform, die zugleich das neue Modell für das Verständnis von Höchstleistung darstellt, ist die Partner-Beziehung. Die zentralen Haltungen, Handlungen und Konsequenzen dieser Form der Beziehung können unter dem Ausdruck „synergistische Interaktion" zusammengefaßt werden.

Beziehungsform	Orientierung	Schlüsseleigenschaften
Kampf	kämpfen	Aggression, Widerstand, Schaden
Konkurrenz	wettstreiten	Rivalität, gesplittete Motivation
Kooperation	zustimmen	Einwilligung, freiwilliger Gehorsam
Partnerschaft	vereinen	synergistische Interaktion

Partnerschaft ist nicht dasselbe wie Kooperation. Erinnern Sie sich daran, daß ich als zentrale Eigenschaft der Kooperation die vielen Hände, die mithelfen, eine Aufgabe zu erledigen, angeführt habe? Partnerschaft bedeutet darüber hinaus, daß auch viele Köpfe mitdenken. Wenn zwei Individuen oder Unternehmen sich zu einer Partnerschaft zusammenschließen, bringen beide das Beste in die Beziehung mit ein, dessen sie fähig sind, und gemeinsam können sie Dinge zuwege bringen, die jeden allein vor unüberwindbare Hürden stellen würde. Die unterschiedlichen Erfahrungen und Sichtweisen der Beteiligten bereichern fast zwangsläufig ihr Denken und erweitern ihren Horizont. Im Idealfall denken die Partner nicht genau gleich, sondern ergänzen sich in ihrer Unterschiedlichkeit so, daß die Differenzen neue Einsichten ermöglichen und jeder vom anderen lernt.

Wenn alle das gleiche denken, denkt keiner. *Walter Lippmann*

Partnerschaft dreht sich um Teambildung und grundlegende Synergien, um Gemeinschaft, Kreativität, Lernen, Aufbau und die Erschaffung von Neuem. Im partnerschaftlichen Modell trägt ein Individuum durch seine Handlungen zu seiner persönlichen Höchstleistung bei, ohne daß jedoch die Grenzen seiner Identität die Grenzen seines Potentials bestimmen würden.

Idealerweise entstehen durch synergistische Prozesse Eigenschaften, die die beteiligten Individuen (oder Unternehmen) für sich genommen entweder nicht besitzen oder nicht hervorbringen können. Nehmen wir als einfaches Beispiel Wasser, H_2O. Wasser ist, wie wir alle wissen, naß. Doch keines der Elemente, aus denen es besteht – Wasserstoff und Sauerstoff –, weist in dem Zustand, in dem es in der Natur vorliegt, diese Eigenschaft auf. Oder vergleichen Sie die Eigenschaften eines Bildes auf einem Fernsehschirm mit denen der einzelnen Bildpunkte, aus denen es zusammengesetzt ist. Partnerschaft ist nicht nur eine von mehreren alternativen Methoden, Höchstleistung zu erlangen, sondern vielmehr ein unabdingbarer Bestandteil jeder Form von Höchstleistung.

Obwohl seit einigen Jahren mehr und mehr Unternehmen die Vorteile von strategischen Partnerschaften für sich entdecken, wird das in solchen Beziehungen liegende Potential sehr oft weder ganz verstanden noch voll erschlossen. Allerorten werden zwar Teams gebildet, neue Technologien ermöglichen neue Formen der Partnerschaft mit Kunden und Lieferanten, und in vielen Branchen gewinnen strategische Allianzen zusehends an Bedeutung. Doch diese Entwicklungen sind zum überwiegenden Teil einseitig ergebnisorientiert. Allzuoft wird übersehen, daß partnerschaftliches Denken und Arbeiten – richtig verstanden und umgesetzt – auch zu erfüllenderen und produktiveren Beziehungen führen kann. Es läßt uns nicht nur das, was wir tun, effektiver und produktiver tun, sondern gibt uns vor allem auch eine klarere Vorstellung von dem, wer und was wir sind. Um das nachvollziehen zu können, müssen wir uns der Frage widmen, wie Partnerschaft mit wahrer Höchstleistung zusammenhängt.

In bestimmten Fällen läßt sich die Qualität eines Objektes in funktionalen, in anderen Fällen nur in ästhetischen Begriffen definieren. Ein gutes Messer beispielsweise ist einfach ein Messer, das die Aufgabe eines Messers gut erfüllt, sprich, zu schneiden. Ein außergewöhnlicher Diamant ist ein Stein, der bestimmten ästhetischen Normen entspricht, keine Einschlüsse aufweist und perfekt geschliffen ist. Höchstleistung in bezug auf einen Menschen oder eine Organisation dagegen kann niemals ausschließlich in bloß funktionalen oder ästhetischen Kategorien erfaßt werden. Persönliche Höchstleistung muß in einem gewissen Ausmaß stets relativ sein. Und das gilt auch für Höchstleistung in Unternehmen. Höchstleistung besteht nie ausschließlich in dem, was wir alleine für uns tun oder sind, sondern immer auch darin, was wir mit anderen tun oder was wir für sie sind. Höchstleistung in Organisationen ist schon von ihrer Natur her partnerschaftlich. Und das bedeutet nichts anderes, als daß Höchstleistung in Unternehmen eine direkte Folge des Corporate Spirit ist.

Welches sind die Voraussetzungen für einen starken Corporate Spirit, der die Grundlage für meisterhafte Partnerschaften ist? Zum einen Wahrheit. Zum anderen Schönheit. Und, wie wir weiter hinten im Buch noch sehen werden, das Gute und Einheit. Diese vier Dimensionen menschlicher Erfahrung bilden – unabhängig vom Kontext – die Grundlage für Spitzenleistungen in jeder Organisation und jeder erfolgreichen, langfristigen Beziehung zwischen Individuen. Genau betrachtet ist das nicht sehr überraschend, denn sie sind auch die Basis allen individuellen Seins.

Motivation zu Spitzenleistungen

Die meisten Führungskräfte in Unternehmen verstehen heute, daß eine lebendige, ausgewogene Partnerschaft mit den Ausschlag gibt, ob die selbstgesteckten Unternehmensziele erreicht und dauerhafte Spitzenleistungen erzielt werden können. Dennoch werde ich in Business-Seminaren immer wieder eher spitz gefragt, wie sich denn die persönliche Motivation in das Gesamtbild partnerschaftlicher Höchstleistung einfügt. Es ist zwar einfach, Leute zu motivieren, die in einer Konkurrenzsituation stehen und konkurrenzorientiert denken. Schließlich will niemand ein Verlierer sein, sondern zu den Gewinnern zählen. Wie aber, so die Frage, können wir Mitarbeiter motivieren, wenn wir Spitzenleistungen hauptsächlich als das Ergebnis von Partnerschaften betrachten?

Alles, was wir tun, tun wir mit einem Auge auf jemanden anderen.   *Aristoteles*

Die Antwort auf diese Frage wird viele weitere Fragen klären. Wie Konkurrenz motiviert, ist sehr klar. Konkurrenzorientierte Motivation beruht auf einer simplen zwischenmenschlichen Interaktion, auf einem gewissen Druck. Wenn ich mit Ihnen um die Wette renne, treiben Sie mich und ich treibe Sie an. Im Idealfall treibe ich Sie an, um mich dazu anzutreiben, alles aus mir herauszuholen – und andersherum. Jeder von uns leistet mehr, als er es ohne den Konkurrenzdruck vermocht hätte. Ich selbst habe das oft erlebt und Sie wahrscheinlich auch. In einer Anzeige, die ich kürzlich las, kam eben das auf eine witzige Weise zum Ausdruck: „Konkurrenz ist wie Lebertran: Zuerst fühlen Sie sich hundeelend. Aber nach einer Weile geht es Ihnen blendend."

Ein gutes Pferd läuft dann am besten, wenn es andere Pferde hat, die es überholen oder einholen kann. *Ovid*

Die Anziehung ist eine weitere Art der Motivation im Rahmen des absoluten Wachstumsmodells, sie ist teleologischer, sprich zielgerichteter Natur. Diese Anziehungskraft eines Zieles, das wir uns von ganzem Herzen wünschen, haben schon Aristoteles, Platon und viele andere antike Denker erkannt. Ein verlockendes Ziel, das uns als Ideal erscheint, kann uns dazu verleiten, härter zu arbeiten, um es zu erreichen. Es zieht uns magisch an und motiviert uns dazu, alles dafür zu geben. Je hehrer das Ideal, desto stärker motiviert es uns, und desto größer ist die Macht, die es in unserem Leben ausüben kann.

Partnerschaftliches Denken beinhaltet beides. Der Ursprung der Motivation liegt in der *Partnerschaft* selbst. Zum einen ist, wie im konkurrenzorientierten Denken, der zwischenmenschliche Aspekt, ein gewisser Druck vorhanden – mit dem Unterschied, daß in diesem Fall der Antrieb aus der Gemeinschaft kommt, nicht von einem Konkurrenten. In einer echten Partnerschaft, einer wirklich gemeinsamen Unternehmung, treibt der eine Partner den anderen an, sein Bestes zu geben, inspiriert der eine den anderen, will keiner den anderen enttäuschen. Jeder ist für den anderen da, in guten wie in schlechten Zeiten.

Ein guter Umgang ist ein guter Lehrer. *John Clarke*

Zum anderen beruht die partnerschaftliche – wie die teleologische – Motivation auf der Anziehungskraft einer Vision, die von allen Partnern geteilt wird. Wenn Sie ein erstrebenswertes Ziel motiviert, dann wird Sie ein erstrebenswertes Ziel, das von Ihnen mitformuliert wurde, noch stärker motivieren. Es ist eine Sache, ein Ziel auf eigene Faust zu verfolgen, einer vorgegebenen Vision hinterherzujagen, und eine ganze andere Sache, mit Menschen, mit denen man zusammenarbeitet und die man respektiert, auf ein gemeinsames Ziel hinzuarbeiten.

Die intellektuelle und emotionale Anziehungskraft eines gemeinschaftlich formulierten Zieles ist vielleicht sogar das perfekte Beispiel dessen, was Aristoteles als die *causa finalis* bezeichnete, die finale Ursache als Lockruf eines Zieles oder *telos*. Aristoteles unterschied vier prinzipielle Ursachen, die dafür verantwortlich sind, daß die Dinge so sind wie sie sind. Zum einen die beiden inneren Ursachen, die *causa materialis,* die materielle Ursache als fundamentale Substanz eines Dings, das, was ein Ding entstehen läßt, und die *causa formalis,* die Ursache für die Eigenschaften eines Dings.

Und zum anderen die beiden äußeren Ursachen, die *causa efficienes*, die Wirkursache, das, was durch seinen Willen ein Ding hervorbringt; und schließlich – und in diesem Zusammenhang am wichtigsten – die *causa finalis,* die finale Ursache, das, um dessentwillen ein Ding hervorgebracht wird. Vereinfacht und für unsere Zwecke angepaßt, könnte man sagen, daß die von Aristoteles formulierte *causa finalis* in einem modernen Kontext ein Ziel oder Vorhaben oder Projekt ist, das uns als anstrebenswerter Endzustand erscheint und uns dazu veranlaßt, es in die Tat umzusetzen, es „hervorzubringen".

Es gibt wohl keine direktere und effizientere Methode, als Mitarbeiter durch eine Partnerschaft und die dadurch freigesetzten, motivierenden Antriebskräfte am Entscheidungsprozeß zu beteiligen.

Denkweise	Motivation
konkurrenzorientiert	Druck
absolut	Anziehung
kooperativ	Partnerschaft

Eine Kombination von Kräften

Partnerschaftliches Arbeiten setzt voraus, daß wir die Ideen der Menschen, mit denen wir zu tun haben, ernst nehmen, daß wir die Menschen als Individuen mit einem eigenen Kopf und einzigartigen intellektuellen Fähigkeiten und Erfahrungen wahrnehmen, von denen wir profitieren können. Partnerschaft gründet auf Wahrheit; denn ohne die Wahrheit miteinander zu teilen, ist keine produktive synergistische Interaktion möglich. Menschliche Höchstleistungen können wir erreichen, wenn der Corporate Spirit auf Partnerschaft ausgerichtet ist. Nur dann können die Menschen innerhalb von Organisationen ihr wirkliches Potential erkennen und umsetzen – und wirklich konkurrenzfähig werden. Partnerschaftliches Denken ist also keineswegs fundamental entgegengesetzt zu konkurrenzorientiertem und absolutem Denken; im Gegenteil, mit ihm lassen sich die darin angestrebten Ziele am besten verwirklichen.

Lauren Patch, die Präsidentin der Versicherungsgesellschaft Ohio Casualty, machte mich darauf aufmerksam, daß eine partnerschaftliche Arbeitsweise dann am besten funktioniert, wenn die beteiligten Menschen und Unternehmen eine klare Vorstellung davon haben, wie komparatives Wachstum innerhalb ihrer jeweiligen Wettbewerbssituation zu verstehen ist. Man kann Menschen nicht einfach mitteilen, sie müßten neue Formen der Zusammenarbeit entwickeln, und dann erwarten, daß daraus etwas Gutes folgt. Effektive Partnerschaft muß sich an den subjektiv empfundenen Anforderungen der individuellen Konkurrenzsituation und dem individuellen Wachstumsbedürfnis orientieren. Im Rahmen neuer Partnerschaften fällt es den Führungskräften zu,

auf diese individuellen Bedürfnisse zu reagieren und den partnerschaftlichen Prozeß entsprechend anzuleiten.

Allerdings würde diese Aufgabe eine Person allein überfor-
dern. Die Einführung neuer, partnerschaftlicher Formen der Zusammenarbeit sollte soweit wie möglich partnerschaftlich vorge-
nommen werden. Nur so können die beteiligten Mitarbeiter ein
Gefühl für den Kontext und das notwendige absolute Wachstum
entwickeln. In einer echten Partnerschaft müssen sich die Führungskräfte ebenso wie alle anderen Beteiligten als Lernende betrachten.

Wie gesagt, partnerschaftliches Denken bedeutet nicht den Ab-
schied von konkurrenzorientiertem und absolutem Denken. Im
Gegenteil, beide Denkweisen bedingen sich gegenseitig. Doch es
ist die partnerschaftliche Arbeitsweise, die im Zentrum steht.

Sobald wir die potentiellen Auswirkungen einer partnerschaftlichen Höchstleistung erkennen, werden wir auch die Macht, die
von einer Idee ausgeht, sowie den Einfluß, den die Wahrheit auf
unsere Beziehungen und unsere Denk- und Handlungsweise ausüben kann, voll erfassen. Wir werden einsehen, daß in der Tat
Ideen die Welt bewegen.

Teil II
Schönheit

4

Die ästhetische Dimension

Wahrheit, Schönheit, das Gute und Einheit: die vier zeitlosen Tugenden jeder produktiven Beziehung oder Organisation, die vier Grundlagen dauerhafter menschlicher Spitzenleistung, auch als die vier Transzendenzen bezeichnet, weil sie unsere Wahrnehmung der Welt beeinflussen und formen. Was Wahrheit, das Gute und Einheit mit dem Corporate Spirit und Spitzenleistungen in Unternehmen zu tun haben, ist offensichtlich. Aber Schönheit?

Denken Sie einen Augenblick daran, wo und wann Sie sich am entspanntesten, am ruhigsten, erholtesten, gestärktesten und inspiriertesten fühlen. Morgens auf dem Golfplatz? Am Meer, versunken in das glitzernde Spiel der Sonnenstrahlen auf den Wellen? Wenn Sie im kühlen Schatten eines Baumes an einem stillen Fluß stehen und die Angel auswerfen? Oder wenn Sie auf einem Berggipfel sitzen und die Täler zu ihren Füßen und die hinter Ihnen aufragenden Berge betrachten? Vielleicht aber auch, wenn Sie in einem eleganten Restaurant an einem schön gedeckten Tisch sitzen und ein exzellentes Essen genießen. Oder, so Sie vom Glück begünstigt sind, zu Hause in Ihren eigenen vier Wänden oder bei der Arbeit in Ihrem Garten. Wie dem auch sei, es ist sehr wahrscheinlich, daß Sie einige Ihrer zutiefst befriedigenden Erfahrungen persönlicher Erholung und Erneuerung in einer Umgebung großer Schönheit erleben.

Warum finden Führungsseminare bevorzugt an Orten überwältigender Schönheit statt? Ich halte Vorträge im ganzen Land, und je exklusiver die Teilnehmer einer Tagung, desto exklusiver das Hotel, desto ausgesuchter die Umgebung: eine weite Meeresbucht mit kilometerlangem Strand, eine unberührte Landschaft zwischen wogenden Hügeln und tiefen Wäldern, ein Gebirgstal mit einem kristallklaren Bergsee und phantastischer Sicht auf schneebedeckte Gipfel... Wir philosophieren und diskutieren in ästhetisch ansprechenden und stilvollen Sälen. Warum? Weil die Seminarteilnehmer es sich leisten können? Ja, auch, doch das alleine ist nur eine mögliche, aber keine hinreichende und deshalb auch nicht vollständige Erklärung. Selbst wenn Sie es sich leisten können, warum sollten Sie es tun? Warum Geld für Schönheit ausgeben?

> **Das Schöne ist ebenso nützlich wie das Nützliche. Vielleicht sogar noch mehr.** *Victor Hugo*

Ich glaube, die Antwort auf diese Frage ist sehr einfach. Eine Antwort, die uns ein tieferes Verständnis einer der in der modernen Unternehmenswelt am meisten vernachlässigten Dimension menschlicher Erfahrung erschließen wird.

Den Geist entfesseln

Schönheit befreit. Sie erfrischt, erneuert und inspiriert. Die meisten Top-Manager wissen das und handeln zumindest hin und wieder danach. Aus diesem Grund wählen sie für wichtige Treffen Orte großer Schönheit aus. Um einen Schlüsselkunden für sich einzunehmen oder die Zukunft zu planen, braucht man eine möglichst schöne Umgebung, einen Ort, der dazu beiträgt, daß das Bestmögliche in uns angesprochen und aktiviert wird. Wir alle wissen intuitiv, daß Schönheit Bedeutung besitzt, etwas in Bewegung bringt, daß sie eine unübertreffliche Wirkung auf den menschlichen Geist haben kann, daß sie ungeahnte Kräfte in uns freisetzt, unsere Gedanken zu neuen Einsichten anregt und uns mit unseren höchsten Idealen verbindet.

Schönheit ist, natürlich, nur eine der Qualitäten, die gemeinsam dem Gestalt verleihen, was ich als die ästhetische Dimension des menschlichen Lebens bezeichne. Doch sie ist zweifelsohne die wichtigste. Am besten läßt sich die Bedeutung der Schönheit für die menschliche Erfahrung erfassen, wenn wir uns einen Moment Gedanken darüber machen, was ist, wenn Schönheit fehlt.

Vor einigen Jahren reiste ich das erste Mal nach Rußland. Ich besuchte St. Petersburg und seine nähere Umgebung. Die Paläste aus dem 19. Jahrhundert und einige andere öffentliche Gebäude aus dem letzten Jahrhundert strahlten eine unglaubliche Schönheit aus. Doch der Kontrast zwischen dem großartigen, reichverzierten Glanz der altehrwürdigen Gebäude und den Bauten und kommunistischen Massensiedlungen des 20. Jahrhunderts, die heute in weiten Teilen das Stadtbild prägen, hätte nicht größer sein können. Als Philosoph, der sich mit der menschlichen Frage beschäftigt, war ich froh, diesen Anblick mit eigenen Augen zu sehen.

Kein Schriftsteller, und sei er noch so gut, wäre wohl in der Lage, das Elend, die Trübseligkeit einzufangen, diese trostlose Stimmung in den langen, verdreckten Straßen, die wie eine graue Schmutzschicht auf den Häusern lag, sich in haßerfüllten Graffiti an den Wänden widerspiegelte und ihren unmenschlichsten Ausdruck in den erdrückenden Fassaden der öffentlichen Bauwerke fand, den Wahrzeichen einer rücksichtslosen, menschenverachtenden Ideologie.

Ich wage mich kaum zu fragen, welche Auswirkungen diese Umgebung auf den Geist und das Denken des russischen Volkes hat. Die Menschen in Rußland können viel ertragen, und mehr als einmal wurde gesagt, daß die Russen die Meister des Leidens seien. Aber die unsägliche Häßlichkeit des ausgebeuteten, zerfallenden und vernachlässigten Landes stellt eine Herausforderung dar, die alles übersteigt, was ich jemals gesehen habe. Die Not, die sich vor mir ausbreitete, wurzelte tief in der formgewordenen sowjetischen Ideologie – kalte, in Beton gegossene Abstraktionen. Die Tristesse der Städte Rußlands ist in mehr als einer Hinsicht das Ergebnis einer unmenschlichen Ideologie, ein Vermächtnis alter Lügen, mit dem die Russen heute leben müssen.

Wenn wir von der Wahrheit abweichen, fällt es schwer, etwas Schönes um uns herum zu erschaffen. Auch wenn wir manchmal von häßlichen Wahrheiten und falscher Schönheit sprechen, sind das doch irreführende Ausdrücke.

Die zwei Transzendenzen Wahrheit und Schönheit treten am ehesten gemeinsam auf.

Wahrheit ist der beste Nährboden für Schönheit.

Christopher Morley

Natürlich muß ich als Amerikaner nicht den Ozean überqueren, will ich mit eigenen Augen sehen, was Elend und Häßlichkeit unter den Menschen anrichten können. Die meisten unserer Innenstädte stehen den heruntergekommenen Städten Rußlands im Hinblick auf ästhetische Unmenschlichkeit in nichts nach. Meiner Überzeugung nach prägen Schönheit (und Häßlichkeit) auf einer sehr grundlegenden Ebene die Ausbildung menschlicher Gefühle, Haltungen und Einstellungen in frühester Kindheit – und hören auch später nicht auf, uns zu beeinflussen.

Auf der ganzen Welt leben und arbeiten unzählige Menschen unter Bedingungen, die unnötig häßlich sind, und noch mehr an Orten, wo kein Funken Schönheit anzutreffen ist. Solche Lebensumstände drücken den menschlichen Geist nieder, rauben ihm die Lebenskraft, wirken demotivierend und behindern die Kreativität. Niemand kann sein Bestes tun, wenn seine Umwelt ein signifikantes ästhetisches Defizit aufweist.

Wir brauchen Schönheit so sehr wie Brot, Orte zum Spielen und Beten, wo die Natur heilen und erbauen und Körper und Geist gleichermaßen mit Kraft erfüllen kann. *John Muir*

Sicherlich gibt es Ausnahmen von dieser Regel, gibt es Menschen, die selbst unter den widrigsten Umständen Großes vollbringen. Doch solche stoischen Helden sind in unserer Welt und Zeit rar gesät. Wir können nur dann Umgebungen schaffen, in denen Menschen ihr Bestes geben, wenn wir die ästhetische Dimension der menschlichen Erfahrung gebührend berücksichtigen.

Schönheit in der Arbeit

Ricardo Semler, Präsident des brasilianischen Unternehmens Semtec, brauchte eine neue Fabrik. Nachdem er einige potentielle Standorte ausgewählt hatte, fragte er seine Mitarbeiter, wo sie am liebstem arbeiten würden. Die Belegschaft wählte einen Standort aus und ließ dann anfragen, was er davon hielte, wenn ein bekannter brasilianischer Künstler die neue Fabrik mitsamt den Maschinen streichen würde. Semler war von der Idee angetan, und innerhalb kürzester Zeit konnte er sich über einen beeindruckenden Anstieg der Produktivität in der neuen Fabrik freuen. Es war nicht das erste Mal, daß Semler seine Mitarbeiter bei Fragen, die sie direkt betrafen, an der Entscheidung teilhaben ließ; sogar als es darum ging, die Farbe der Arbeitsbekleidung auszuwählen, hatte er den Arbeitern das letzte Wort überlassen. Semler hat instinktiv den engen Zusammenhang zwischen Empowerment, Ästhetik, Arbeitszufriedenheit und Produktivität erfaßt.

Über die Jahre hinweg habe ich von vielen Managern und Führungskräften ähnliche Geschichten gehört. Bei einem Besuch des Stammhauses der Ohio Casualty Company in Hamilton äußerte ich mich mehrfach lobend über die außergewöhnlich schöne Inneneinrichtung, woraufhin mir mehrere leitende Mitarbeiter erklärten, wie spürbar allein dieses Detail die Arbeitsmoral der Beschäftigten gehoben hatte. Manche Mitarbeiter hatten sogar voller Stolz auf ihre Arbeitsplätze ihre Familien durch die Büros geführt.

Schönheit zieht mehr als Ochsen. *George Herbert*

Der mehrfach preisgekrönte Möbelhersteller Herman Miller Furniture ist für sein vorbildliches Arbeitsplatzdesign bekannt. 1923 erwarb J. D. DePree mit der finanziellen Unterstützung seines Schwiegervaters Herman Miller die Star Furniture Company in Zeeland, Michigan, und benannte das Unternehmen nach seinem Sponsor. De Pree, ein innovativer Gestalter von Gebrauchs- und Büromöbeln, bewies schon sehr früh ein ausgeprägtes Gespür für die ästhetische Gestaltung der Arbeitsplätze in seinem Betrieb. Als das rasante Wachstum des Unternehmens den Bau neuer Firmengebäude erforderlich machte, beschloß das Management, daß jedes neue Gebäude ihr Verständnis davon widerspiegeln sollte, was Menschen sind und brauchen, um glücklich und engagiert zu sein. Bereits 1947, als sich noch kaum jemand mit solchen Dingen beschäftigte, schrieb DePree, es komme in einem so winzigen Detail wie der Gestaltung einer Tür darauf an, nicht nur praktische, sondern auch spirituelle Anforderungen zu berücksichtigen.

Daß DePree so dachte, war kein Zufall. Mitte der dreißiger Jahre hatte der Designer Gilbert Rohde in einer Unterhaltung De Pree gefragt: „Sie sind der Ansicht, das Design sei der interessanteste Aspekt eines Hauses?"

„Ja, ich denke schon", antwortete DePree.

„Dann denken Sie falsch", erwiderte Rohde. „Das Interessanteste an einem Haus sind die Menschen, die darin leben und arbeiten. Und für diese Menschen entwerfe ich."

Rohde hatte DePree die Augen geöffnet. Wann immer er in Zukunft am Zeichentisch saß oder über Design sprach, blieb er seiner Einsicht treu, daß das Design im Dienste des Menschen steht. Daß es sowohl beim Entwurf von Gebäuden und von Räumen als auch bei der Auswahl und Anordnung der Möbel und Ausstattungen darauf ankommt, an die Menschen zu denken, die dort arbeiten werden.

Ein Architekt des Unternehmens brachte später die Herman-Miller-Designphilosophie in einem Entwurf für eines der Firmengebäude auf folgenden Punkt:

Wie Menschen ihren Arbeitsplatz empfinden, beeinflußt ihre Arbeitsmoral und damit auch ihre Produktivität. Wer Fabrik- und Bürogebäude als große, langweilige, strikt zweckorientierte Strukturen betrachtet, vergißt den menschlichen Geist. Es geht darum, die menschliche Erfahrungswelt aufzuhellen und die Umwelt schöner zu gestalten. Der Arbeitsplatz muß Freude und Enthusiasmus zum Ausdruck bringen.

Dieser Architekt verstand, worauf es ankommt. Der spätere CEO Max DePree schrieb über seine eigene Arbeitsumgebung:

Ich möchte, daß mein Büro Offenheit und die Kontaktaufnahme mit anderen Menschen fördert – ein freundlicher, einladender Ort, keine Countryclub-Atmosphäre, keine Wohnzimmer-Atmosphäre, sondern ein Ort, wo es um Leistung geht, wo in einer freundlichen und herzlichen Atmosphäre gearbeitet wird.

Bei der Gestaltung der Arbeitsumgebung haben die meisten Unternehmen in den vergangenen Jahrzehnten mehr Augenmerk auf das gelegt, was ihre Computer brauchen, als auf das Bedürfnis ihrer Mitarbeiter nach Licht, Schönheit und Komfort. Ein Trend mit bedenklichen Folgen: Laut einer jüngeren Umfrage sind 70 Prozent aller Büroangestellten sehr unzufrieden mit ihrer Arbeitsumgebung.

Die Auswertung einer regelmäßig durchgeführten Umfrage bei Herman-Miller-Angestellten dagegen ergab, daß sich rund 70 Prozent der Belegschaft wegen „des Designs der Firmengebäude" bei dem Unternehmen beworben hatten. Welche 70 Prozent werden wohl besser und effektiver arbeiten? Schwer vorstellbar, daß es die Menschen sind, die in Erwartung einer langweiligen und häßlichen Umgebung jeden Morgen mit Unwillen zur Arbeit kommen.

Viel eher werden es diejenigen sein, denen ihre Arbeitsumgebung gefällt, deren Arbeitsplatz Enthusiasmus und Kreativität fördert und ihnen in gewissem Maße sogar Freude bereitet. Es ist denn wohl auch kein Zufall, daß in einer *Fortune*-Rangliste der 100 Gebrauchsgegenstände des 20. Jahrhunderts mit dem besten Design vier Produkte den Namenszug des Möbelherstellers Herman Miller tragen und zwei weitere den der Howard Miller Clock Company, eines Uhrenherstellers, der gegenüber von Herman Miller angesiedelt ist und sich einer ähnlichen Philosophie verpflichtet sieht.

Architektur ist die Kunst, die die vom Menschen errichteten Bauten unabhängig von ihrem Zweck so anordnet und verschönert, daß ihr Anblick seine spirituelle Gesundheit, seine Kraft und sein ästhetisches Empfinden fördert. *John Riskin*

Anders als De Pree befinden sich die wenigsten von uns in einer Position, sich einen Architekten kommen zu lassen und von der Planungsphase an auf die Anforderungen menschenwürdiger Arbeitsplätze zu achten. Doch selbst innerhalb unserer Möglichkeiten können wir viele kleine Dinge tun, um die ästhetischen Bedürfnisse der Menschen um uns herum zu stillen und bessere Arbeitsplätze zu schaffen. Allein schon daß man eine Fertigungshalle, ein Lager oder eine Werkstatt aufräumen und neu streichen läßt, kann einen deutlichen Effekt auf die Mitarbeitermoral ausüben. Und ich rede hier nicht von einer positiven Wirkung auf Ästheten mit einer künstlerischen Ader, sondern auf ganz normale Männer und Frauen. Und was für Fabriken gilt, gilt natürlich auch für Büros. Kleine Dinge können unterm Strich einen großen Unterschied bewirken.

Tom Chappel, Gründer und CEO von Tom's of Maine, brachte in seinem Unternehmen viele positive, die Arbeitsmoral stärkende Programme in Gang, von Kindertagesstätten über Profitbeteiligung für die Beschäftigten bis hin zu vom Unternehmen gesponserten gemeinnützigen Projekten, und alle mit gutem Erfolg. Doch was sich dann als die erfolgreichste Innovation entpuppte, überraschte selbst ihn vollkommen. Eines Nachts träumte er davon, riesige, wunderschöne Fruchtkörbe im Lager und den Fabrikhallen aufzustellen. Am nächsten Tag erzählte er seinen Managern von dem Traum, und innerhalb einer Woche standen überall im Unternehmen Fruchtkörbe herum. Wer während der Arbeit Hunger verspürte, ging einfach zum nächsten Korb und nahm sich einen Apfel, eine Banane oder ein paar Trauben heraus, und selbst wer nichts davon aß, erfreute sich an dem schönen Anblick. Die Körbe verliehen der Arbeitsatmosphäre etwas ganz Eigenes, Natürliches, und alle Mitarbeiter fühlten sich mit einem Mal mehr respektiert.

Nach ein paar Wochen kümmerten sich die Leute in den Büros selbst darum, die Körbe mit neuen Früchten zu füllen; sie berichteten ihren Familien und Freunden von der Neuerung und waren stolz, für ein Unternehmen zu arbeiten, in dem sie so respektvoll behandelt wurden.

Wir sind die Kinder unser Umgebung; sie bestimmt unser Verhalten und sogar unser Denken in dem Maße, wie wir uns auf sie einlassen. *Lawrence Durell*

Rick Francis, der Präsident von Francis Security Systems im texanischen El Paso erzählte mir eine Geschichte, die bis auf ein bemerkenswertes Detail fast identisch mit Chappels Erfahrung war. Irgendwann fiel ihm und seiner Frau auf, daß ihre Mitarbeiter so gegen 11 Uhr von ihren Plätzen aufstanden und an den Getränke- und Süßigkeitenautomaten ihr morgendliches Blutzuckertief bekämpften.

Das Problem war, daß auf den anfänglichen Zuckerkick später unvermeidlicherweise ein Tief folgte, was sich in heftigen Produktivitätsschwankungen niederschlug. Rick beschloß, zunächst aus Produktivitätsgründen, als Alternative zu Limonade und Schokoriegeln Fruchtkörbe aufzustellen. Da er die Früchte en gros kaufte, hielten sich die Kosten in Grenzen, vor allem aber bemerkte er fast vom ersten Tag an eine Änderung der Arbeitsgewohnheiten und eine steigende Produktivität. Das war genau das, was er zu erreichen gehofft hatte. Doch der größte Nutzen der Aktion war einer, an den er nicht im Traum gedacht hatte.

Die Mitarbeiter waren so begeistert von der Neuerung, daß sie das Unternehmen in ihren Gesprächen mit Freunden und Nachbarn gar nicht genug loben konnten. Niemand in der Gegend hatte jemals von einem Betrieb gehört, der soviel Mühe auf sich nahm, um seinen Mitarbeitern etwas Gutes zu tun. Bald darauf bekam Rick bei Bewerbungsgesprächen immer wieder zu hören, daß die Bewerber sich für die Stelle interessierten, weil sie von den Fruchtkörben gehört hatten. Die Leute wollten für ein Unternehmen arbeiten, das seine Mitarbeiter so gut behandelte.

Ästhetische Überraschung

Als langjähriger Philosophieprofessor hatte ich in meinen Seminaren mehr als ausreichend Gelegenheit, den Mangel an Begeisterung in der heutigen Zeit kennenzulernen. Jedes Jahr gab ich ein Einführungsseminar in die Philosophie, einen Kurs, der von einer großen Zahl von Erstsemestern belegt wurde – Studenten, die in der Highschool zumeist nichts gelernt hatten, was auch nur annähernd mit Philosophie zu tun gehabt hätte. Mit der Zeit fiel mir auf, daß die Studenten jedesmal, wenn ein Test anstand, eine große Unruhe überfiel. Also beschloß ich – als Beruhigungs- und Aufbaumittel – vor jedem der drei Tests, die pro Semester abgehalten wurden, die Stimmung mit etwas Musik zu entkrampfen.

Vor dem ersten Test ließ ich immer *„Don't Worry, Be Happy"* über die Saallautsprecher spielen. Nachdem ich das das erste Mal getan hatte, sagte mir einer meiner studentischen Hilfskräfte, daß die Stimmung in dem Raum sich vollkommen verändert hätte, einen beinahe festlichen Charakter angenommen hätte, etwas, was er noch nie zuvor bei einem Examen erlebt hätte. Die Studenten saßen mit breitem Lächeln an ihren Tischen und klopften mit den Stiften den Rhythmus, manche pfiffen sogar die Melodie mit.

In einem der darauffolgenden Jahre jedoch schlug sich die festliche Stimmung bei dem ersten Test in alles andere als guten Ergebnissen nieder. Viele meiner Studenten erhielten schlechte Noten. Da mir klar war, daß sie vor dem zweiten Test bis spät in die Nacht büffeln und dann am anderen Morgen völlig übernächtigt in den Hörsaal kommen würden, änderte ich mein Programm ein wenig ab. Wie immer beim zweiten Test, legte ich auch diesmal *„Caught in the Crossfire"* von Stevie Ray Vaughn auf, ein schneller Song, der sie bestimmt aufwecken und von ihrer Nervosität ablenken würde. Als das Lied vorüber war, stand ich mit den Testblättern vor den Studenten. Fünf Sekunden vergingen, zehn. Nichts passierte. Die Studenten sahen sich fragend um. Plötzlich sprangen die Türen des Auditoriums auf und die komplette Notre-Dame-Marschkapelle – oder zumindest so viele, wie in den vollbesetzten Saal paßten – kam hereinmarschiert, stellte sich an den Seiten auf und spielte den Notre-Dame-Siegesmarsch. Meine Studenten gerieten völlig aus dem Häuschen. Sie sprangen auf und klatschten zum Takt der Musik. Die Band verabschiedete sich mit einem furiosen Finale, begleitet vom brausenden Applaus der Studenten. Ich bin überzeugt, daß diese ästhetische Überraschung der Grund dafür war, warum jeder einzelne der Studenten beim zweiten Test bessere Noten bekam als beim ersten.

Nach der Prüfung kam ein Student ans Pult vor und rief voller Begeisterung: „Professor Morris, das war das beste Examen meines gesamten Lebens. Was um alles in der Welt hat Sie auf die Idee gebracht, die Uni-Band im Philosophiekurs den Siegesmarsch spielen zu lassen?"

„Warum sollte die Band den Siegesmarsch nur im Football-Stadion spielen?" erwiderte ich. „Warum nicht im Seminarraum, wo es doch wirklich um etwas geht?"

Nach einer oder zwei Sekunden trat ein erstaunter Ausdruck auf sein Gesicht. „Und was haben Sie für das *Abschlußexamen* vor?"

„Ich weiß nicht. Vielleicht ein paar Düsenjäger über das Auditorium donnern lassen?"

Der springende Punkt ist natürlich, daß das, was ich für die Studenten getan hatte, ihnen das Gefühl vermittelte, etwas Besonderes zu sein, anerkannt zu werden. Es verwandelte ihren „Arbeitsplatz" – so weit möglich – in einen Ort der Freude. Und es gab ihnen etwas, was sie ihren Freunden erzählen konnten. Wie den Leuten bei Tom's of Maine oder den Angestellten von Francis Security Systems.

Schenken Sie dem ästhetischen Aspekt Aufmerksamkeit; die

Leute werden darüber sprechen. Sie müssen nicht gleich eine Marschkapelle spielen oder ein paar Düsenjäger im Formationsflug über die Firma donnern lassen, einen Showstar engagieren oder die Fertigungshalle neu streichen. Oft genügen ja schon, wie wir gesehen haben, ein paar Fruchtkörbe. Oder wie wäre es mit ein paar Pflanzen oder Blumen? Selbst künstliche Palmen sollen schon geholfen haben.

Genaugenommen müssen Sie nicht einmal das tun. Meistens reicht es schon, die Mitarbeiter zu ermutigen, ihre Büros, ihre Arbeitsumgebung selbst zu verschönern. Seien Sie ein Vorbild und fordern Sie Ihre Mitarbeiter auf, ebenfalls kreativ tätig zu werden. Menschen verspüren das natürliche Bedürfnis, sich mit schönen Dingen zu umgeben. Und das werden sie auch tun, wenn sie es dürfen.

Der eigentliche Zweck der Phantasie besteht darin, der Welt Schönheit zu geben ..., der banalen Welt des Alltags einen Schleier von Schönheit überzuwerfen und sie bis zum Bersten mit ästhetischem Genuß zu erfüllen. *Lin Yutang*

Ein Beispiel von vielen: Während meines Promotionsstudiums in Yale ließ die Verwaltung die Wände des Gesundheitszentrums auf dem Campus mit hochwertigen, modernen Kunstwerken schmükken. Die Patienten, meistens Studenten mit kleineren Blessuren, konnten sich in einer überraschend ästhetischen Umgebung erholen. In den letzten Jahrzehnten entdeckten zahllose Krankenhäuser und Ärzte auf der ganzen Welt die heilenden Kräfte der verschiedenen Formen ästhetischer Schönheit. Persönlich glaube ich, daß wir erst anfangen, die zentrale Rolle zu begreifen, die diese allzuoft vernachlässigte Dimension unserer täglichen Erfahrungswelt für Spitzenleistungen von Individuen und Organisationen spielt.

Kunst ist Macht.   *Henry Wadsworth Longfellow*

Intellekt gegen Gefühl

Als Professor, der fünfzehn Jahre an einer hervorragenden katholischen Universität lehrte, kann ich mir, glaube ich, das Recht herausnehmen, den katholischen Riten ein Lob auszusprechen, ohne gleich der Selbstbeweihräucherung angeklagt zu werden. Der Protestantismus wird oft als die Religion des Wortes, des Geistes bezeichnet. Der Haken daran ist, daß der Mensch nicht nur ein intellektuelles Wesen ist. Der evangelischen Ethik steht der katholische Ritus gegenüber. Katholische Kirchen überfluten die Sinne, verschwenden ihre Pracht, sind erfüllt von erhabener Musik und dem Geruch nach Weihrauch, sie sind Orte ergreifender Rituale. Die katholische Kirche zelebriert einen Gottesdienst, der den ganzen Menschen miteinbezieht, nicht nur den Intellekt.

> **Nur wenige Menschen haben jemals ernsthaft gewünscht, ausschließlich rational zu sein. Das gute Leben, nach dem sich die meisten sehnen, ist ein von Leidenschaften erwärmtes und durch jene zeremonielle Würde berührtes Leben, die ohne ein gewisses Maß an liebevoller Treue zu den traditionellen Formen und Zeremonien undenkbar ist.** *Joseph Wood Kruch*

Im Geschäftsleben vernachlässigen wir oft die gefühlsbetonte Seite des Menschen. Wir kommunizieren mit unserem Gegenüber ausschließlich auf der intellektuellen Ebene, erwarten aber, daß der ganze Mensch auf unsere Worte reagiert. Oder stellen ihm nicht mehr als die gerade notwendigen Mittel zur Verfügung, damit er seine Arbeit tun kann, verlangen aber, daß sie mit der Zuverlässigkeit und Präzision einer Maschine erfüllt wird. Menschen benötigen mehr als das. Wer das Engagement des ganzen Menschen will, muß bestrebt sein, diesen Menschen auf allen Erfahrungsdimensionen, einschließlich der ästhetischen, anzusprechen.

Dafür gibt es viele Möglichkeiten – angefangen von der Verschönerung des Arbeitsumfeldes bis dahin, die Monotonie des täglichen Einerleis durch etwas Besonderes zu unterbrechen. Die informellen Treffen und Gespräche haben in vielen Büros einiges

109

dazu beigetragen, die Erfahrungswelt der Angestellten um ein wenig Schönheit zu bereichern und ihre Kreativität zu steigern. Poster, bunte Tabellen, farbenfrohe Team-T-Shirts, klassische Musik in der Cafeteria – es gibt zahllose kleine Dinge, die man im ästhetischen Bereich tun kann und die das Gefühl der persönlichen Erfüllung und Befriedigung und damit die Grundlage für dauerhafte Spitzenleistungen stärken.

Die Tatsache, daß immer mehr Menschen – zumindest zeitweise – ihr Büro nach Hause verlegen oder von unterwegs aus arbeiten, verlangt, auf andere, vielfältigere Art und Weise dem ästhetischen Faktor Rechnung zu tragen. In einer Zeit, in der feste Büros zusehends durch die Praxis des „Hoteling" ersetzt werden oder kleine, private Arbeitsräume nur nach Projektanforderungen vergeben werden, kommt der ästhetischen und funktionalen Gestaltung gemeinsam genutzter Räume wie beispielsweise Besprechungszimmern in gewisser Hinsicht noch mehr Bedeutung zu. Und der Telearbeiter, der bei sich zu Hause arbeitet, muß im Prinzip ebenso großen Wert auf die ästhetische Gestaltung seines Arbeitsumfeldes legen wie der Bürodesigner eines Großunternehmens. Wo auch immer man arbeitet, um wirklich konzentriert, kreativ und produktiv sein zu können, darf man den ästhetischen Aspekt nicht aus den Augen verlieren; man muß den Menschen in seiner Gesamtheit ansprechen.

> **Wir lieben das Schöne und bleiben schlicht, wir lieben den Geist und werden nicht schlaff.** *Thukydides*

Die Kunst der Arbeit

Die Beispiele, die ich bislang präsentiert habe, beschränken sich auf passive ästhetische Erfahrung. Doch ästhetische Erfahrung kann ebensogut aktiver Natur sein. Die ästhetischen Erfahrungen einer Ballerina oder eines Musikers während ihres Auftrittes unterscheiden sich von denen ihres Publikums. Ein Fußballer oder ein Basketballspieler bewegt sich während eines Spieles auf einer ästhetischen Ebene, die den Massen auf den Rängen nicht zugänglich ist. Das liegt weniger daran, daß die Spieler intensiver am Geschehen beteiligt sind. Es ist vielmehr die Leistung, die Darbietung selbst, in der eine Art von Schönheit liegt, die nur der Ausführende selbst erfahren kann, von der Wahrnehmung der eigenen Bewegung bis hin zur Freude an der künstlerischen „Schöpfung", wie es die alten Griechen vielleicht gesagt hätten. Diese Eigenschaft ist von unmittelbarer und zentraler Bedeutung für Unternehmen.

Kunst ist die Erhebung des Geistes mittels Materie.
Salvador De Madariaca

Als Menschen müssen wir Schönheit sowohl schaffend – also aktiv – als auch passiv erfahren. Auch wenn wir nicht gerade im Balettröckchen oder mit dem Fußball unter dem Arm ins Büro kommen können, die Arbeit bietet uns eine Vielzahl von Möglichkeiten, Schönheit aktiv zu erfahren. Es liegt Schönheit darin, ein Problem elegant zu lösen oder eine Unternehmensstruktur aufzubauen, egal wie klein oder groß, wie dauerhaft oder vergänglich – und auch darin, eine qualitativ hochwertige Dienstleistung oder ein ebensolches Produkt anzubieten oder herzustellen. Das ist es, was ich als schöpferische Schönheit bezeichne. Ihre Bedeutung für den Unternehmensgeist hängt unmittelbar davon ab, inwieweit wir sie anerkennen. Ich halte es mit Sokrates, der sagte, daß wir über die unwichtigsten Dinge am meisten denken und reden und über die wichtigsten Dinge am wenigsten. Es ist an der Zeit, daß wir das korrigieren.

Empfinden Sie Ihre Arbeit als kreativ? Vielleicht wie ein Theaterstück? Sehen Sie Ihre Kollegen als auf derselben Bühne stehende Schauspieler? Nein? Das sollten Sie aber. Schließlich entwerfen, modellieren und weben Sie an Ihrem Arbeitsplatz Tag für Tag ein Muster von Interaktionen, von Beziehungen, von Problemlösungen.

Sie sind ein Künstler – und haben es verdient, als solcher anerkannt zu werden. Gleichermaßen sollten Sie auch Ihre Kollegen als Künstler sehen, die sich derselben Aufgabe verschrieben haben – der schöpferischen Schönheit.

Das bewußte Äußern eines Gedankens durch Sprache oder Handlung und unabhängig von seiner Zielsetzung ist Kunst... Vom ersten bis zum letzten Werk, Kunst ist, wenn der Geist aus eigenem Antrieb Dinge benutzt und kombiniert, um sein Ziel zu erreichen. *Ralph Waldo Emerson*

Dies verbirgt sich zum Teil hinter dem in den letzten Jahren so vieldiskutierten Schlagwort Empowerment am Arbeitsplatz. Menschen müssen in ihrer Tätigkeit eine gewisse Ästhetik sehen, sie müssen sich als Künstler verstehen, die ihre Kreativität in allen Dingen, ob klein oder groß, einsetzen.

Die Wahrheit spielt eine zentrale Rolle darin, wie wir über unsere Arbeit und unsere Beziehungen zu anderen am Arbeitsplatz denken. Aber wir müssen uns auch von dem Bedürfnis nach Schönheit leiten lassen.

Die Vielfalt der schöpferischen Schönheit

Die Ideale, die mich auf meinem Weg geführt und immer wieder mit neuem Mut erfüllt haben, dem Leben frohen Herzens ins Gesicht zu sehen, waren Wahrheit, das Gute und Schönheit. *Albert Einstein*

Wie, werden Sie sich vielleicht fragen, soll ein Arbeiter am Fließband, der den ganzen Tag über dieselben monotonen Handgriffe ausführt, ein Künstler sein und aktiv Schönes gestalten? Genau dieses Problem bewegte Jack Stack dazu, jedem Arbeiter in der Springfield Remanufacturing Company das beizubringen, was er das „Große Unternehmensspiel" nannte. Selbst der Arbeiter in der Fabrikhalle, der immer wieder ein und dieselbe Tätigkeit ausführen muß, kann dieses Spiel spielen, seinen Verstand einsetzen, um effizientere Prozesse und Bewegungsabläufe zu entdecken; er kann seine spezifische Tätigkeit in den übergreifenden Unternehmenszusammenhang stellen. Dieser Arbeiter sieht vielleicht Dinge und Aspekte, die niemand außer ihm erkennen kann; er kann auf dieser Grundlage Vorschläge machen, wie sich bestimmte Dinge effektiver gestalten lassen. Möglicherweise befindet er allein sich in der Position, eine elegante Lösung für ein Problem zu finden, das niemand außer ihm lösen oder womöglich auch nur wahrnehmen kann.

Wir müssen die Menschen, die um uns herum arbeiten, dazu ermutigen, ihre Tätigkeit, worin auch immer diese bestehen mag, auf diese Art und Weise wahrzunehmen. Jeder kann ein Künstler sein und ein Mitspieler im „Großen Unternehmensspiel".

Laßt jeden die Kunst ausüben, die er beherrscht.

Aristophanes

In der Welt gibt es viele Arten von Schönheit. Das Wort „Schönheit" kann die unterschiedlichsten Assoziationen auslösen. Für viele ist die Natur der Inbegriff der Schönheit, für andere ein Gemälde oder eine Kathedrale. Wieder anderen fällt ein Musikstück ein, einem Mechaniker eine Maschine, die er einmal gesehen hat, einem Instrumentenbauer eine Gitarre mit Einlegearbeiten aus Perlmutt, einem Juwelier ein hochkarätiger Edelstein, einem Fußball-Trainer ein besonders guter Spielzug ...

Konfuzius sagte einmal: „In allen Dingen ist Schönheit, nur sieht sie nicht jeder." Als Philosophiestudent lernte ich, wie man die Schönheit eines gut konstruierten Arguments erkennt. Für jede Art der Schönheit existiert eine eigene Kunstform. Wir müssen uns selbst und den Menschen, mit denen wir leben und arbeiten, beibringen, die kleinen Schönheiten, die uns in unserer Arbeit umgeben, zu schätzen.

Erkennt die Verkaufsabteilung die Schönheit einer gelungenen Marketingkampagne? Können die Leute in der Herstellung die Ästhetik der Arbeit der Ingenieure nachvollziehen, und andersherum? Heutzutage versäumen wir es allzuoft, den ästhetischen Inhalt

113

anderer Arbeitsbereiche anzuerkennen, die jedoch, da wir mit ihnen zu tun haben und auf sie angewiesen sind, von zentraler Bedeutung für das Überleben des Unternehmens insgesamt sind.
Überraschend ist das nicht, übersehen wir doch die meiste Zeit
selbst die Schönheit, die in unserer eigenen Tätigkeit liegt.
Meiner Meinung nach sollten in einem Unternehmen die Mitarbeiter von Zeit zu Zeit zusammenkommen und sich gegenseitig
von Momenten erzählen, bei denen sie sich in ihrer Arbeit besonders gut fühlten – jene großen oder kleinen Erlebnisse oder Taten,
die sie motivieren, die ihnen ins Gedächtnis rufen, warum sie das
tun, was sie tun. Vielleicht fängt ein Verkäufer an, von neuem die
Schönheit zu erkennen, die in einer guten Beziehung zu einem
Kunden liegt oder darin, das Problem eines Kunden zu lösen,
wenn er einen Kollegen aus seiner Abteilung über seinen größten
Erfolg sprechen hört. Solche Testimonials können auch Mitarbeiter in anderen Abteilungen oder Werken inspirieren, wenn sie beispielsweise in der Betriebszeitung abgedruckt werden. Wir müssen, ich sage es noch einmal, alle Formen der Kunst und Schönheit schätzenlernen, die in dem, was wir zusammen tun, enthalten
sind. Sonst versäumen wir es, die Kraft und die Macht der Schönheit für uns und unser Vorankommen zu erschließen. Nur wenn
wir die Schönheit unserer Arbeit voll anerkennen und fördern,
werden wir in der Lage sein, wahre Höchstleistung zu erreichen.

> **Die Architektur handelt von dem Guten, dem Wahren und
> dem Schönen in unseren Bauwerken und Gärten, die Physik
> von dem Guten, dem Wahren und dem Schönen in der Natur.**
> *C. West Churchman*

Die Tatsache, daß zahllose unterschiedliche Formen der Schönheit existieren, kann von ihrer Bedeutung her gar nicht über-
schätzt werden. Schönheit, genauso wie Wahrheit oder das Gute,
durchbricht die künstlichen Grenzen in unserem Leben und unserer Arbeit. Wer die Bedeutung von Schönheit, sowohl der aktiven
wie der passiven, am Arbeitsplatz versteht, erschließt sich eine
der Kräfte, die den Menschen am stärksten motivieren.

5

Kreativität und der Sinn des Lebens

Ich bin überzeugt, daß die Welt mehr ist als nur ein Sumpf, in dem Männer und Frauen sich gegenseitig in den Morast drükken... Etwas Großartiges ereignet sich hier, inmitten der Greueltaten und Tragödien, und die höchste Herausforderung des Geistes liegt darin, dem Edelsten und Besten unseres eigentümlichen Vermächtnisses zum Sieg zu verhelfen. *C. A. Beard*

„Was ist der Sinn des Lebens?" Vor mir, am Ausgang des Vorlesungssaals, in dem gerade die erste Stunde meines Einführungskurses in die Philosophie stattgefunden hatte, stand eine 18jährige Erstsemesterin, die mich herausfordernd anblickte. Es war ihre erste Vorlesung an der Universität gewesen, aber sie wollte keine Zeit verlieren. Es gab nur eine Frage, die sie bewegte, und darauf wollte sie von mir eine Antwort hören. Mehr nicht.

Ich schenkte ihr ein Lächeln und erwiderte, daß ich ihr diese Frage erst nach ein paar weiteren Vorlesungen beantworten könnte. Abgesehen davon, wandte ich ein, wäre es wohl kaum möglich, die Sache in den zehn Minuten bis zum Beginn der nächsten Vorlesung zu klären. Ob sie noch ein wenig Geduld aufbringen könnte? Kein Problem. Sie hätte sich nur gedacht, da ihr nun endlich einmal ein leibhaftiger Philosoph Aufmerksamkeit schenkte, warum dann nicht zumindest fragen?

Nun, solange Sie mir Ihre Aufmerksamkeit schenken, warum dann nicht versuchen, diese Frage zu beantworten? Die meisten Gelehrten reagieren, werden sie mit Fragen wie „Was ist der Sinn des Lebens?" konfrontiert, ähnlich: Sie wenden sie hin und her, legen ihre vielfältigen Implikationen dar, behandeln erschöpfend, wer wann in der Philosophiegeschichte was dazu gesagt hat

115

– nur um diese Antworten dann wieder auseinanderzunehmen –, und lassen sich schließlich lang und breit über die bemerkenswerte Neigung des Menschen aus, sich über dererlei Fragen den Kopf zu zerbrechen. Auf eine einfache Frage erhält man als Antwort weitschweifige Auslassungen, komplizierte Analysen und Kritik. Was man nicht erhält, ist eine einfache Antwort.

Hier gelten andere Regeln. Für das, worum es mir hier geht – Arbeit mit neuem Sinn erfüllen und neue Grundlagen für die Arbeitszufriedenheit und dauerhafte Spitzenleistung legen –, ist es von ausschlaggebender Bedeutung, daß wir etwas sehr Zentrales über den Sinn des Lebens verstehen, eine Einsicht, die wir zur Grundlage unserer Handlungen und zum Maßstab unserer Entscheidungen machen können. Wer den Sinn dessen, was er tut, nicht versteht, kann das, was er tut, nicht effektiv planen.

> **Gott gibt uns die Nüsse. Aber knacken müssen wir sie selbst.**
> *Sprichwort*

Die wichtigste aller Fragen

Um was genau geht es bei der Frage nach dem Sinn des Lebens? Betreiben wir gemeinsam ein wenig Philosophie. Entspannen Sie sich und beweisen Sie ein paar Seiten Geduld. Unser kleiner Ausflug in die Philosophie wird uns, wie Sie bald selbst feststellen werden, nicht nur ein paar allgemeine Lebensfragen beantworten, sondern es werden sich auch Einsichten ergeben, die jedes Unternehmen direkt und gewinnbringend anwenden kann.

Auch wenn die meisten Menschen glauben, die Frage nach dem Sinn des Lebens sei die grundlegendste aller Fragen, die wir uns stellen können, gibt es eine Frage, die noch wichtiger ist. Wenn Sie fragen, *was* der Sinn des Lebens sei, unterstellen Sie damit automatisch, daß es einen Sinn im Leben *gibt* und Sie ihn nur noch entdecken müssen. Diese Grundannahme kann – und muß – in Frage gestellt werden. Die eigentliche, fundamentale Frage muß also, Sie ahnen es schon, lauten: „Gibt es einen Sinn im Leben?" Drei unterschiedliche Antworten haben die Philosophen und Denker in der Geschichte der Menschheit auf diese Frage gegeben. Um den grundlegenden Zusammenhang zwischen dem wirtschaftlichen und dem privaten Sektor einerseits und dem Sinn im Leben andererseits zu erfassen, müssen wir uns mit jeder dieser Positionen auseinandersetzen.

Ob es im Leben Sinn gibt, ist die wichtigste aller Fragen.
Albert Camus

Nihilismus: Kein Grund zur Sorge

Die erste Antwort lautet: Nein. Es gibt keinen Sinn im Leben. Sorry. Finden Sie sich damit ab.

Nach dieser als Nihilismus bezeichneten philosophischen Haltung ist letztendlich alles absurd und ohne Sinn. Bertrand Russell, der berühmte britische Philosoph, brachte den Nihilismus in einer ebenso berühmten wie grimmigen Erklärung auf den Punkt:

Daß der Mensch das Produkt von Ursachen ist, die keine Vorsehung davon haben, was sie zustande bringen; daß sein Ursprung, sein Wachstum, seine Hoffnungen und Ängste, seine Liebe und sein Glaube lediglich Folge einer zufälligen Anordnung von Atomen sind; daß keine Leidenschaft, kein Heldenmut, keine noch so tiefen Gedanken oder Gefühle das individuelle Sein über das Grab hinaus bewahren können; daß alle Werke der Geschichte, all die Hingabe, all die Inspirationen, all die glänzenden Errungenschaften des menschlichen Genius dazu verdammt sind, im umfassenden Tod des Sonnensystems zu verschwinden; und daß der ganze Tempel der menschlichen Errungenschaften unausweichlich unter den Ruinen des Universums begraben liegen wird – all diese Dinge sind, wenn auch noch nicht jenseits des Zweifels, so doch so höchstwahrscheinlich, daß keine Philosophie, die sie ablehnt, hoffen kann zu bestehen. Nur mit dem Gerüst dieser Wahrheiten, nur auf der

*festen Grundlage dieser unerschütterlichen Verzweiflung kann
von heute an der Seele ein sicheres Zuhause erbaut werden.*

Ich habe mir immer gewünscht, Russell hätte noch hinzugefügt:
„PS: Übrigens, einen schönen Tag noch."
Der Nihilismus ist eine sehr radikale und sehr erschreckende
Sichtweise des Lebens. Ich persönlich glaube, daß Russells Behauptung, sein düsteres Porträt des Lebens sei „höchstwahrscheinlich" richtig, vollkommen haltlos ist. Die moderne Wissenschaft kann die Aussage, es gäbe keinen Sinn, nicht zweifelsfrei
belegen.

Ebensowenig läßt sich eine im philosophischen Sinne zwin-
gende Argumentationskette für die doch sehr extreme Schlußfolgerung knüpfen, daß alles letztendlich im Nichts endet. Und das
ist auch gut so. Denn sonst würde es uns möglicherweise sehr
schwer fallen, uns morgens aus dem Bett zu erheben.

Anfang des 20. Jahrhunderts, in der Hochzeit des Existentialis-
mus, war auch der Nihilismus en vogue. Daß man heute kaum
noch Nihilisten findet, kann kaum überraschen. Von einem prak-
tischen Standpunkt aus gesehen, ist es schlicht unmöglich, ein Leben als Nihilist zu führen. Denn unvermeidlicherweise vergißt
sich selbst der hartnäckigste Negativist irgendwann einmal und
behandelt eine Sache so, als habe sie mehr Wert als eine andere;
oder eine Aktivität so, als sei sie es eher wert als eine andere, seine
Zeit darauf zu verwenden.

Ist alles relativ?

Die zweite Antwort lautet: Ja, es gibt einen Sinn im Leben – vorausgesetzt, Sie geben ihm einen.

Diese zweite philosophische Position wird als Relativismus bezeichnet. Der Frage, ob das Leben sinnhaft ist, stimmen die Relativisten unter einer Bedingung zu: Sinn im Leben gibt es nur,
wenn wir ihm einen verleihen.

Der Relativismus ist eine vergleichsweise einfache Lehre: Indem wir uns mit Dingen umgeben, die uns erfreuen, erhalten un-

sere Gedanken und Handlungen einen Zweck, und dieser Zweck reicht aus, um sie mit Bedeutung zu erfüllen. Ein zielgerichtetes Leben ist ein sinnvolles Leben. Mehr nicht. Der bekannte Psychoanalyst Erich Fromm drückte das einmal so aus: „Es gibt keine Bedeutung im Leben, abgesehen von derjenigen, die der Mensch ihm durch die Entfaltung seiner Kräfte, durch sein schöpferisches Leben gibt."

Die Frage danach, ob das Leben als solches oder das Universum insgesamt von Bedeutung ist, ist zweitrangig; die Relativisten beschäftigen sich mit der unmittelbareren Frage, ob das Leben von Individuen, beispielsweise Ihres oder meines, sinnvoll ist oder nicht, und bieten einen Weg an, wie man ihm Sinn verleihen kann. Ich nenne das manchmal den „Do-it-yourself-Ansatz zur Sinnstiftung".

Grob ausgedrückt empfiehlt der Relativismus folgendes: „Sie sehnen sich nach Sinn in Ihrem Leben? Dann hören Sie auf zu jammern und geben Sie Ihrem Leben Sinn. Vergessen Sie die Philosophie, vergessen Sie die Kosmologie, vergessen Sie die Religion. Es hängt ganz alleine von Ihnen selbst ab."

Der Relativismus ist eine Art von „Packen-wir's-an"-Philosophie. Von dieser Warte ausgehend, hängt Sinn von dem ab, was wir denken und tun. Und das führt uns direkt in die Geschäftswelt.

Was tun wir, wenn wir arbeiten? Wir strukturieren unsere Gedanken und Handlungen um Dinge herum, die wir schätzen und die uns erfreuen.

Wir erschaffen zweckorientierte Strukturen und verfolgen innerhalb dieser Strukturen bestimmte Ziele, richten unsere Gedanken und Handlungen darauf aus, positive Resultate zu erzielen. Genau das sind die Voraussetzungen für die Erschaffung von Sinn. Im Geschäftsleben wie in der Liebe verleihen wir unserem Leben Sinn, indem wir ihm eine Richtung geben.

> **Die Bedeutung der Dinge liegt nicht in den Dingen selbst, sondern in unserer Einstellung zu ihnen.**
> *Antoine de Saint-Exupéry*

Die Probleme der „Do-it-yourselfer"

Der Relativismus war – zumindest in Intellektuellenkreisen – über einen Großteil des letzten Jahrhunderts die dominante philosophische Sichtweise.

Die Theorie scheint eine elegante Antwort auf den Nihilismus anzubieten, ohne uns in grundlegende und weltbewegende Fragen zu verstricken. Um unserem Leben einen Sinn zu verleihen, müssen wir ihm nur eine Richtung geben. Doch als umfassende Lehre vom Sinn leidet der Relativismus an zwei gravierenden und möglicherweise disqualifizierenden Mängeln.

Der eine Mangel wurde mir eines Abends sehr eindrücklich bewußt, als ich bei einer Diskussionsveranstaltung über die Filme Woody Allens neben einem Psychologieprofessor auf dem Podium saß. Bei der Frage nach dem Sinn des Lebens, die in den Filmen aufgeworfen wurde, ließ sich mein Nachbar lang und breit über die relativistische Philosophie aus und bot den jungen Zuhörern im Publikum einen Ratschlag an: „Wenn ihr nach Sinn in eurem Leben sucht, dann findet etwas, was ihr gut und gerne tut, und tut es, so gut es euch möglich ist. Dann werdet ihr ein sinnvolles Leben führen. Mehr kann über die Frage nach dem Sinn des Lebens nicht gesagt werden."

In einer der hinteren Bankreihen meldete sich ein Student zu Wort und sagte: „Aber was, wenn es mir gefällt, andere Leute zu foltern? Wenn ich das so gut mache, wie es mir nur möglich ist, würden Sie dann sagen, daß ich ein sinnvolles Leben führe."

Der Psychologieprofessor dachte einen Moment nach und antwortete: „Nun, natürlich gibt es bestimmte Grenzen." Aber was für Grenzen? Wo läßt das Gedankengebäude des Relativismus Raum für objektive, für alle nachvollziehbare Grenzen? Warum sollte, von der Warte der Relativisten aus gesehen, das Foltern von Menschen weniger sinnstiftend sein als das Wirken eines Arztes oder die Tätigkeit einer Lehrerin? Wir wissen natürlich, daß Foltern nicht ebenso sinnstiftend ist. Aber, und hierin liegt das Problem, der Relativismus kann das nicht erklären. Selbstverständlich *können* wir Sinn in unserem Leben konstruieren, aber genauso selbstverständlich ist es, daß nicht alle Konstruktionen gleichwertig sind. Doch um das klären zu können, müssen wir die Grenzen des Relativismus hinter uns lassen.

Bevor wir das tun, will ich kurz auf den zweiten Mangel der relativistischen Sichtweise eingehen. Als erkenntnistheoretischer Ansatz basiert der Relativismus auf einer Grundannahme:

Sinn existiert niemals von sich aus,
sondern muß in Bezug zu etwas gesetzt werden.

Die Sprache ist ein gutes Beispiel dafür. Worte besitzen von sich aus, von ihrem Klang oder ihrem Schriftbild her, keine Bedeutung. Bedeutung erhalten sie erst, wenn sie ihnen von intelligenten, bewußt handelnden Wesen (Menschen oder Marsbewohnern) zugeschrieben wird. Dasselbe gilt für Rauchzeichen, Signalflaggen und alles andere, das in einem eindeutigen Sinn über Bedeutung verfügt.

Aus dieser These folgt, daß das Leben keinen Sinn besitzt, so lange er ihm nicht von einem intelligenten, bewußt handelnden Wesen zugeschrieben wird. Damit haben wir die theoretische Grundlage des relativistischen Ansatzes formuliert – und zugleich sein zweites, grundlegendes Problem.

Wir können nur den Dingen einen Sinn geben, auf die wir Einfluß haben. Zum Beispiel ist es mir unmöglich, zu erklären, daß morgen ab 12 Uhr alle französischen Wörter eine neue Bedeutung erhalten. Ich verfüge über keinerlei Einflußmöglichkeit auf die französische Sprache. Genausowenig kann ich beschließen, daß Ihr Leben ab heute Sinn besitzt. Ich kann Ihr Leben nicht kontrollieren. Aus demselben Grund können Sie nicht darüber bestimmen, ob mein Leben sinnvoll ist. Wir können keiner Sache Sinn verleihen, die wir nicht ausreichend kontrollieren können.

Auch die Umstände unserer eigenen Geburt können wir nicht beeinflussen. Niemand hat mich – oder Sie – gefragt, ob ich im 20. Jahrhundert auf die Welt kommen wollte. Ebensowenig konnten wir uns aussuchen, in welchem Land oder in welche Familie hinein wir geboren wurden – alles Dinge, die unbestreitbar einen großen Einfluß darauf ausüben, wie wir als Menschen geformt werden.

Genau betrachtet haben wir auf die meisten Dinge, die unsere Kindheit und Jugend bestimmen, keinen Einfluß. Oder konnten Sie bestimmen, wer in Ihre Straße zog? Welche Lehrer Sie in der Schule hatten, welche Kinder in Ihrer Klasse saßen, welche Bücher und Filme einen Einfluß auf Ihr Leben hatten? Rein theoretisch könnten wir natürlich über weit mehr bestimmen, als wir es tatsächlich tun.

Doch das Leben ist überaus komplex und verwirrend vielfältig, und zum größten Teil müssen wir mit dem Rohmaterial arbeiten, das uns zur Verfügung gestellt wird. Die Zufälle, die sich ungefragt in unserem Leben einstellen, üben einen großen Einfluß darauf aus, wer wir sind und was wir tun.

Das Leben ähnelt einem Würfelspiel: Gelingt ein Wurf nicht so, wie er gelingen sollte, bleibt nur eins: des Zufalls Spiel durch Klugheit zu verbessern. *Terenz*

Wie wenig wir selbst unser Leben in der Hand haben, zeigt sich auch daran, daß so viele Menschen am Leben leiden. Wir haben keinen Einfluß auf die Tatsache, daß wir auch unglücklich sind. Wir können nicht einfach durch einen Katalog aller Möglichkeiten, die uns das Leben bietet, blättern und beschließen, daß das menschliche Leiden ein Aspekt des Lebens ist, auf den wir verzichten. Wir können versuchen, unser Leiden zu vermindern, eliminieren können wir es nicht.

Sowenig wir die Tatsache unserer Geburt beeinflussen können, sowenig können wir die Tatsache beeinflussen, daß wir eines Tages sterben. In einem gewissen Ausmaß können wir unsere Lebensdauer durch unsere Lebensweise beeinflussen. Allerdings werden wir, davon bin ich überzeugt, den Tod niemals so weit in den Griff bekommen, daß er in die Kategorie der Dinge fällt, die wir weitgehend unter unserer Kontrolle haben und deshalb allein durch unsere Aktivitäten mit Sinn ausstatten können.

Sie fragen sich, worauf ich mit diesen Überlegungen hinaus will? Wenn wir nur Dinge mit Sinn ausstatten können, auf die wir einen gewissen Einfluß haben, und wenn sich die meisten prägenden Elemente in unserem Leben – darunter so zentrale Aspekte wie Geburt, die Umgebung und Zeit, in die wir hineingeboren werden, unser Leiden und der Tod – weitgehend unserer Kontrolle entziehen, so sind wir alleine auch nicht in der Lage, unserem Leben wirklichen Sinn zu verleihen.

Wir können jedoch „Sinn-Inseln" in unserem Leben schaffen, und allein das ist schon ausreichend, um den Nihilismus zu widerlegen. Doch allein aus eigener Kraft sind wir unfähig, unser ganzes Leben – von seinem Anfang bis zu seinem Ende – mit wirklicher Bedeutung zu erfüllen. Das setzt etwas Zusätzliches, etwas Größeres voraus, eine Erkenntnis, die uns zur dritten Antwort auf die Frage „Gibt es einen Sinn im Leben?" bringt: dem Absolutismus.

Absolutismus und Leben

Meine Studien in spekulativer Philosophie, Metaphysik und den Naturwissenschaften lassen sich zusammenfassen in dem Bild einer Mensch genannten Maus, die auf der Suche nach dem absoluten Käse in jedes Loch im Kosmos hineinschlüpft.
Benjamin Decasseres

Im Gegensatz zum bedingten Ja, das uns der Relativismus als Antwort gibt, tröstet uns der Absolutismus mit einem bedingungslosen Ja: „Ja, es gibt einen Sinn im Leben." Wenn die Relativisten sagen, daß es Sinn im Leben gibt, wenn wir diesen Sinn erschaffen, sagen die Absolutisten schlicht und einfach, daß dem Leben ein von uns unabhängiger, objektiver, absoluter Sinn innewohnt, ein Sinn, der uns als Grundlage und Leitbild für unsere Handlungen und Gedanken dienen kann.

Dieser Werteabsolutismus läßt, anders als der Relativismus, nicht alles zu, sondern setzt objektive Regeln für Sinnhaftigkeit fest. Wer sein Leben an diesen Regeln ausrichtet, führt ein sinnvolles Leben. Und jedes Leben, das nicht entsprechend diesen Regeln gelebt wird, ist nicht wirklich sinnvoll. Damit umgeht der

Absolutismus das Problem der Willkür, unter dem der Relativismus leidet.

Die meisten Weltreligionen mit ihrem allmächtigen Gott, der allem Leben Sinn verleiht, einen absoluten und objektiven Sinn, der unabhängig von den Handlungen, den Gedanken und den Werten der Menschen ist, sind Paradebeispiele für diesen Werteabsolutismus.

Da dieser allmächtige Gott auch über Geburt, Leben, Leiden und Sterben der Menschen bestimmt und allem Sinn verleiht, stattet er unser Leben mit einem umfassenden Sinn aus, den der Relativismus alleine nicht erbringen kann.

> **Meine abschließende Meinung zum Mysterium des Lebens und so weiter lautet kurz gesagt: Das Universum ist wie ein Safe mit einem Kombinationsschloß. Leider liegt die Kombination in dem Safe.** *Peter De Vries*

Die am häufigsten gegen den Absolutismus ins Feld geführte Kritik lautet: Wenn es einen absoluten, alles durchdringenden Sinn des Lebens gibt, *worin besteht er?*

Jahrhundertelang haben zahllose, vor allem religiöse Philosophen uns versichert, daß es einen objektiven, absoluten Sinn im Leben und ebenso objektive und absolute Werte gäbe, nach denen wir unser Leben ausrichten müssen. Doch wenn wir anfangen, nach klaren und präzisen Angaben zu suchen, was denn genau dieser Sinn sei und welche genau diese Werte seien, werden wir schnell enttäuscht.

Die absolute Antwort

Vor kurzem wurde ich gebeten, in einem Hotel bei Dallas vor einer großen Gruppe von sehr klugen Zeitgenossen, Praktikern und Philosophen zugleich, über den Sinn des Lebens zu sprechen. Nach der ersten Stunde, in der ich ihnen einen Überblick über die verschiedenen Philosophien verschafft hatte, sagte ich ihnen, ich hätte es in all meinen Tagen als Philosoph, Professor und Student noch nie erlebt, daß irgend jemand in der Öffentlichkeit laut und deutlich gesagt hätte: „Der Sinn des Lebens ist..." und die Leerstellen tatsächlich auch ausgefüllt, uns eine wirkliche Antwort auf die Frage gegeben hätte, die uns alle beschäftigt.

Bei meiner Suche nach Antworten auf die Frage des Lebens fühlte ich mich genauso wie ein Mann, der sich in einem Wald verirrt hat. *Tolstoi*

Ich kenne keinen lebenden Philosophen, der einer einfachen, klaren Antwort auf diese Frage auch nur nahe gekommen wäre. Die meisten scheinen ebenso verloren vor der Frage nach dem Sinn zu stehen wie jeder andere auch. Aber, so sagte ich meinen Zuhörern bei der Konferenz in Dallas, in Notre Dame habe eine junge Studentin auf eine Antwort auf eben diese Frage gewartet, und so hätte ich beschlossen, eine Antwort zu finden, eine richtige, eine Hör-mich-an-und-nimm-mich-beim-Wort-Antwort. Ich sei, erklärte ich der Versammlung, an diesem Morgen sehr, sehr früh aufgestanden und hätte lange und tief nachgedacht, mir Fragen gestellt, Zusammenhänge analysiert und wäre im Zimmer auf- und abmarschiert, als es dämmerte und mir bewußt wurde, daß mir nicht mehr viel Zeit blieb, um zu einer Antwort zu gelangen. Aber das brauchte ich auch gar nicht. Nach einem geistigen Kraftakt, der sich mit nichts vergleichen ließ, was ich in meinem bisherigen Leben jemals getan hatte, hielt ich sie plötzlich in der Hand, die Antwort auf die endgültige Frage, die Frage nach dem Sinn des Lebens.

Ich war überrascht. Falls ich recht habe, dann haben alle großen absolutistischen Denker die Antwort auf die eine oder andere Art erahnt, dann ist sie die Grundlage so gut wie aller großen Religionen. Und doch ist sie ganz einfach.

So einfach, daß ich es, wie ich meinem Publikum in Dallas gestand, fast schon peinlich fand. Allerdings, warnte ich meine Zuhörer, sei sie ein klassisches Beispiel dessen, was man „täuschend einfach" nennt.

Daraus erkennt man, daß das, was wahr, einfach und rein ist, der Natur des Menschen am gemäßesten ist.   *Cicero*

Viele der größten Erkenntnisse der Menschheit sind sehr einfach und dennoch tiefgreifend und praktisch. Unklarheit ist kein Merkmal von Tiefe, egal wie viele Schriftsteller und Denker uns vom Gegenteil überzeugen wollen. Der mittelalterliche Philosoph William von Ockham hatte recht, als er warnte, wir sollten niemals einer Antwort trauen, die weniger einfach ist als eine, die die Frage ebensogut beantwortet.

Die Antwort, die ich an diesem Morgen fand, könnte auch auf einer vorgedruckten Glückwunschkarte stehen. Verstehen Sie mich nicht falsch. Ich habe nichts gegen Glückwunschkarten, viele davon sind überaus witzig, unterhaltend, bewegend oder weise. Aber der Sinn des Lebens? Die Veranstalter des Treffens hatten mich, einen Philosophen, vom anderen Ende des Kontinents eingeflogen und erwarteten von mir zu recht tiefschürfende Gedanken und Einsichten. Doch das, was ich ihnen mitzuteilen hatte, würde ihnen, da war ich mir ganz sicher, zuerst enttäuschend vorkommen angesichts seiner erkenntistheoretischen Klarheit. Meine Antwort ist weder geheimnisvoll noch auf irgendeine Art und Weise esoterisch, und ich frage mich, warum sie so vielen Menschen entgangen ist, warum sie sich mir selbst erst in meinen frühen Vierzigern und erst nach einer unglaublichen geistigen Kraftanstrengung offenbart hat.

Still fließt das Wasser, wo der Bach am tiefsten ist.
William Shakespeare

Irgendwie erinnerte mich die Situation an ein Erlebnis während eines Sommerlagers in meiner High-School-Zeit. Eines Tages brachen wir frühmorgens von dem Lager auf, um einen Berg zu besteigen, für mich das erste Mal, daß ich mit Seil und Haken kletterte. Zentimeter um Zentimeter, Meter um Meter zogen wir uns die Felswand hinauf, tasteten mit Fingern und Füßen im Fels nach kleinen Vorsprüngen und Rissen, rutschten ab, klammerten uns fest, versuchten, nicht nach unten zu blicken. Die Minuten dehnten sich, verwandelten sich in Stunden, und irgendwann fing ich an, mich wie ein Entdecker zu fühlen, wie ein Mann, der Wege ging, die vor ihm noch keines Menschen Fuß berührt hatte, der voller Wagemut ins große Unbekannte vorstieß, sein Leben aufs Spiel setzte, um auf einen Berg zu kommen, aus keinem anderen Grund als dem, daß er vor ihm aufragte. In Träumen und Selbstbewunderung schwelgend, zog ich mich über einen Felssims auf den Gipfel. Der Anblick, der sich mir dort bot, riß mich jäh aus meinen Träumen: Vor mir standen ein paar unserer Betreuer, die als Indianer verkleidet Fruchtbowle an die erschöpften Kletterer ausschenkten, die vor mir den Gipfel erreicht hatten.

Haben wir die höchsten Höhen der Philosophie errungen, nur um Fruchtpunsch zu trinken? Vielleicht, sagte ich den Zuhörern im Saal, wäre es besser, wenn ich meine Antwort für mich behielte. Freundliches Buhen und Zischen im Publikum. Und so gab ich sie ihnen: Der Sinn des Lebens ist – kreative Liebe. Liebende Kreativität.

Nicht mehr. Falls Sie einen Moment pausieren wollen, um Ihre anfängliche Enttäuschung zu überwinden, dann tun Sie es bitte, denn das hier ist *wichtig*. In dieser Antwort treffen sich Philosophie, Religion und Wirtschaftsleben. Die meisten von Ihnen, vermute ich, werden den Gedanken zurückweisen, daß diese Bereiche etwas miteinander zu tun haben. Und doch fließen in dieser Antwort alle drei zusammen. Der Sinn des Lebens ist die kreative, schöpferische Liebe. Nicht Liebe als ein inneres Gefühl, als eine individuelle Emotion, sondern als eine dynamische Kraft, die in die Welt hinausgeht und etwas Eigenes hervorbringt.

> **Der Akt des Schöpfens setzt eine dynamische Kraft voraus, und welche Kraft wäre dynamischer als die Liebe?**
> *Igor Strawinsky*

Liebende Kreativität. Im Wirtschaftsleben und im Leben allgemein bedeutet dies das schöpferische Errichten neuer Strukturen, neuer Beziehungen und die Arbeit an neuen Lösungen und Möglichkeiten für unsere Welt. Sie beruhen auf Liebe, der Achtung vor der Würde, der Integrität und den Werten unserer Mitmenschen. Das ist das Fundament für ein sinnvolles Leben, der Ursprung und Ausgangspunkt aller großen religiösen Traditionen, die Haltung, die wir im Leben aller Heiligen wiederfinden, die Kraft, die aus den Taten aller säkularen Helden spricht, der absolute Standard, an dem sich alle Relativitäten unseres Leben messen müssen.

Der Mensch ist vor allem das, was er erschafft.
Antoine De Saint-Exupéry

Die Relativisten hatten insofern recht, als sie glaubten, daß das, was wir tun und wie wir denken, unentwirrbar mit der Frage nach dem Sinn des Lebens zusammenhängt. Wer einfach nur zu Hause sitzt oder nur nach dem Lustprinzip lebt, führt kein sinnvolles Leben. Doch die eigentlichen existentiellen und absoluten Prinzipien kann der Relativismus auch nicht erklären – unsere Antwort aber kann es: Die Grundlage für den Sinn des Lebens ist eine Art schöpferischer Schönheit.

Vom religiösen Standpunkt aus betrachtet, gründet die Wahrheit dieser Einsicht in der Schöpfung, der Entstehung und Erhaltung des Universums. Unsere schöpferischen Tätigkeiten lassen sich somit als Antwort auf die Liebe verstehen, durch die wir entstanden sind.

Die Natur ist die Kunst Gottes.   *Dante Alighieri*

Was tun Sie? Was erbauen Sie? Worin liegt Ihre Kunst? Was erschaffen Sie, Tag für Tag? Orientiert sich Ihr Leben an der kreativen Liebe? Haben Sie in Ihrer Arbeit wenigstens gelegentlich Anteil an einer Tätigkeit, die mit Liebe und Kreativität ausgeführt wird? Angefangen von kleinen Dingen wie einem freundlichen Wort, einem Kollegen einen Gefallen erweisen oder einen wartenden Kunden zurückrufen, auch wenn Sie sich gar nicht danach fühlen, bis hin zu großen Dingen wie eine Beziehung zu einem neuen Kunden aufbauen, ein Unternehmen gründen, eine Abteilung reorganisieren, ein neues Produkt entwickeln oder einen neuen Markt erschließen – was immer Sie tun, erzeugt Sinn.

Das zielt exakt ins Herz des Corporate Spirit. Welche Vision treibt Ihre Kollegen an? Verstehen sie sich als Mitwirkende an einem Unternehmen, das schöpferisch tätig ist? Wissen sie, daß sie durch ihre Arbeit Sinn erzeugen? Erfahren sie ihre Arbeit als fundamentalen, kreativen Teil eines sinnvollen Lebens? Ist das nicht der Fall, werden Sie in ihren gemeinsamen Anstrengungen kaum jemals den dynamischen und für Spitzenleistungen unabdingbaren Unternehmensgeist erleben.

> **Jede Berufung ist groß, wenn sie im Großen verfolgt wird.**
> *Oliver Wendell Holmes Jr.*

In unseren Unternehmen erschaffen wir. Wir sind hier im Auftrag der liebenden Kreativität, um die kreative Liebe umzusetzen – eine große Berufung und das würdigste aller Ziele. Berufung und Ziel für jeden, dem es um gute Arbeit geht, auf allen Ebenen eines Unternehmens und außerhalb des unternehmerischen Kontextes.

Wir alle sind Unternehmer des Geistes, lebende und arbeitende Verkörperungen des Abenteuers „Schöpfung". In diesem Licht betrachtet, erscheinen unsere täglichen Anstrengungen eine sinnvolle Möglichkeit, unsere Zeit zu verbringen und unsere Kraft einzusetzen. In Liebe kreativ zu sein, das ist der Sinn des Lebens. Und der Sinn eines Unternehmens ist, wenn wir Glück haben, derselbe.

Veränderung und Sinn

Der tiefe Einblick in den Sinn des Lebens läßt uns die Veränderung – die die meisten Menschen in den Industriegesellschaften offenbar am meisten fürchten – in einem anderen Licht erscheinen. Ständige und fast schon schwindelerregend schnelle Veränderung scheint alle Bereiche des wirtschaftlichen Lebens erfaßt zu haben. Jede Branche ist davon betroffen, und nichts deutet darauf hin, daß sich daran etwas ändern wird.

> **Der Mensch ist, im Guten wie im Bösen, ein freier, schöpferischer Geist. Die Folge davon ist die überaus sonderbare Welt, in der wir leben, eine Welt der kontinuierlichen Schöpfung und deshalb auch der kontinuierlichen Veränderung und Unsicherheit.** *Joyce Cary*

Auch wenn sich die Welt heute so rasch wie nie zuvor zu ändern scheint, die Menschheit mußte schon immer mit dem Wandel leben. Bereits im alten Griechenland verkündete der Vorsokratiker Heraklit, Veränderung sei die einzige Konstante in der Welt. Und knapp 2000 Jahre später erklärte der große Wissenschaftler und Mathematiker Blaise Pascal, daß der Mensch selbst sich ständig verändere, ob er sich dessen bewußt sei oder nicht. Pascal setzte hinzu, daß, sollte er jemals seine Ansicht darüber ändern, dies nur die Richtigkeit seiner Aussage beweisen würde.

Veränderungen können beunruhigend, sogar bedrohend sein. Für viele Menschen sind Veränderungen schlichtweg erschreckend. Angesichts der zahllosen und rapiden Veränderungen – manche gut, andere weniger gut –, die die moderne Wirtschaft kennzeichnen, herrscht am Arbeitsplatz heute mehr Streß als jemals zuvor. Das beeinflußt unvermeidlicherweise sowohl die Arbeitszufriedenheit als auch den Corporate Spirit und – als Folge davon – die Produktivität.

> **Veränderung untergräbt des Menschen ruhige Stärke.** *Matthew Arnold*

In vielen Unternehmen hat die Angst vor Veränderungen fast schon lähmende und potentielle selbstzerstörerische Ausmaße angenommen. Was hin und wieder als Tradition bezeichnet wird –

das Beharren darauf, die Dinge auf althergebrachte Art und Weise zu tun, und der Widerwille dagegen, sich an veränderte Umstände anzupassen –, ist oftmals nichts anderes als Stagnation. In der Mehrzahl der Fälle ist das die Folge einer Führungssituation, die der Wirtschaftswissenschaftler Kenneth Galbraith einmal als „die Langweiler führen die Langweiler" charakterisierte. Zeiten der Veränderung sind Zeiten der Herausforderung und – denke ich – aufregende Zeiten. Sie sind auf jeden Fall Zeiten, die kreative, flexible und verantwortungsbewußte Führungskräfte verlangen.

Veränderung erscheint Menschen vor allem dann bedrohlich, wenn sie keinen festen Boden unter den Füßen spüren. Wer über ein Fundament aus unerschütterlichen Werten verfügt, ist besser gerüstet, einem Sturm zu trotzen. Genau aus diesem Grund ist die beste Art der Führung in Zeiten des Wandels eine werteorientierte Führung. Wenn Arbeitgeber und Arbeitnehmer wissen, daß sie bestimmte, grundlegende Werte wie die vier transzendenten Tugenden der Wahrheit, Schönheit, des Guten und der Einheit mit den dazugehörigen Werten wie Respekt, Integrität und Vertrauenswürdigkeit teilen, können sie auch im Angesicht umwälzender Veränderungen gemeinsam und mit gegenseitigem Vertrauen den Herausforderungen begegnen.

Wir Menschen sehnen uns nach Sicherheit und fühlen uns durch Unsicherheit bedroht. Man könnte fast den Eindruck gewinnen, der Zweck des Lebens bestehe darin, die Arbeit und alle anderen Lebensaktivitäten so sicher, bequem und gleichförmig wie nur möglich zu erledigen. Aber wir sind nicht auf der Welt, um zu stagnieren, um zu schlafwandeln oder dahinzuvegetieren. Die Herausforderung, die im Wandel liegt, ist etwas sehr Positives und Wichtiges, etwas, das wir alle schätzenlernen müssen.

> **Es liegt ein gewisses Maß an Erleichterung in jeder Veränderung, und sei es eine Veränderung vom Schlechten zum noch Schlechteren, so wie ich bei Fahrten in der Postkutsche herausfand, daß es manchmal eine Wohltat ist, wenn man seine Position verändern und sich an einer anderen Stelle eine Beule holen kann.** *Washington Irving*

Veränderung ist die Voraussetzung für kreatives Wachstum. Und kreatives Wachstum im positiven Sinn ist der Sinn des Lebens. Aus diesem Grund gehören Veränderungen zum Sinn des Lebens. Vor einer Veränderung muß man sich nicht fürchten, sie ist vielmehr eine Herausforderung, der wir uns – egal, wie groß sie ist – stellen müssen. So sind es denn genau auch die Zeiten, in denen wir den größten Problemen gegenüberstehen, die uns die besten Chancen für positives, kreatives Wachstum eröffnen.

Letztendlich dürfen wir nicht vergessen, daß wir niemals der werden, der wir werden wollen, wenn wir bleiben, wie wir sind.
Max DePree

Vor kurzem las ich *The Measure of My Days*, ein bemerkenswertes Buch, in dem die Autorin, Florida Scott Maxwell, ihr langes Leben Revue passieren läßt. Lassen Sie mich daraus einige Passagen zitieren, die mich besonders bewegten:

Zähigkeit ist eine Eigenschaft, die, so heißt es, durch widrige Umstände gefördert wird, und ich habe sie immer als eine stimulierende Tugend empfunden.

Ich mag Menschen, die zäh sind, und das heißt wohl, daß ich Menschen mag, die durch Entbehrung und Not diszipliniert wurden. So ist es auch. Es sind, finde ich, realistische Menschen, die sich nicht leicht einschüchtern lassen und selten unvernünftig sind. Und dies bedeutet, daß eben die Not im Leben, die mich so schmerzt, genau die Eigenschaften hervorbringt, die ich bewundere.

Seit einiger Zeit frage ich mich, ob es all die Not deshalb gibt, weil wir so schwer begreifen, daß das Leben uns dazu bestimmt hat, heroisch zu sein, und von uns Größe verlangt? Das ist das Ziel und der Grund des Lebens, und wir armen Narren versuchen seit Jahrhunderten, es bequem und bestimmbar und unserem Willen gefügig zu machen.

Woran ich mich klammere wie an ein Werkzeug oder eine Waffe in der Hand eines Mannes, der sie zu gebrauchen weiß, ist der Glaube daran, daß Schwierigkeiten die Würde und den Reiz des Lebens ausmachen.

Wenn es uns gelingt, uns wieder zu etwas berufen zu fühlen, uns nicht mit der Mittelmäßigkeit zufriedenzugeben, sondern danach zu streben, unsere eigene, persönliche Größe zu erreichen, wenn wir lernen, den Sinn des Lebens im kreativen und liebevollen Streben zu erkennen, sind wir auf dem besten Wege, das Phänomen der permanenten Veränderung mit anderen Augen zu betrachten.

Es gibt, muß man zugeben, einen Grad an Instabilität, der mit der Zivilisation unvereinbar ist. Doch insgesamt waren die Zeiten großer Errungenschaften stets auch Zeiten großer Instabilität. *Alfred North Whitehead*

Konfuzius sagte einst: „Wer in Glück und Weisheit beständig ist, muß sich verändern." Und, könnte man hinzufügen, auch der, der in Glück und Weisheit über sich hinauswächst.

6

Die Schönheit des Geschäftslebens

Das Geheimnis des Lebens liegt in der Kunst. *Oscar Wilde*

Stellen Sie sich Michael Jordan in einer Welt ohne Basketball vor. Oder Tiger Woods, Bernhard Langer und Jack Nicklaus in einer Welt ohne Golf. Joe Montana in einer Zeit, als es noch kein Baseball gab; Boris Becker, Pete Sampras, Steffi Graf und Martina Hingis ohne Tennis; Stephen Hawking, Albert Einstein oder Isaac Newton ohne die Wissenschaft. Alle diese Menschen erlangten Größe und Ruhm innerhalb einer bereits existierenden Struktur, einer Ordnung, die ihnen erlaubte, ihre Talente zu entdecken und zu entwickeln und zum Nutzen anderer oder zu ihrem eigenen Vorteil einzusetzen und dabei diese Struktur weiterzuentwickeln. Stellen Sie sich Picasso oder Rembrandt ohne Farbe und Leinwand vor, Mozart und Beethoven ohne den Notenschlüssel – oder, um das Ganze auf die Spitze zu treiben, Downsizing-König Al Dunlap ohne Arbeitnehmer.

Um unser Potential möglichst voll ausschöpfen zu können, sind wir als Menschen auf Strukturen angewiesen. Und genau darum geht es im Wirtschaftsleben: um die Kunst, Beziehungs- und Verhaltensstrukturen zu erschaffen, zu erhalten und zu verfeinern, in denen wir im Rahmen unserer Fähigkeiten wachsen, Erfolg haben und leben können. Das ist die Schönheit des Geschäfts.

Weisheit ist die Bilanz der Vergangenheit, Schönheit das Versprechen der Zukunft. *Oliver Wendell Holmes*

Was sind wirtschaftliche Aktivitäten?

Was genau meinen wir tatsächlich, wenn wir vom „Business", von wirtschaftlichen Aktivitäten sprechen? Seit die Geschichte der Menschheit aufgezeichnet wird, spielen Handwerk und Handel eine zentrale Rolle in allen Gesellschaften. Doch noch nie in der Geschichte war die Bedeutung des wirtschaftlichen Sektors, der Industrie und des Handels so weitreichend und beherrschend wie heutzutage.

In den letzten 100 Jahren entwickelte sich die Wirtschaft schneller als jeder andere Bereich der Gesellschaft. Wirtschaftliche, sprich unternehmerische Interessen dominieren und lenken heute so gut wie alle anderen Aktivitäten. Die Wissenschaft ist zum Big Business geworden, Sport sowieso und die Kunst ebenfalls.

Die Anforderungen und Ziele der Wirtschaft legen den Kurs der Zivilisation fest und bestimmen in hohem Maße darüber, wie wir unser alltägliches Leben führen.

Aber was sind das eigentlich, wirtschaftliche Aktivitäten? Besteht ihr Sinn und Zweck nur darin, Gewinne zu erwirtschaften, wie wohl die meisten auf diese Frage antworten würden? Oder Reichtum zu erzeugen, die Bedürfnisse von Menschen zu befriedigen? Ist, wie manche meinen, die (Markt-)Wirtschaft der Motor der Demokratie? Ist Wirtschaft, bildlich gesprochen, Krieg? Ist sie ein Spiel? Oder sind wirtschaftliche Aktivitäten, abgehoben von allen anderen menschlichen Aktivitäten betrachtet und getreu dem Motto, Geschäft ist Geschäft, eben nur das, isolierte Aktivitäten im wirtschaftlichen Raum? Wir haben uns, wie es scheint, noch nicht ausreichend mit der Frage beschäftigt, was die Welt der Wirtschaft genau ist.

Die Vielfalt, Komplexität, Geschäftigkeit und der außergewöhnliche Erfolg des wirtschaftlichen Sektors in der modernen Gesellschaft sollte uns eigentlich in Erstaunen versetzen. Und da, wie Aristoteles glaubte, die Philosophie mit dem Staunen beginnt, führt die Auseinandersetzung mit wirtschaftlichen Aktivitäten uns quasi automatisch zur Philosophie.

Anders ausgedrückt: Wenn wir uns Fragen über das Wesen und

die Natur wirtschaftlicher Aktiväten stellen, so müssen das immer auch philosophische Fragen sein. Nur wenn wir das Warum und Weshalb dessen verstehen, was wir tun, können wir Weisheit und Einsicht erlangen.

In unserer Kindheit und Jugend fangen wir von ganz alleine an, philosophische Fragen zu stellen. Ich erinnere mich noch gut daran, als mein Sohn Matt mir seine erste philosophische Frage stellte. Eines Tages, Matt war gerade drei Jahre alt geworden, kam ich von der Arbeit nach Hause und sah ihn zusammen mit Roo, unserem alten Hund, im Eßzimmer. Matt stand vor dem unsicher mit dem Schwanz wedelnden Roo und starrte ihn an, ohne einen Mucks zu machen. Ich ging vom Wohnzimmer in die Küche und beobachtete die beiden weiter. Der gleiche Anblick. Matt starrte Roo unverwandt an, und der arme Hund, der nicht wußte, wie ihm geschah, sah sich nervös um. Neugierig geworden, ging ich in das Zimmer und stellte mich neben sie. Schließlich wandte Matt seinen Blick ab und sah mich mit großen Augen an. „Dad, *weiß* Roo, daß er ein Hund ist?"

Was für eine Frage! Weiß Roo, ob er ein Hund ist? Versteht er, daß er kein Mensch ist wie wir, daß er ein Haustier ist, daß er *uns* gehört? Oder meint er, daß er uns *benutzt*? Eine zutiefst philosophische Frage, gestellt von einem Dreijährigen.

Warum hören wir als Erwachsene auf, uns solche Fragen zu stellen? Weil wir sonst nie etwas zustande bringen würden? Das ist zwar ein guter Grund, uns zu mäßigen, aber noch lange kein Anlaß, das Philosophieren gleich ganz aufzugeben. Wir könnten gut etwas von dem naiven Erstaunen gebrauchen, das wir als Kinder hatten, und anfangen, uns wieder große Fragen über die Welt um uns herum zu stellen, wie zum Beispiel „Was sind das eigentlich, wirtschaftliche Aktivitäten?"

> **Das Offensichtliche zu analysieren verlangt einen sehr ungewöhnlichen Geist.** *Alfred North Whitehead*

Die Kunst, gut zu leben

In seiner berühmten Schrift *Politica* untersuchte Aristoteles die grundlegende Natur der menschlichen Gesellschaft. Warum leben Menschen zusammen? Was geschieht, wenn Individuen sich mit anderen Individuen zusammenschließen, statt sich allein durch das Leben zu schlagen? Aristoteles behandelte vornehmlich die Funktionsweise der Polis, des griechischen Stadtstaates, wollte darüber aber zu einem allgemeineren, universellen Verständnis gelangen. Nach langem und intensivem Nachdenken über die Polis kam er zu dem Schluß: „Die Stadt … ist eine Gemeinschaft von Ebenbürtigen zum Zwecke eines möglichst guten Lebens."

Denken Sie einen Moment über diesen Satz nach. Sehen wir in Städten nicht meistens eine bloße Anhäufung von Häusern und Menschen? Als eine Zusammenballung von Individuen und Familien und Gruppen, die arbeiten und lieben und kaufen und verkaufen und rauben und morden und reden und schreien und …? Städte sind das, zweifellos, aber sie sind auch mehr.

Aristoteles entdeckte eine ideale Einheit inmitten der Vielfalt einer Stadt, die er als „Partnerschaft für ein gutes Leben" definierte. Als Philosoph erkannte er in der Stadt eine Partnerschaft, die man aus einem ganz bestimmten Grund eingeht, nämlich dem, *gut zu leben,* seine Fähigkeiten auszubilden, Höchstleistung erreichen zu können. Das ist der eigentliche Grund, warum wir in Städten zusammenleben.

Eine Stadt ist, unabhängig von ihrer Größe und Komplexität, zunächst und vor allem eine organisierte Gruppe von Menschen, eine Struktur, innerhalb derer Menschen leben und arbeiten. Klingt das nicht irgendwie vertraut? Wo begegnet uns zum ersten Mal in unserem Leben eine organisierte Gruppe von Menschen? Welches ist die natürliche erste Struktur, innerhalb derer Menschen leben und arbeiten? Es ist natürlich die Familie. Als was sollten wir demnach unsere Familien verstehen? Von einer aristotelischen Warte aus betrachtet, ist die Familie – wie die Stadt – eine Partnerschaft für ein gutes Leben.

Und was ist mit der Nachbarschaft, ist sie auch eine Partnerschaft für ein gutes Leben? Warum nicht? Aber erinnern Sie sich an die Frage meines Sohnes: „Weiß Roo, daß er ein Hund ist?" Ich glaube, daß heute jeder von uns sich fragen muß, ob seine Familie sich bewußt ist, daß sie eine Partnerschaft für ein gutes Leben ist, ob seine Nachbarschaft, die Stadt, in der er lebt, „wissen", daß sie – im Idealfall – Partnerschaften für ein gutes Leben darstellen. Wo immer die Antwort nein lautet, werden wir einer Vielzahl von Problemen begegnen.

Jetzt ist es an der Zeit, uns wieder unserer Eingangsfrage zu widmen: „Was sind wirtschaftliche Aktivitäten?" Oder, konkreter gefragt: „Was sind Unternehmen?" Wie eine Familie, eine Nachbarschaft oder eine Stadt müssen wir Unternehmen als Partnerschaften für ein gutes Leben verstehen. Geschäftsbeziehungen, gleich welcher Art, sollten stets als Teil einer Partnerschaft für ein gutes Leben gesehen werden.

Ein Unternehmen ist nicht primär ein oder mehrere Gebäude mitsamt Maschinen und Einrichtungen, und auch nicht bloß eine Reihe organisatorischer Strukturen und Arbeitsprozesse, deren Zweck sich in der Bereitstellung eines bestimmten Produkts oder einer bestimmten Dienstleistung erschöpft. Ein Unternehmen ist immer auch eine Partnerschaft von Menschen, die auf verschiedenste Art und Weise daran arbeiten, sich selbst und anderen ein besseres Leben zu ermöglichen.

Meiner Überzeugung nach müssen alle Mitarbeiter eines Unternehmens als Partner des Managements gesehen werden, als Partner der Lieferanten und Kunden, Partner für das ultimative, gemeinsame Ziel eines besseren Lebens. Im Idealfall sollen nicht nur die Beschäftigten von den Aktivitäten eines bestimmten Unternehmens profitieren, sondern auch alle anderen, die davon in irgendeiner Weise betroffen sind.

Die Kunst des Lebens

Egal, wie zahlreich, komplex und unterschiedlich die Tätigkeiten sind, die wir unter dem Begriff „wirtschaftliche Aktivitäten" zusammenfassen, sie alle weisen eine zentrale Gemeinsamkeit auf. Es sind Aktivitäten, die Strukturen hervorbringen, erhalten und verändern, innerhalb derer Individuen Partnerschaften für ein besseres Leben eingehen können. Idealerweise erzeugen diese Aktivitäten Strukturen, die uns erlauben zu wachsen, uns zu entwikkeln und uns und andere mit den für ein gutes Leben notwendigen Dingen zu versorgen.

Die Strukturen wirtschaftlichen Handelns zählen demnach mit zu den grundlegenden Voraussetzungen, die es uns erlauben, ein schöpferisches Leben zu führen. Das ist es, was ich als die Schönheit des Geschäftslebens bezeichne. Die Schönheit dessen, was es sein kann – und sein soll. Die Kunst wirtschaftlichen Handelns besteht darin, Strukturen hervorzubringen, innerhalb deren fruchtbare Partnerschaften zwischen Menschen entstehen können, Partnerschaften für ein besseres Leben.

Säße Aristoteles auf dem Chefsessel, würde jeder Mitarbeiter sein Unternehmen als eine große Partnerschaft betrachten, in der zahllose kleinere Partnerschaften existieren, die jede für sich darauf abzielt, ein besseres Leben möglich zu machen. Auch als Chef des Gemüseladens an der Ecke würde Aristoteles seinen Mitarbeitern diese Sichtweise lehren. Sehen Sie sich immer als jemanden, der mit anderen Menschen Partnerschaften für ein besseres Leben eingeht. Ein solches Selbstverständnis hilft uns bei vielen der Entscheidungen, vor denen wir heute stehen. Wir müssen uns fragen, ob das, was wir tun wollen, diese entscheidende Funktion unseres Unternehmen stärkt oder schwächt, ob wir – anders gefragt – mit unseren Handlungen Partnerschaften für ein besseres Leben fördern.

Indem wir in unseren Unternehmen und in unseren wirtschaftlichen Beziehungen solche Strukturen entwickeln, erhalten, verfeinern und verbessern, eröffnen wir unseren Kollegen die Möglichkeit, die ihnen eigenen Talente und Fähigkeiten zu entdecken, zu entwickeln und einzusetzen. Wir helfen den Menschen, die mit uns arbeiten, zu wachsen. Wir können ihnen sogar helfen, Stars zu werden, Superstars, die Michael Jordans der Verkaufs- und Versandabteilung, der Buchhaltung, des Kundendienstes. Und wir können zum Wachstum aller beitragen, die von unseren Aktivitäten profitieren – dem unserer Kunden, unserer Lieferanten und der Gesellschaft, in der wir leben.

Was also ist das, wirtschaftliches Handeln? Es ist die Kunst, Wachstum zu ermöglichen, und Wachstum ist die Essenz des Lebens. Und daraus folgern wir: Wirtschaftliches Handeln ist ein zentraler Bestandteil der Kunst des Lebens.

> **Ich will dir helfen, zu der Vision der Schönheit heranzuwachsen, die GOTT von dir hatte, als ER das erste Mal an dich dachte.** *George Macdonald*

Würde jeder Geschäftsführer, jeder Manager, jeder Angestellte und jeder Arbeiter die Haltung des Theologen George Macdonald teilen, die Arbeitswelt wäre eine ganz andere als die, die wir heute kennen. Sie wäre ein Ort, an dem die Kunst des Lebens, die Kunst des guten Lebens betrieben würde.

Menschliche Unternehmen und menschliches Wohl

Auf der Grundlage von Aristoteles und der jüdisch-christlichen Denktradition können wir definieren, was das Allerbeste für uns ist:

Partnerschaften für ein gemeinsames Ziel

Lassen Sie mich kurz die einzelnen Bestandteile dieser Regel kommentieren. Wann immer Einzelpersonen in einer produktiven Partnerschaft zusammenarbeiten, teilen sie idealerweise Ziele, die ihren tiefsten inneren Werten entsprechen und die durch gegenseitiges Ergründen und Entwickeln formuliert werden. Zu einer solchen wirklichen Partnerschaft tragen alle Beteiligten ihr Wissen und Können bei. Sie respektieren und achten einander gegenseitig. Die Menschen in einer idealen Partnerschaft handeln moralisch verantwortlich und bringen sich in ihren gegenseitigen Beziehungen Wertschätzung und Liebe entgegen.

141

Paul Singer, Gründer und lange Zeit Präsident von Paul Singer Floor Coverings in Südkalifornien, einem gutgehenden Unternehmen, ist ein Mann mit Charisma. Innerhalb von sechs Tagen hatte ich zweimal das Vergnügen, ihn auf großen Versammlungen im Umgang mit Vertriebsmitarbeitern aus dem ganzen Land beobachten zu können. Singer konnte keinen Raum betreten, ohne nicht gleich in der ersten Minute von mindestens sechs Leuten umarmt zu werden. In Gesprächen mit Mitarbeitern, die er vor Jahren eingestellt hatte, wurde er mit einem Superlativ nach dem anderen bedacht.

Schließlich fragte ich ihn nach dem Geheimnis seiner fast schon mit Händen greifbaren Anziehungskraft. Wie hatte er es fertiggebracht, eine so beeindruckende Gemeinschaft höchst intelligenter, redegewandter, tatkräftiger und begeisterter Mitarbeiter aufzubauen? Und was mußte ich tun, um wie er von einer Umarmung zur nächsten weitergereicht zu werden, sobald ich einen Raum betrat?

„Sie müssen den Menschen Liebe und Anerkennung entgegenbringen", antwortete er. „Liebe und Anerkennung." Worte, die ich bis dahin noch aus keinem Mund eines CEOs oder einer anderen Führungskraft gehört hatte. Ich mußte daran denken, was der prominente Harvard-Philosoph und Psychologe William James nach der Veröffentlichung seines Hauptwerkes *Psychologie* im Jahre 1890 gesagt hatte. Die schlimmste Unterlassungssünde in seinem Werk bestehe darin, hatte James erklärt, die wichtigste Ursache menschlicher Motivation nicht berücksichtigt zu haben: das Bedürfnis nach Anerkennung.

In diesem Zusammenhang machte ich während eines Seminars mit 50 Sportmanagern aus dem gesamten Land eine sehr aufschlußreiche Erfahrung. Gegen Ende einer Sitzung, in der es um Erfolg am Arbeitsplatz ging, legte ich eine unbeschriftete Folie auf den Overhead-Projektor und teilte das Blatt mit einem vertikalen Strich in zwei Hälften.

Über die linke Spalte schrieb ich „Schlagworte für Unternehmenserfolg" und forderte die Gruppe auf, mir Kerneigenschaften erfolgreicher Unternehmen zu nennen. Sofort fingen einige der Leute an, Begriffe wie „Führung", „Empowerment", „Qualität",

„Service" und „Reengineering" in den Raum zu rufen. Es war, als würden Maiskörner in einem Topf aufpoppen. So schnell ich konnte, schrieb ich die Begriffe in die linke Spalte, bis wir über ein Dutzend Ausdrücke gesammelt hatten.

Dann deckte ich die Liste zu. Über die rechte Spalte, die jetzt als einzige sichtbar war, schrieb ich: „Ideale Freundschaften und ideales Familienleben." Wiederum forderte ich die Gruppe auf, mir ein paar Schlagworte zu nennen. Nichts, absolutes Schweigen im Raum. Ich wischte die Worte aus und schrieb statt dessen: „Welche Qualitäten und Eigenschaften machen gute Familien und Freundschaften aus?" Wieder nichts. Erst vor ein paar Minuten hatten sie mir einen Begriff nach dem anderen an den Kopf geworfen, und jetzt fiel ihnen nichts mehr ein. Man hätte annehmen können, jeder einzelne aus der Gruppe sei in einem Kinderheim und nicht im Schoß einer Familie aufgewachsen. „Was ist?" drängte ich. „Ein Schokoriegel für jeden ernsthaften Vorschlag." Hinten im Raum erhob ein Mann zögernd seine Hand und sagte mit sehr unsicherer Stimme: „Liebe?"

„Sehr gut! Liebe!" rief ich und warf ihm einen Schokoriegel zu. Ich ermutigte die Gruppe, mir noch eine Eigenschaft zu nennen, die für eine gute Freundschaft und ein gutes Familienleben unerläßlich ist. Dieses Mal war es eine Frau, die einen Versuch wagte: „Anerkennung?"

„Ja, Anerkennung!" Ich schrieb das Wort direkt unter „Liebe". An diesem Punkt schienen die Leute Vertrauen zu fassen, und nach und nach bekam ich, wenn auch tröpfelnd, noch „Nachsicht", „Wachstum" und „Respekt".

Das ging so weiter, bis auf der rechten Seite ungefähr so viele Begriffe standen wie auf der linken. Ich zog das Deckblatt von der linken Seite, und wir konnten die Begriffe auf beiden Seiten miteinander vergleichen.

Schlagworte für Unternehmenserfolg	Ideale Freundschaften und ideales Familienleben
Führung	Liebe
Empowerment	Anerkennung
Qualität	Nachsicht
Service	Wachstum
Disziplin	Respekt
Maximierung	Unterstützung
TQM	Verständnis
Reengineering	Sympathie
Eigentum	Geben
Teamwork	Kommunikation
Intrapreneuring	Sorge
lernende Organisationen	Vertrauen
Fokussierung	Aufrichtigkeit

Es dauerte nicht mehr als ein paar Sekunden, bis einer der Anwesenden das in den Raum rief, was uns allen schlagartig klar geworden war. Nicht ein einziges Wort tauchte zweimal, also auf beiden Seiten der Liste, auf.

Die neue Nachbarschaft in der Arbeit

Praktisch alle Menschen, mit denen wir tagtäglich zusammenarbeiten, deren Gedanken und Tätigkeiten mit darüber entscheiden, ob wir in unseren Unternehmungen Erfolg haben oder nicht, sind in Familien aufgewachsen, sind Menschen, die in ihrem Leben Freundschaft brauchen. Aber wie viele von ihnen kommen aus intakten Familien? Man braucht nur einen Blick in die Zeitungen und Zeitschriften zu werfen, dem Gerede in der Nachbarschaft oder in der Arbeit zu lauschen oder ab und an fernzusehen. Die Kernfamilie, die aus Eltern und Kindern bestehende Kleinfamilie, ist heute so zersplittert wie niemals zuvor in modernen Zeiten. Und wer von uns kennt schon noch die Geborgenheit, die eine Großfamilie bietet? Den größten Teil meines Ehelebens verbrachte ich mehr als 1000 Meilen von meinen Verwandten entfernt, und das gleiche gilt für meine Frau. Unsere Gesellschaft ist gekennzeichnet durch eine extreme Mobilität. Das, was für die Mehrzahl von uns bis vor wenigen Jahrzehnten noch die Norm war, kennen wir fast kaum mehr: Viele von uns wachsen weder in der Gesellschaft ihrer Großeltern auf, noch leben ihre Onkel, Tanten, Vettern und Kusinen über der Straße oder wenigstens in derselben Stadt.

Seit Urzeiten, seit es Stämme und Dörfer gibt, bildete die Nachbarschaft eine der zentralen Instanzen des menschlichen Zusammenlebens. Selbst in nomadisch lebenden Völkern gab es enge Gemeinschaften von Menschen, die gemeinsam herumzogen, ihre Nachbarschaft sozusagen „mitnahmen", wenn sie ihr Lager an einem neuen Ort aufschlugen. Sehen Sie sich doch einmal ein paar alte Familienfilme an oder unterhalten Sie sich mit älteren Verwandten (am Telefon, höchstwahrscheinlich). Sie werden Dinge zu sehen und zu hören bekommen, die wie Relikte aus einer längst vergangenen Zeit anmuten. Kaum jemand kennt noch seine Nachbarn. Vielleicht haben Sie ja schon einmal der Familie unten an der Straße zugewinkt oder mit dem Mann von gegenüber ein paar Worte gewechselt, damals, als er seinen Rasen noch selbst mähte und noch keinen Gartenpflegeservice damit beauftragt hatte. Doch die Wahrscheinlichkeit ist groß, vor allem wenn Sie in einem besseren Viertel leben, daß Sie die Leute in Ihrer Straße nicht so gut kennen wie das früher gang und gäbe war. Was steckt hinter dem Trend zum „Cocooning", dem Rückzug hinter die eigenen vier Wände, der vor allem in Amerika, aber auch in den meisten anderen Industrienationen beobachtbar ist? Sind die Straßen vermint? Schleichen gefährliche Raubtiere durch die Vorgärten und Hinterhöfe? Warum wagt sich fast niemand mehr auf einen kleinen Plausch mit dem Nachbarn über die Straße?

Wir scheinen noch gar nicht erfaßt zu haben, was wir da verloren haben. In Notre Dame erklärte mir ein junger Student, der aus einem winzigen Nest im Mittleren Westen stammte, warum er als

Kind nie etwas Ernsthaftes angestellt hatte. „Wenn ich bei uns im Dorf etwas anstellte, wußte ich ganz genau, daß ich von sechs Leuten den Hintern versohlt bekommen würde, noch bevor meine Mutter überhaupt etwas von dem Malheur wußte."

Das erinnerte mich an ein altes und heute wieder oft zitiertes afrikanisches Sprichwort: „Man braucht ein Dorf, um ein Kind zu erziehen." Disziplin, Geborgenheit, ein Gefühl der Zugehörigkeit, der Verbundenheit, Weisheit, die über die Generation hinweg weitergegeben wird, das sind Dinge, die jeder Mensch in seinem Leben braucht.

Unser Wertesystem und unsere Weltsicht sollten, so scheint mir, ebensosehr Teil unseres Arbeitslebens sein wie sie Teil unseres Lebens in unseren Familien, Kirchen und unseren sonstigen Aktivitäten und Gruppen sind. *Max DePree*

In seinem bemerkenswerten Buch *Love and Profit: The Art of Caring Leadership* lenkt James Autry, vormals Präsident der Meredith Publishing Group, unsere Aufmerksamkeit auf eben diese Entwicklung und auf eine damit zusammenhängende, wichtige Erkenntnis: Die meisten Menschen verbringen heutzutage den Großteil des Tages am Arbeitsplatz. Die Abteilung oder das Team, folgert Autry, ist die moderne Form der Großfamilie – oder könnte es zumindest sein. Seiner Auffassung nach besitzen Unternehmen heute die einmalige Möglichkeit, ihren Mitarbeitern ein neue Form der Erfüllung am Arbeitsplatz zu verschaffen und dadurch ihre Loyalität zu verstärken, indem sie diejenigen menschlichen Urbedürfnisse stillen, die nicht länger durch traditionelle Lebensformen erfüllt werden: das Bedürfnis nach Liebe und Anerkennung, nach Respekt und Nachsicht, nach Wachstum und Unterstützung.

Vor nicht allzu langer Zeit wurde ich als Redner zu einem Wochenendseminar mit zahlreichen Führungskräften nach New Mexico eingeladen. Im Konferenzzimmer legte ich die oben erwähnte Liste auf den Overhead-Projektor und fragte die Teilnehmer nach ihrer Meinung zu diesem offensichtlichen Widerspruch zwischen dem persönlichen und dem beruflichen Bereich. Ihre Reaktion war sehr interessant. Die Schlagworte auf der linken Seite würden, waren sich die versammelten Unternehmensführer überraschend schnell einig, niemals zu dem gewünschten Erfolg führen, solange sie nicht in den Werten wurzelten, die die persönlichen Eigenschaften auf der rechten Seite der Liste repräsentierten.

Effektives Teamwork setzt ein Klima des gegenseitigen Vertrauens und Verstehens voraus. Erfolgreiche Führung muß auf Liebe und Anerkennung gründen.

Und ohne Rücksicht auf die auf der rechten Seite aufgeführten „menschlichen" Eigenschaften erschöpft sich Reengineering im bloßen Herumpfuschen, das uns vom Regen in die Traufe oder, um mit dem antiken Theologen Tertullian zu sprechen, „aus der Bratpfanne ins Feuer" bringt. Die Vernachlässigung des menschlichen Aspekts ist der Hauptgrund dafür, warum so viele Menschen in so vielen Unternehmen sich mehr als Opfer und weniger als Nutznießer der modernen, auf Produktivitätssteigerung ausgelegten Managementtechniken und Restrukturierungsmaßnahmen empfinden.

Obwohl die Wirtschaftsblätter und Regale in den Fachbuchhandlungen überquellen vor Beiträgen, Abhandlungen, Aufsätzen und Büchern, die sich mit der linken Seite der Liste beschäftigen, den äußeren Voraussetzungen für Unternehmenserfolg, lesen wir in der Fachpresse so gut wie nichts über die dahinterstehenden menschlichen Bedürfnisse.

Ist im *Harvard Business Review* jemals ein Artikel über die Rolle der Nachsicht im menschlichen und damit auch im Leben von Unternehmen erschienen? Nicht, daß ich wüßte. Warum auch? Schließlich handelt es sich dabei doch nur um nicht quantifizierbare, „weiche" „Gefühls"-Themen. Unsinn. Es sind Themen, die an zutiefst menschlichen Eigenschaften rühren. Und solange es Menschen sind, die die Arbeit machen, Entscheidungen treffen, Verträge abschließen, Produkte und Dienstleistungen nutzen und die Zukunft planen, müssen das die wichtigsten Themen sein – nicht die am meisten ignorierten.

Die Schönheit des Geschäftslebens und die Kunst des Lebens

Die Schönheit des Geschäftslebens liegt darin, daß innerhalb ihrer Strukturen diese menschlichen Bedürfnisse sehr effektiv und mit hervorragenden Ergebnissen befriedigt werden können, vorausgesetzt, daß wir uns auf sie konzentrieren, daß sie den Kern des großen Ganzen bilden und unsere Arbeit strukturieren.

Tun wir das, dann besitzen wir eine Karte, nach der zu steuern sich lohnt, Maßstäbe, anhand derer wir unsere Entwicklung bewerten und an denen wir unsere Entscheidungen ausrichten können.

Die Schönheit des Geschäftslebens ist, letztendlich, die Kunst des Lebens. Ein zentraler Aspekt der ästhetischen Dimension des menschlichen Lebens ist das aktive Erfahren und die aktive Beteiligung an sinnvoller Schöpfung. Und aus eben diesem Grund ist Empowerment – die Ausweitung des kreativen Handlungsspielraums und der Entscheidungsfreiheit auf so viele Hierarchiestufen wie nur möglich – von so entscheidender Bedeutung. Kein Mitarbeiter wird in dem Erfüllung finden, was er tut, und das Maß an persönlichem Glück empfinden, das zu erreichen ihm möglich ist, solange die ästhetische Dimension seiner Erfahrung von den Menschen um ihn herum und in seinen Arbeitsbedingungen nicht respektiert und gefördert wird.

Wir alle müssen auf unsere Weise dazu beitragen, den Boden zu bereiten, auf dem unsere Mitarbeiter als Menschen wachsen und auch in der Arbeit künstlerisch tätig sein können. Und das gilt für alle Unternehmensebenen. Es braucht nicht immer Pinsel und Leinwand – selbst der einfachste Job kann mit großem künstlerischen Talent ausgeführt werden.

> **Ein großer Künstler kann auch auf einer kleinen Leinwand ein großes Bild malen.**   *C. D. Warner*

Wir dürfen nie vergessen, daß das Ästhetische uns alle angeht. Jeder Mitarbeiter, jeder Kunde oder Lieferant ist ein potentieller Partner für ein besseres Leben. Die Schönheit und Kunstfertigkeit der Arbeit ist unser aller Angelegenheit. So gesehen ist auch die Wiederentdeckung des Corporate Spirit und die Wiedererrichtung eines neuen Fundaments für dauerhafte Spitzenleistungen in modernen Unternehmen eine Aufgabe, an der alle mitarbeiten können – und müssen.

Teil III
Das Gute

7

Die moralische Dimension

Das Gute ist die einzige Investition, die sich immer rentiert.

Henry David Thoreau

Die moralische Dimension, jene Seite unserer Natur, die zum Guten strebt, ist die dritte universelle Dimension menschlicher Erfahrung. Sie dürfte diejenige der vier Grunddimensionen sein, die am ehesten mißverstanden wird und die nicht von ungefähr im Wirtschaftsleben am wenigsten gewürdigt wird.

Mißverstandene Ethik

Vor einigen Jahren wurde ich gebeten, vor Unternehmen philosophische Vorträge über Ethik zu halten; ich wollte zunächst herausfinden, was Geschäftsleute heutzutage über ethische Fragen lesen, hören und sagen. Ich studierte die zeitgenössische Literatur zum Thema Motivation am Arbeitsplatz, las Artikel in Publikums- und Fachzeitschriften, arbeitete die einschlägigen Bücher durch, sah Videofilme und hörte Kassetten. Gleichzeitig konsultierte ich die gängigen Zitatesammlungen, um zu erfahren, was andere über das Thema Ethik zu sagen hatten.

Während ich diese Werke nach Stichworten wie „Ethik", „Moral", „das Gute", „das Böse" und „Tugend" durchblätterte, erlebte ich eine große Überraschung: Viele Zitate, auf die ich stieß, waren auf die eine oder andere Weise negativ, zynisch oder abschätzig. Manchmal waren sie allerdings auch ganz lustig, wie zum Beispiel Mae Wests berühmte Bemerkung, daß sie, gezwungen, zwischen zwei Übeln zu wählen, stets dasjenige wählte, das sie noch nicht ausprobiert hatte, oder Woody Allens Standpunkt: „Gute Menschen schlafen nachts wahrscheinlich besser, schlechte Menschen scheinen ihre wachen Stunden jedoch mehr zu genießen." – Ebenso geistreich wie vielsagend.

Warum vermitteln so viele Zitate über Moral oder Ethik eine negative Haltung? Einer der wichtigsten Gründe liegt sicher darin, daß offenbar zu viele Menschen zu lange mißverstanden haben, worum es in der Ethik geht. Der Glaube, ein ethisches Leben zu führen, sei mit Einschränkungen und Zwängen verbunden, die Überzeugung, daß Ethik mit sozialer Kontrolle gleichzusetzen sei, mit dem Verbot von allem, was Spaß machen könnte, um sittsameren Menschen nicht zu nahe zu treten, ist weit verbreitet. Solange wir uns nicht von dieser Vorstellung frei machen, werden wir eine der wichtigsten Grundlagen für positiven Corporate Spirit und dauerhaften Erfolg in unserer Arbeit nicht umsetzen können.

Das Gute aus moralischer Sicht

Wir brauchen das Gute im Leben genauso wie die Wahrheit oder die Schönheit. Tatsächlich besteht zwischen diesen drei abstrakten Begriffen eine enge Verbindung. Die Wahrheit, so wurde schon oft gesagt, zähle zu den größten Schönheiten, und die Schönheit sei die eigentliche Wahrheit. „Was unsere Vorstellung als Schönheit begreift, muß die Wahrheit sein", verkündete etwa der Dichter John Keats. Aber nicht nur Dichter, auch viele Mathematiker und Physiker stimmen dem offenbar zu, wenn sie die Eleganz, die Schönheit einer Gleichung oder Theorie als Maßstab zu ihrer Beurteilung mit heranziehen.

> **Das Gute ist eine besondere Art der Wahrheit und Schönheit. Es ist die Wahrheit und die Schönheit im menschlichen Verhalten.** *H. A. Oversteed*

Jean-Jacques Rousseau erklärte einmal: „Das Gute ist, davon war ich immer überzeugt, in die Tat umgesetzte Schönheit." Entfernt man sich von der Wahrheit, dann entfernt man sich auch unweigerlich vom Guten, von der Moral.

Das Gute ist, ebenso wie Wahrheit und Schönheit, der Nährboden, auf dem die Seele wachsen und gedeihen kann. Ohne das Gute verdorren die Menschen, sie verhärten und sterben innerlich ab. Das Gute ist eine notwendige Bedingung gesunder Beziehungen und einer lebendigen Gemeinschaft. Moral bedeutet nicht Verlust, Negation oder künstlich auferlegter Zwang – sie bedeutet gerade das Gegenteil, nämlich so gut zu leben, wie Menschen überhaupt leben können.

„Was habe ich davon?"

Wer als Professor vor Studenten moralische Themen anschneidet, bekommt manchmal die unverblümte Frage gestellt: „Und was habe ich davon?" Aber nicht nur rebellische Studenten, auch Menschen, die eine solche Frage niemals in der Öffentlichkeit aussprechen würden, stellen sie sich insgeheim oft. Im Bereich der Moral die Frage nach dem Eigennutz zu stellen, ist nicht nur merkwürdig, sondern offenbart einen schon fast amoralischen Standpunkt. Denn selbst wenn der Fragesteller damit nicht auf seinen eigennützigen Vorteil anspielt, entlarvt allein die Frage schon seine Unfähigkeit, einen moralischen Standpunkt auch nur in Betracht zu ziehen.

Viele Philosophen betrachten einen moralischen Standpunkt als den Gegenpol zur Selbstsucht. Verlangt also der Fragende eine amoralische Rechtfertigung für moralisches Verhalten? Der Philosophieprofessor einer altehrwürdigen Oststaatenuniversität erklärte einmal, um nichts in der Welt würde er diese Frage beantworten. Wer es nötig hätte, diese Frage zu stellen, so der Professor, dem könne man nicht mehr helfen, der sei für die Moral unwiederbringlich verloren.

Ich bin anderer Ansicht. Grundsätzlich ist an dieser Frage nichts falsch. „Was habe ich davon?" ist eine vollkommen gerechtfertigte Frage, die sich viele besonnene Menschen in bezug auf viele Dinge stellen, wenn nicht offen, dann doch insgeheim.

Wem mitgeteilt wird, daß das Universum in Intervallen von 80 Billionen Jahren expandiert und kontrahiert, hat das Recht zu fragen: „Was habe ich davon?"   *Peter De Vries*

Eigennutz ist nicht dasselbe wie Egoismus. Ein gesundes Maß an Eigennutz ist weder amoralisch noch unmoralisch. Ohne Eigennutz können wir nicht beurteilen, wie wichtig es ist, an anderen Menschen Interesse zu haben. Die Meinung, ein moralisches Verhalten setze die vollständige Abwesenheit von Selbstinteresse voraus, stellt eine gefährliche Verdrehung des moralischen Standpunktes dar. Eine authentische moralische Handlung oder Haltung dient unseren eigenen Interessen ebenso wie den Interessen anderer.

Die Frage „Was habe ich davon?" – von einem Vorschlag, einer Idee, einem Unternehmen oder einer eventuellen Beteiligung – bedeutet meistens nicht mehr als: „Wie wird es sich unmittelbar auf meine körperliche Unversehrtheit auswirken?", „Wie wird es in absehbarer Zeit meinen persönlichen Komfort beeinflussen?" oder „Was bedeutet das für meine langfristige finanzielle Sicherheit?"

Wann immer wir uns solche Fragen stellen, sollten wir dies im Hinblick auf die möglichen Konsequenzen für unsere persönliche Erfüllung tun. Erst wenn wir die Frage nach dem Eigennutz auf einer solchen höheren Ebene stellen, können wir daraus wichtige Erkenntnisse über Ethik und Moral gewinnen. Eine ethisch richtige Handlungsweise trägt nicht notwendigerweise zum Schutz unserer körperlichen Unversehrtheit, zur Steigerung unseres persönlichen Komforts oder der langfristigen finanziellen Absicherung bei. Wenn wir aber ein tiefes Verständnis der Ethik entwickeln, werden wir erkennen, daß ethisches Handeln stets mit der langfristigen persönlichen Erfüllung verbunden ist.

Das Wesen der Ethik

Meiner Ansicht nach haben wir mit dem Bezug zum Wesen der Ethik auch unseren Sinn für die Bedeutung der Moral verloren. Steven Hawking sagte einmal, jeder Physiker träume davon, eines Tages ein Naturgesetz zu entdecken, das am Ende absolut alles erklärt, ein Gesetz, das so einfach ist, daß man es auf ein T-Shirt drucken kann, auf einen Aufkleber oder auf eine Visitenkarte.

Auch Philosophen hängen manchmal ähnlichen Träumen nach, beispielsweise dem, zu einer Charakterisierung der Ethik zu gelangen, die so umfassend ist, daß sie ihr Wesen vollständig erklärt, und zugleich so prägnant, daß sie auf ein T-Shirt, einen Aufkleber oder eine Visitenkarte paßt.

Lassen Sie es mich versuchen. In der Ethik geht es vor allem um:

Spirituelle Menschen
in harmonischen
Sozialbeziehungen

Diese Aussage mag vielleicht nicht besonders eingängig sein, aber sie ist zutreffend. Alle philosophischen Abhandlungen über Utilitarismus, Deontologie und Vertragstheorie, alle Diskurse über Dilemmata, über Absolutheiten und über den Sinn, alle Theorien und Metatheorien führen letztendlich zum selben Punkt: die angemessene persönliche Entwicklung und gute Beziehung zu anderen – die zwei Seiten, die innere und die äußere, jeder moralischen Handlung. Anders gesagt: spirituelle Menschen in harmonischen Sozialbeziehungen.

Das Konzept der Spiritualität, auf das ich später noch näher eingehen werde, wird hier im weitestmöglichen Sinn gebraucht. Ich begreife den menschlichen Geist als den Aspekt des Menschen, der uns von allen anderen Lebensformen auf dieser Erde unterscheidet, wie viele Eigenschaften wir auch mit unseren nichtmenschlichen Nachbarn gemein haben mögen. Spirituelle Gesundheit heißt innere Ganzheit, Stabilität und Stärke, ein Zustand des Seins und des Werdens zugleich, in welchem wir alles verwirklichen, was wir erreichen können.

Ebenso vorsichtig gebrauche ich den Begriff „Harmonie". Die althergebrachte Vorstellung von Harmonie, die in den verschiedensten Kulturen eine zentrale Rolle spielte, drückt genau das aus, worauf es mir hier ankommt. Soziale Harmonie ist mehr als bloß die Abwesenheit von Konflikten; soziale Harmonie ist auch ein Zustand der positiven Übereinstimmung und der zwischenmenschlichen Stärke, eine Beziehung, in der Individuen ihre Talente entfalten und gemeinsam das Leben in seiner ganzen Fülle genießen können.

Der harmonische Zusammenklang mehrerer Gitarrensaiten kann niemals aus einer Saite allein entstehen. Harmonische Sozialbeziehungen zwischen Menschen können genauso produktiv sein.

> **Die Harmonie der Kindheit ist ein Geschenk aus der Hand der Natur, die Harmonie des Erwachsenenalters muß der Arbeit und der Pflege des Geistes entspringen.**
> *Georg Wilhelm Friedrich Hegel*

Moralische Stärke

Also, was haben wir davon? Nichts weniger als die größtmögliche persönliche Erfüllung – und damit ein Höchstmaß an unternehmerischer Stärke. Innere Fülle und äußere Größe. Gute Menschen in harmonischen Arbeitsbeziehungen, die zusammen eine fruchtbare Gemeinschaft bilden, aus der leistungsfähige Partnerschaften erwachsen. Innere Stärke und gemeinsame Erfüllung.

Im modernen Geschäftsleben interpretieren wir ethisches Verhalten oft im negativen Sinn, wie wenn es bei Ethik nur darum ginge, Regeln und Vorschriften zu beachten, um Konflikte mit dem Gesetz oder mit anderen Menschen zu vermeiden. Diese Sichtweise ist völlig verzerrt. Ethisches Verhalten zielt in erster Linie nicht auf die Vermeidung von Konflikten ab, sondern darauf, ein Individuum, eine Familie, eine Gemeinschaft oder eine Geschäftsbeziehung zu stärken.

Konflikte lassen sich normalerweise auf zwei Arten vermeiden. Zum einen, indem man ethisch verantwortlich handelt – was zugegebenermaßen manchmal schwierig sein kann. Zum anderen, indem man tut, was man will, ihm aber den Anstrich ethisch verantwortlichen Handelns verleiht. Der erste Weg ist derjenige der Moral, der andere der der Heimlichkeit. Wer ethisches Handeln auf die Rolle der Konfliktvermeidung reduziert, läuft Gefahr, Konflikte vor allem über den Weg der Heimlichkeit zu vermeiden. Wer aber versteht, daß es in der Ethik primär darum geht, Individuen und Zusammenschlüsse von Individuen zu stärken, wird sich eher für den Weg der Moral entscheiden.

Spirituell gesunde Menschen in harmonischen Sozialbeziehungen, individuelle Gesundheit und zwischenmenschliche Harmonie – das ist das Rezept für leistungsfähige Individuen und starke Beziehungen im Arbeitsleben – und, nebenbei bemerkt, für die Vemeidung von unnötigen Konflikten.

Ethik und Moral

Sicher ist Ihnen schon aufgefallen, daß ich in meinen bisherigen Ausführungen über das Gute die Begriffe „Ethik" und „Moral" als gegenseitig austauschbare Begriffe gebraucht habe. Nicht alle meine Kollegen teilen diese Sichtweise; ihnen zufolge betrifft Ethik öffentliches Verhalten, während Moral sich mit privaten Werten befaßt. Einige vertreten sogar die Auffassung, daß die beiden Begriffe nicht nur verschiedene Lebensbereiche betreffen, sondern sogar erheblich voneinander abweichen. Jemand faßte es mir gegenüber einmal so zusammen: „Na, ich trage im Büro einen anderen Hut als zu Hause." – „Ja, aber Sie tragen beide auf dem gleichen Kopf", entgegnete ich. Eine der großen Gefahren der modernen, arbeitsteiligen Gesellschaft ist die exzessive Aufteilung unseres Leben in verschiedene, scheinbar voneinander isolierte Bereiche.

Natürlich ist es für manche Zwecke sinnvoll, zwischen dem gesellschaftlichen und dem privaten oder zwischen dem beruflichen und dem persönlichen Bereich zu unterscheiden. Dennoch glaube ich, daß die grundlegenden Tugenden und Prinzipien im öffentlichen wie im privaten Bereich die gleichen sind. Außerdem halte ich es für höchst bedenklich, in einem Bereich Werte und Grundsätze außer Kraft zu setzen, die im anderen Bereich verbindlich sind. Leben ist nicht teilbar, es muß als Ganzes betrachtet werden.

Moral und Manieren

Vor ein paar Jahren referierte ich als Gastdozent am Hampden-Sydney-College in Virginia über das Thema Unternehmensethik. Als ich am ersten Morgen mit einem sehr beliebten Dozenten über den Campus ging, grüßte uns jeder Student mit einem Lächeln und einem freundlichen „Guten Morgen", einem „Hallo" oder „Wie geht's?". Zuerst führte ich diese Herzlichkeit auf die Präsenz meines Kollegen zurück, doch als ich später alleine über den Campus lief, geschah genau dasselbe. Ich hatte schon viele Universitäten besucht, an denen eine freundliche Atmosphäre herrschte, aber so etwas hatte ich noch nie erlebt.

Auf meine interessierte Frage erwiderte der Dozent mit einem breiten Lächeln: „In Hampden-Sydney gibt es eine Regel, nach der jeder Student jeden grüßen muß, den er auf dem Campus trifft." Als ich nach dem Grund für diese Regel fragte, erklärte er: „Wir vertreten hier die Meinung, daß Ethik und Alltag sich in der Etikette treffen." Fasziniert von diesem Gedanken drängte ich ihn, mir das genauer zu erklären.

„Ein zentrales Element der Ethik", antwortete er, „ist das rücksichtsvolle Verhalten gegenüber anderen, mit anderen Worten: Etikette. Wenn wir unseren Studenten nicht helfen, es im Kleinen richtig zu machen, wie sollen sie es dann jemals im Großen richtig machen? Wir lehren sie Höflichkeit, weil wir glauben, damit ein moralisches Verhalten zu fördern."

Faszinierend. Und sehr durchdacht. Bei den Begriffen „Ethik" oder „Moral" denken die meisten Menschen an Todesstrafe, Abtreibung, Euthanasie, soziale Ungerechtigkeit, globale Abrüstung,

Insiderhandel, Korruption, Mobbing am Arbeitsplatz, vielleicht denken sie sogar an juristische Fragestellungen wie Bestrafung und Resozialisation. Das sind zwar zweifellos weltbewegende Themen und hochkomplexe Probleme, aber sie treffen nicht den Kern der Ethik.

Ethik befaßt sich nicht in erster Linie mit weltbewegenden Fragen, sie ist nicht die exklusive Domäne vertrackter Dilemmata und schwieriger Fälle. Ethik betrifft vor allem unsere ganz alltäglichen Probleme, unsere Umgangsformen und unser Benehmen. Der oben zitierte College-Dozent hatte ganz recht: Wer im Kleinen nicht ethisch handelt, wird es wahrscheinlich auch im Großen nicht tun.

> **Bei den Göttern, übe dich in den kleinen Dingen, dann erst schreite zu den größeren.** *Epiktet*

Amerika – und nicht nur Amerika – leidet in jüngster Zeit unter einem erschreckenden Anstieg von, um es zurückhaltend auszudrücken, schlechtem Benehmen in der Öffentlichkeit. Fast jeder ist von diesem Problem betroffen – von der Mißachtung persönlicher Empfindlichkeiten bis hin zu vorsätzlich aggressivem und unverschämtem Verhalten. Der Schriftsteller Thomas Wolfe schrieb bereits Anfang des zwanzigsten Jahrhunderts, Stadtmenschen besäßen „keine Manieren, keine Höflichkeit, keine Wertschätzung der Rechte anderer, kurz gesagt, keine Menschlichkeit". Heute ist alles noch viel schlimmer. Und von Rücksichtslosigkeit zu ausgesprochener Aggression, Feindseligkeit und Gewalt ist es nur ein kleiner Schritt.

Wenn, wie man am Hampden-Sydney-College glaubt, zwischen Etikette und Ethik tatsächlich eine Verbindung besteht, kann die ethisch-moralische Krise, die Amerika befallen hat, kaum überraschen. Die Gründe für diese Entwicklung sind, wie wir im nächsten Kapitel sehen werden, vielfältig. Worum es mir hier geht, ist jedoch etwas anderes. Wenn wir von Moral am Arbeitsplatz, Moral in der Wirtschaft allgemein oder von der moralischen Dimension menschlichen Handelns reden, dann geht es nicht nur um schlagzeilenträchtige Themen wie sexuelle Belästigung am Arbeitsplatz, Rassendiskriminierung, Meineid oder dergleichen. Wir reden nicht nur von eindeutig ethischen Fragen wie Gerechtigkeit und Ehrlichkeit, sondern über ein Mindestmaß an Freundlichkeit, Aufmerksamkeit, Respekt, Mitgefühl, Ehre, Sensibilität und Höflichkeit – wir reden von den Bedingungen, unter denen Menschen ihr Bestes geben können. Das ist nicht nur eine Frage der Vermeidung von Konflikten oder juristischen Problemen, sondern auch des Erfolgs in allen unseren Unternehmen und bei allen unseren geschäftlichen Anstrengungen.

Das Gute in allen seinen Erscheinungsformen ist eine zentrale Voraussetzung für menschliche Spitzenleistungen.

Güte ist wahrer Edelmut.   *Iphikrates*

Ethik als Befreiung

Menschen, die glauben, in ihrer Arbeit unfreundlich oder unfair behandelt zu werden, nehmen automatisch eine Abwehrhaltung ein. Wie Schildkröten ziehen sie sich in ihren Panzer zurück. Sie verspüren keine Motivation, Risiken einzugehen, ihre Fähigkeiten auszuschöpfen und sich auf kreative Weise für ihr Unternehmen zu engagieren. Ihre Gefühle sind von Angst und Unmut geprägt, und das blockiert den freien Fluß der positiven emotionalen Energie, die sie unter anderen Voraussetzungen in ihre täglichen Aktivitäten einbringen könnten.

In einem Gespräch mit einer Gruppe von Verkäufern kam heraus, daß sie sich vom Management sehr schlecht behandelt fühlten. Nicht nur, daß kein Wort des Dankes kam, wenn ein Verkäufer seine Arbeit gut gemacht oder einen außerordentlichen Verkaufsabschluß erzielt hatte, die Führungskräfte ließen sich noch nicht einmal zu einem Gruß auf dem Gang herab. Diese abschätzige Behandlung hatte den Unmut der Verkäufer so sehr provoziert, daß sie, wie sie selbst zugaben, kaum noch Lust verspürten, sich übermäßig für das Unternehmen einzusetzen. Früher, unter einem anderen Management, das ihnen Freundlichkeit, Aufmerksamkeit und positive Beachtung in jeder Form entgegenbrachte, hatte das Arbeitsumfeld alle wie selbstverständlich zu höchster Leistungsbereitschaft motiviert.

Wir diskutierten mit den Verkäufern über die Notwendigkeit, dem Management seine Unzulänglichkeiten nachzusehen und ihm beizubringen, Freundlichkeit und Wertschätzung zu zeigen. Ein Teil der Führungsmannschaft mußte diese Dinge offenbar von Grund auf lernen. Allerdings, warnte ich die Verkäufer, müßten sie erst ihre negativen Gefühle überwinden und mit dazu beitragen, das demotivierende Umfeld zu verändern, bevor sich die von ihnen selbst und vom Management erhofften Ergebnisse einstellen würden. Bei weiteren Treffen half ich dem Management und der Geschäftsführung, das Problem zu erkennen und ihnen die Wichtigkeit einer konstruktiven Lösung bewußt zu machen.

Jeder Grundschullehrer könnte Ihnen sagen, daß ein Kind, welches andere Kinder schlecht behandelt, in aller Regel aus einer Familie kommt, in der es sich selbst schlecht behandelt fühlt. Ein Kind, das andere Kinder respektiert, kommt dagegen sehr wahrscheinlich aus einer Familie, in der es selbst respektiert wird. Wer im inneren Kreis seines Lebens und Tuns schlecht behandelt wird, für den ist es meist schwierig, Menschen außerhalb dieses Kreises gut zu behandeln – eine sehr menschliche Verhaltensweise, über die hinauszuwachsen uns sehr schwer fallen kann. Wird in diesem inneren Kreis aber das Gute gelebt, so wird dieses Gute sehr wahrscheinlich und ganz natürlich nach außen getragen.

Angestellte, die man achtet und mit Respekt behandelt, werden in aller Regel auch im Umgang mit Kunden, potentiellen Kunden und Lieferanten Achtung und Respekt beweisen. Fühlen sie sich jedoch schlecht behandelt, so werden unweigerlich auch die Menschen, mit denen sie außerhalb des Unternehmens in Kontakt treten, etwas davon zu spüren bekommen. Wie man seine Angestellten behandelt, kann den Ausschlag darüber geben, ob man einen Auftrag bekommt oder nicht. Auf lange Sicht vergeht den meisten Menschen die Lust, von schlechten oder unhöflichen Menschen zu kaufen, selbst wenn ihre Produkte gut sind.

> **Niemand sucht gern wieder einen Ort auf, an dem er gelitten hat.**
> *Phaedrus*

Beziehungen regieren die Welt

In meinen eigenen unternehmerischen Bestrebungen handelte ich lange Zeit nach der Devise: erst die Menschen, dann die Geschäfte. Hat man gute zwischenmenschliche Beziehungen, ergeben sich die Geschäfte von selbst. Konzentriert man sich mehr auf die Menschen als auf den Gewinn, wird der Gewinn irgendwann alle Erwartungen übersteigen. Seitdem man erkannt hat, wie wichtig es ist, nicht nur abschluß-, sondern verstärkt beziehungsorientiert zu denken, entdecken immer mehr Unternehmen diesen Zusammenhang.

Wo immer ich bislang wohnte, blieb ich bestimmten Geschäften treu, einer Tankstelle zum Beispiel, einem Lebensmittelladen, einem Kleidergeschäft, einem Reisebüro, einem Buchladen, einem Autohändler oder einem Restaurant; ich wurde an jedem dieser Orte gut behandelt, ich fühlte mich willkommen, geachtet und respektiert. Freundlichkeit, Herzlichkeit, wirkliches Interesse, eine kleine Geste, die das normale Maß der Pflichterfüllung übersteigt – all dies sind Beispiele des Guten, sie sind die Verwirklichung der moralischen Dimension, die loyale Beziehungen und größeren geschäftlichen Erfolg mit sich bringen.

> **Der beste Teil im Leben eines guten Menschen,**
> **seine kleinen, namenlosen und leicht vergessenen Gesten**
> **der Freundlichkeit und Liebe.**
> *William Wordsworth*

Das Richtige tun, indem man Gutes tut

Kürzlich zog ich mit meiner Frau, meinen zwei Kindern und einem großen Hund in ein Haus am anderen Ende des Landes. Wir fuhren an einem Mittwoch los; vor uns lagen über tausend Meilen, und wir erwarteten, am Freitag abend nach Geschäftsschluß an unserem Ziel anzukommen. Unser Problem war, daß wir einen Scheck von unserer neuen Bank brauchten, um die Umzugsleute bezahlen zu können, die am Samstag morgen sehr früh – wenn die Bank noch geschlossen sein würde – mit den Möbeln ankommen wollten. Dazu kam, daß wir erst vor Ort den genauen Betrag erfahren würden. Unsere neue Bank sicherte uns zu, sich um alles zu kümmern, und gab uns eine Telefonnummer, die wir anrufen sollten, sobald wir in der Stadt sein würden – auch außerhalb der Geschäftszeiten. Als wir schließlich am späten Freitag abend bei unserem erst kürzlich fertiggestellten Haus ankamen, wartete in der Auffahrt ein Angestellter der Bank in seinem Auto, den Scheck in der Hand.

Phil Harvell, so stellte sich dieser höchst außergewöhnliche Banker vor, war jeden Tag auf seinem Weg zur Arbeit am Haus vorbeigefahren und hatte den Fortschritt des Baus über Wochen verfolgt. Er hatte mit den Leuten vom Bau gesprochen, uns telefonisch auf dem laufenden gehalten und war von sich aus auf die Idee gekommen, uns Fotos von den einzelnen Bauabschnitten zu schicken. Eine Woche vor unserer Ankunft entschloß er sich, keine Bilder mehr zu schicken, da noch kein Gras und keine Pflanzen auf dem Grundstück gewachsen waren, und er hoffte, daß sich das bis zu unserer Ankunft noch ändern würde. Ich möchte noch erwähnen, daß ich diesen Mann nie zuvor gesehen und auch keine wie auch immer geartete Verbindung zu ihm hatte.

Drei Tage nach unserer Ankunft luden uns Phil und seine Frau zu einem Essen mit Freunden und Nachbarn aus der Gegend ein, damit wir schneller Anschluß finden konnten. Bei unserem ersten Besuch in der nächstgelegenen Filiale der First Citizen's Bank stellte er uns jedem Mitarbeiter vor. Seitdem werden wir jedesmal, wenn wir die Bank betreten, mit außerordentlicher Freundlichkeit und Höflichkeit behandelt, und die Leute lassen alles stehen und liegen, um uns zu helfen. Wir haben jedesmal das Gefühl, alte Freunde und Nachbarn zu treffen und nicht lediglich eine Überweisung oder Einzahlung zu tätigen.

Daß diese Kundenbehandlung einer Unternehmenskultur entspringt, die auf ganz bestimmten ethischen Grundwerten basiert, überraschte mich nicht. „Values Statement", der äußerst gut durchdachte Leitfaden der First Citizen's Bank, begleitet die Mitarbeiter bei allen ihren Tätigkeiten. Die Leute der First Citizen's Bank haben es geschafft, ein Klima des moralisch Guten zu schaffen, eine Atmosphäre, in der jeder gedeihen kann. Ich weiß aus eigener Erfahrung, daß dies eine Unternehmenskultur ist, die Langzeitkunden gewinnt. Die Menschen dort sind mir wichtiger als die Produkte, wobei ich denke, daß ihre Produkte keineswegs nur aus Zufall gut sind. Gute Menschen in einer guten Umgebung verrichten eine gute Arbeit. Thoreau hatte recht: Das Gute ist die einzige Investition, die sich immer rentiert. Für die Investoren zahlt sie sich in vielfältiger Weise aus.

Ein Geschäft darf niemals vorrangig als ein Versuch betrachtet werden, Geld aus anderer Leute Tasche in die eigene zu manövrieren. Ein Geschäft sollte als ein Akt bildender Kunst gesehen werden, als der Aufbau von und die Arbeit an Strukturen, innerhalb derer Menschen gemeinsam an einem besseren Leben arbeiten.

Erhalte dich also einfach, gut, lauter, ernsthaft, prunklos, gerechtigkeitsliebend, gottesfürchtig, wohlwollend, liebreich, standhaft in Erfüllung deiner Pflichten. Ringe danach, daß du der Mann bleibest, zu dem dich die Philosophie bilden wollte. Ehre die Götter, fördere das Heil der Menschen. Kurz ist das Leben. *Marc Aurel*

Jenseits aller Slogans

Kommt die Rede auf Unternehmensethik, hört man seit ein paar Jahren immer wieder den Slogan „Das Richtige tun, indem man Gutes tut". Ein Slogan mit vielen Bedeutungen. Tun wir Gutes in einer Gemeinschaft, strahlen wir die Kraft des Guten aus, so läßt sich Freundlichkeit und Gefälligkeit am Ende auch oft in ein gutes Geschäft verwandeln.

Einige Unternehmen sponsern kommunale Ausbildungsprogramme oder engagieren sich für wohltätige Zwecke, wieder andere renovieren und reinigen in ehrenamtlicher Arbeit ein Gemeindezentrum oder statten Sportteams für Kinder aus bedürftigen Familien mit Trikots und Geräten aus. Jedes verdienstvolle, gut durchdachte Projekt, das eine breitere Öffentlichkeit erreicht, kann außerhalb des Unternehmens eine Atmosphäre großen Wohlwollens schaffen und nach innen dazu führen, daß die Mitarbeiter stolz auf „ihr" Unternehmen sind. Menschen arbeiten gerne für eine Firma, die für eine gute Sache steht, eine Sache, an die sie auch selbst glauben. Ein gewisses Engagement für gesellschaftliche Belange bedeutet keine Abweichung von der eigentlichen Unternehmensaufgabe, sondern stärkt das Unternehmen nach innen wie nach außen.

Allerdings besteht die Gefahr, daß dieses Prinzip, speziell was freiwillige und gemeinnützige Projekte betrifft, nur außerhalb der Unternehmensstruktur angewandt wird. Doch ein Hauptaugenmerk muß immer auch nach innen gerichtet sein. Das Gute innerhalb unseres Unternehmens, in unseren persönlichen und betrieblichen Bestrebungen zu fördern, zahlt sich für das Gedeihen eines Unternehmens immer aus.

Solange die von einem Unternehmen nach außen getragene Moral nicht mit der Art und Weise übereinstimmt, wie die eigenen Mitarbeiter und Geschäftspartner behandelt werden, wird jede gemeinnützige Tätigkeit von den Mitarbeitern (und den Geschäftspartnern) unweigerlich als zynischer Versuch gewertet, die öffentliche Meinung allein im Interesse positiver Public Relations und höheren Umsätzen zu manipulieren. Natürlich ist an sich nichts gegen eine bessere PR und schon gar nichts gegen mehr Umsatz einzuwenden – nur müssen die Mitarbeiter überzeugt sein, daß hinter dem aufwendig gehegten, edlen Image der Firma ein höheres Ziel steht, sollen sie von diesen Bemühungen inspiriert und motiviert werden. „Ein gutes Werk" für die Schlagzeilen ist Heuchelei; sie wirkt in den Augen der Mitarbeiter um so zynischer, je weniger die Führungsriege nach innen ethische Grundsätze oder moralische Verantwortung an den Tag legt. Ein gutes Unternehmen muß immer bei seinen eigenen Strukturen beginnen, im Umgang mit seinen Mitarbeitern, in seinen sämtlichen Geschäftsbeziehungen und im tagtäglichen Entscheidungsprozeß. Was in unserem inneren Kreis geschieht, strahlt nach außen. Wie, das wird in den nächsten beiden Kapiteln behandelt.

8

Die Herausforderung zum ethischen Handeln

Das Richtige zu tun, ist nicht immer leicht. Der Druck unserer Umgebung läßt ethisches Handeln manchmal als Sisyphusarbeit erscheinen. In diesem Kapitel will ich zeigen, wie sich dieser Druck äußert, die Bedeutung wahrhaft ethischer Entscheidungen klären und die gängigsten falschen Vorstellungen von Unternehmensethik untersuchen – und Ihnen dabei einige überraschende Einsichten in das eröffnen, was ethisch zu handeln wirklich bedeutet.

Ein Spiel ohne Regeln?

In seinem kürzlich erschienen Buch *The Moral Manager* zitiert Clarence Walton einen hochrangigen Firmenanwalt, der im Hinblick auf die moderne Unternehmensethik folgenden Kommentar abgab: „Ich frage mich, ob es überhaupt noch Regeln gibt. Sorgen sich die Leute überhaupt noch um etwas anderes als darum, nicht erwischt zu werden? Soweit ich sehen kann, nicht."

In einem vor einigen Jahren in einer bekannten Fachzeitschrift abgedruckten Insiderbericht über Ethik an der Börse erklärte der Autor, der Börsenhandel funktioniere nach genau drei Regeln: Erstens: „Spiele nie nach den Regeln." Dies ist natürlich eine ziemlich eigenartige Regel, die sowohl sich selbst als auch die beiden folgenden in gewisser Weise überflüssig macht. – Aber gut… Zweitens: „Sage niemals die Wahrheit." Und drittens: „Bezahle niemals cash." Wahrscheinlich wäre ein Werbeslogan für ein Deodorant hier als vierte Regel angebracht: „Laß niemanden sehen, daß du schwitzt."

> **Verzwungen täuschend' Regelwerk prangt in der Vernunft Gewand.**
>
> *John Milton*

Was für ein Regelwerk! Das Spiel, um das es geht, ist ganz klar eines der Manipulation, die treibenden Kräfte sind Habgier und die Lust an der Macht. Da nimmt es nicht weiter Wunder, wenn sich dem neugierigen Blick hinter die ehrwürdigen Kulissen der Wall Street ein Sumpf von Verbrechen und Chaos eröffnet. Vor ein paar Jahren, kurz nachdem es über den Insiderhandel an der Wall Street zum Skandal gekommen war und die hochkarätigen Hauptakteure ihre Designer-Anzüge gegen gefängnisgraue Drilliche eintauschen mußten, fiel mir beim Schmökern in einer Buchhandlung eine Neuerscheinung mit dem verlockenden Titel *Wall Street Ethics* in die Hand. Ich nahm das Buch aus dem Regal und blätterte es durch – Hunderte von leeren Seiten. Nichts als weiße Seiten, die allerdings Bände sprachen!

Diese moralische Krise erfaßte in den letzten Jahrzehnten nicht nur die New Yorker Börse, korrupte Banken und die Hallen und Vorzimmer der Mächtigen in Washington – sie scheint sich inzwischen in alle Bereiche des amerikanischen Lebens ausgebreitet zu haben. Falls Sie daran zweifeln sollten, bringen Sie doch einmal Ihren Wagen in eine Werkstatt, verhandeln Sie mit einem Bauunternehmer über den Bau eines Hauses, fragen Sie in der Stadt nach einem vertrauenswürdigen Rechtsanwalt, tun Sie so, als ob Sie einen gebrauchten oder selbst einen Neuwagen kaufen wollten oder sehen Sie sich nachmittags eine Talk-Show an – die einzigen Verhaltensrichtlinien, die in diesen Bereichen zu gelten scheinen, lassen sich sehr kurz zusammenfassen:

> Versuche, die Nummer eins zu sein.
> Egal, was du tust – laß dich nicht erwischen.
> Und für die moralisch Sensibleren und Selbstloseren:
> Kümmere dich um deine eigenen Angelegenheiten.

Diese letzte Regel bezieht sich natürlich vor allem auf die anderen. Interessanterweise ist es gerade diese Regel, die viele Leute anderen aufzwingen, wodurch sie selbst – welche Ironie! – dagegen verstoßen. Was heutzutage als Moral gilt, scheint sich sowohl in der Theorie als auch in der Praxis grundsätzlich zu widersprechen.

Der Druck, unter dem wir stehen

Unzufrieden mit den herkömmlichen Umfragen über Lifestyle und Einstellungen der Amerikaner, arbeiteten zwei Manager der größten US-Werbeagentur einen neuen, sehr umfassenden Fragebogen aus. Der Fragebogen wurde im Interesse eines möglichst repräsentativen Ergebnisses und unter Gewährleistung der Anonymität der Befragten breitgestreut verteilt. Was die Umfrage – die unter dem Titel *The Day America Told the Truth* als Buch veröffentlicht wurde – über die Moral des modernen Amerika zutage förderte, ist alles andere als ermutigend und wurde übrigens auch von vielen nachfolgenden Untersuchungen bestätigt. So gaben 91 Prozent der Befragten zu, regelmäßig zu lügen. Eine problematische Aussage: Falls sie stimmt, muß nicht nur die Glaubwürdigkeit der Antworten auf die anderen Frage der Studie in Zweifel gezogen werden, sondern auch der Wahrheitsgehalt der Aussage selbst.

> **Einem Lügner glaubt man nicht, auch wenn er die Wahrheit spricht.** *Cicero*

Unabhängig davon, ob neun von zehn der Befragten diese Frage nun wahrheitsgemäß beantwortet oder gelogen haben, kann man mit einiger Sicherheit sagen, daß wir vor einem massiven Problem stehen. Allerdings stinkt der Fisch entgegen der weitverbreiteten Meinung nicht nur vom Kopf her. Nicht nur unsere Führungskräfte lügen uns an – auch wenn einige von ihnen in diesem Bereich zweifellos echte Spitzenkräfte sind –, die moralische Krise, vor der wir stehen, durchzieht alle sozialen Schichten und alle Lebensbereiche.

Insgesamt gesehen gibt der moralische Zustand des modernen Amerika ein erschreckendes Bild ab. Trotzdem, es wäre verfrüht, die Flinte gleich ins Korn zu werfen. Wir müssen nur unsere Orientierung wiederfinden – und dazu müssen wir innehalten und nachdenken.

Wir sind vielen Arten von Druck ausgesetzt; das macht es uns schwer, unser Verhalten im Beruf und im Privatleben durchgängig auf eine ethische Grundlage zu stellen. Dieser Druck, der auf subtile Weise den traditionellen moralischen Rahmen unseres Denkens und Handelns untergräbt, ist meines Erachtens ausschlaggebend für viele Aspekte der derzeitigen moralischen Krise. Je mehr wir unter diesem Druck stehen, desto eher mißbrauchen wir unsere Mitmenschen, zerstören unsere natürliche Umwelt, zerschlagen das empfindliche soziale Geflecht, das unsere Gesellschaft zusammenhält, und fügen uns selbst, ohne es zu wollen, immensen Schaden zu.

In diesem Zusammenhang muß ich unweigerlich an die Einleitung von Woody Allens Essay „My Speech to the Graduates" denken:

Die Menschheit steht vor dem wichtigsten Scheidepunkt in der Geschichte. Ein Weg führt in Verzweiflung und größte Hoffnungslosigkeit, der andere in den absoluten Untergang. Lasset uns beten, daß wir die Weisheit besitzen, den richtigen zu wählen.

Nun, auch wenn vor uns eine Menge Arbeit liegt, ganz so schlimm steht es wohl noch nicht um uns. Der Harvard-Philosoph Alfred North Whitehead schrieb 1932 die bemerkenswerten Worte:

Das Verhalten des Gemeinwesens wird weitgehend von unternehmerischem Denken bestimmt. Eine herausragende Gesellschaft ist eine Gesellschaft, deren Unternehmer in herausragender Weise über ihre Aufgaben und Funktionen nachdenken. Niedere Gedanken gebären niederes Verhalten, und nach einer kurzen Orgie der Ausbeutung führt niederes Verhalten zu einem sinkenden Lebensstandard.

Whiteheads Bemerkung erwies sich als äußerst scharfsichtig und prophetisch. Sprechen wir von „der Geschäftswelt", so meinen wir meist Finanz- und Handelsstrukturen und die damit verbundenen Tätigkeiten. Diese Auffassung ist aber mißverständlich, denn sie suggeriert einen isolierten Lebensbereich, einen mehr oder weniger von allen anderen menschlichen Tätigkeiten und Bestrebungen abgetrennten Existenzbereich. Natürlich gibt es „die Geschäftswelt", aber es ist eben auch die Welt, in der inzwischen alle Angehörigen entwickelter Industrienationen einen Großteil ihres Lebens verbringen, gleichgültig ob wir Geschäftsführer, Gewerkschafter, Kleinunternehmer, Manager, Aushilfskraft, Lehrer, Physiker, Hausfrau oder -mann, Student oder arbeitslos sind. Die Strukturen der Geschäftswelt betreffen uns alle.

Die Denk- und Handlungsweise von Menschen in einem rein geschäftlichen Kontext strahlt in alle anderen sozialen Bereiche ab. Whitehead hatte recht mit seiner Behauptung, daß unternehmerisches Verhalten die Gesellschaft zwangsläufig in erheblichem Maß beeinflußt. Er hatte auch recht, eine enge Verbindung zwischen dem Niveau des Denkens und dem des Handelns zu ziehen, und er war sich der Konsequenzen des von ihm so genannten „niederen Denkens" und „niederen Verhaltens" sehr deutlich bewußt. Was Whitehead vorhersagte, sehen wir heute in unseren Unternehmen, unseren Städten, unseren Ländern und auf der ganzen Welt Realität werden.

Eine besonders interessante und im Geschäftsleben oft zu beobachtende Eigenschaft des scheinbaren Zwangs zu unmoralischem Verhalten ist das damit einhergehende Scheuklappendenken, eine fatale Einengung der individuellen Interessenssphäre. Dies macht, aus Gründen, die ich im weiteren noch darlegen werde, ethisch verantwortliche Entscheidungen und einen moralischen Lebensstil noch schwieriger. Zum besseren Verständnis will ich kurz einige der wichtigsten Ursachen für diesen enormen Druck untersuchen.

Kurzfristiges Denken

In vielen Unternehmen lösen Quartalsberichte die Jahresberichte ab. Monatliche Bewertungen, wöchentliche Besprechungen, ja sogar tägliche Berichte erzeugen einen immensen Druck, möglichst rasch Leistung zu erbringen. Wo früher langfristig geplant und gehandelt wurde, steht heute ausschließlich der kurzfristige Erfolg im Vordergrund. Wir wollen *sofort* Ergebnisse sehen. In einem solchen Arbeitsklima wird dem unmittelbar Dringlichen leicht auf Kosten des eigentlich Wichtigen der Vorzug gegeben.

Einige Betriebsleiter von Produktionsunternehmen, mit denen ich in den letzten Jahren sprach, gaben hinter verschlossenen Türen sehr aufschlußreiche Bekenntnisse zu Protokoll. Ein Beispiel:

Ich mißbrauche meinen Betrieb. Unsere Maschinen müßten gewartet und überholt werden, wenn wir langfristig im Geschäft bleiben wollen. Allerdings müßte ich dazu die Produktion herunterfahren. Lege ich eine Maschine still, erfülle ich meine monatliche Quote nicht. Produziere ich einfach weiter, werde ich hier wegbefördert. Also werde ich das Problem wohl einfach meinem Nachfolger überlassen.

Die kurzfristigen Zahlen mögen stimmen, aber ein Unternehmen, das so handelt, untergräbt nicht nur seine langfristige Konkurrenzfähigkeit, sondern schiebt auch immer höhere Kosten vor sich her. Ausschließlich kurzfristiges Denken kann auf lange Sicht verheerende Folgen haben und ein ethischen Entscheidungen sehr abträgliches Klima erzeugen. Daß moralische Verantwortung zumindest teilweise die Langzeitfolgen unseres Handelns mit einbezieht, wird in einer Unternehmenskultur, die vor allem kurzfristig orientiertes Handeln belohnt, leicht übersehen oder ignoriert.

> **Menschen neigen seit jeher stark dazu, ihre momentanen Interessen den langfristigen und entfernteren vorzuziehen.**
>
> *David Hume*

Wir sind fast immer und überall in Eile. Die wachsende Geschwindigkeit und Benutzerfreundlichkeit technischer Geräte aller Art hat dazu geführt, daß alles immer rascher erledigt sein
muß – *sofort* ist kaum mehr schnell genug. Wir neigen dazu, ausschließlich an die unmittelbaren Ergebnisse unseres Handelns zu
denken – an das schnelle Geld, an unsere Bequemlichkeit. Weiter
sehen wir nicht.

Das ist natürlich problematisch. Vielleicht bekomme ich durch
einen bestimmten Geschäftsabschluß sofort, was ich will – aber
wie wirkt sich das längerfristig auf meine Geschäfte aus? Wie
auf meine Geschäftspartner? Wie sehen die langfristigen Konsequenzen meiner Entscheidungen und meines Verhalten für diejenigen aus, die mir am nächsten stehen? Zu was für einem Menschen werde ich mich durch meine Entscheidungen entwickeln?

Interessiert mich das? Es sollte. Rein kurzfristig orientiertes
Denken kann unsere Interessensphäre auf gefährliche Weise ein-
engen.

Eindimensionales Gewinndenken

In vielen Unternehmenszusammenhängen werden zentrale
menschliche Werte eher leichtfertig zugunsten rein monetärer Ge-
sichtspunkte ignoriert. Denken wird zu reinem Gewinndenken.
Folge: Immer mehr Menschen sind der Ansicht, daß Oscar Wildes
Definition eines *Zynikers* ganz gut auf Top-Manager paßt: „Ein
Zyniker ist ein Mensch, der von allen Dingen den Preis und von
keinem den Wert kennt."

Vorgaben erfüllen, Gewinnspannen vergrößern, Profite steigern, den Shareholder Value erhöhen – mehr scheint in vielen Unternehmen nicht zu zählen. Was aber ist mit den Menschen, die in
diesen Unternehmen arbeiten? Was ist mit ihren berechtigten
emotionalen Bedürfnissen? Ihren sozialen Bedürfnissen? Ihren
geistigen und beruflichen Bedürfnissen? Was ist mit dem Gemeinwesen als Ganzem? Was ist mit der Verantwortung gegenüber diesem Gemeinwesen, gegenüber der Umwelt und gegenüber künftigen Generationen?

> Verglichen mit finanziellen Interessen, sind moralische Prinzipien ein schwaches Band.   *Abraham Lincoln*

Diese Bedürfnisse und die Werte, die sie widerspiegeln, fallen leicht der Frage nach dem Geld und den sonstigen „harten" Zahlen zum Opfer. Geld – das abstrakteste Maß für Besitz, für Dienstleistungen, für Ressourcen im allgemeinen – hat alle anderen konkreten Werte usurpiert, ist in sich der Brennpunkt geworden, der alle anderen Themen in den Hintergrund drängt. Vertrauen läßt sich nicht einfach mit einem Preis belegen, genausowenig, wie man den Gesamtwert eines konkreten menschlichen Lebens in Geld ausdrücken oder Ehre quantifizieren kann. Es kostet keine große geistige Anstrengung zu begreifen, daß die Dominanz puren Gewinndenkens ernsthaft in Widerstreit mit einem ethischen Standpunkt steht. Darüber hinaus kann die Einschränkung der Interessen, vor allem wenn sie, was meistens der Fall ist, mit einem ausschließlich kurzfristig ausgerichteten Denken einhergeht, ungewollte und katastrophale Folgen zeitigen.

Egozentrisches Denken

Die schädlichen Folgen kurzsichtigen und gewinnorientierten Denkens sind hinlänglich bekannt und viel diskutiert. Was seltener erwähnt und oft nicht einmal erkannt wird, ist eine andere, von ihren Folgen her vergleichbare Form von Druck. Seit einigen Jahrzehnten grassiert in den USA und zunehmend auch bei uns ein Phänomen, das die Psychologen als „Mobilitätssyndrom" bezeichnen und vor allem Manager befällt, die von ihrem Arbeitgeber von einer Stadt in die nächste versetzt werden oder auf der Suche nach neuen Herausforderungen und mehr Geld von einem Ende des Landes ans andere und wieder zurück ziehen. Sie brauchen nur eine beliebige Straße in einem beliebigen Vorstadtviertel irgendwo im Land, wo das mittlere und obere Management wohnt, hinunterlaufen, und Sie werden garantiert mindestens ein „For Sale"-Schild oder einen Umzugswagen vor einem Haus stehen sehen.

Nachdem einer meiner Freunde das College abgeschlossen und bei einer großen Produktionsfirma angefangen hatte, wurde er innerhalb von dreizehn Monaten dreizehnmal versetzt. San Francisco, Charlotte, Boston, Salt Lake City ..., das klingt natürlich sehr aufregend; in Wahrheit jedoch sah er von keiner der Städte, in die er geschickt wurde, viel mehr als sein Apartment und das lokale Produktionswerk oder Verkaufszentrum. Die Sehenswürdigkeiten der Stadt, in der er gerade wohnte, kannte er nur aus nächtlichen Telefonaten mit Freunden, die ihm sagten, was er sich unbedingt ansehen mußte. Er stand früh auf, quälte sich durch den Berufsverkehr zu seiner Arbeitsstelle, machte Überstunden, um die Abläufe in der lokalen Niederlassung kennenzulernen, und kehrte spätabends müde in sein Apartment zurück, zu müde, um auszugehen, zu müde für alles. Seine Nachbarn, die meist auch kaum länger als er in der Stadt wohnten, lernte er nie kennen. Gelegenheit, viel über die Gemeinschaft, in der er lebte, zu erfahren, hatte er nicht.

Das mag ein Extremfall sein, aber er verdeutlicht doch die potentiellen Folgen dieses beunruhigend weitverbreiteten Trends. Ziehen Menschen zu oft um, können sie keine echte Identität innerhalb ihres Wohnumfelds entwickeln. Das führt automatisch dazu, daß ihre Interessen und ihre Loyalität nicht dem Gemeinwesen als Ganzem gelten, sondern allein dem Unternehmen – der einzigen Gemeinschaft, die sie gut genug kennen und die ihnen unter diesen Umständen die einzige Identifikationsmöglichkeit bietet. So wird die Firma schnell sehr viel wichtiger als die Gesellschaft, die sie umgibt und trägt.

Dazu kommt noch, daß heute viele Unternehmen selbst alles andere als stabile Gemeinschaften bilden. Unfreundliche Firmenübernahmen, Fusionen und Umstrukturierungen aller Art, die Massenentlassungen und Downsizing auf allen Ebenen nach sich ziehen, stellen eine neue Bedrohung dar. Unter solchen Umständen rückt die persönliche Karriere in den Vordergrund, auf Kosten der Belange des Gesamtunternehmens und der zwischenmenschlichen Beziehungen am Arbeitsplatz. Und diese Einengung der persönlichen Interessensphäre beschwört die Gefahr ausschließlich egozentrischen Denkens herauf.

Der bekannte zeitgenössische Schriftsteller Tom Wolfe interviewte bei seinen Recherchen für ein Buchprojekt die führenden Köpfe vieler großer amerikanischer Unternehmen. Mit großer Überraschung und einiger Ernüchterung konstatierte er einen eklatanten
Mangel an Loyalität in den oberen Etagen. Viele Führungskräfte
verwenden einen Großteil ihrer Energie und ihres Einfallsreich-
tum darauf, sich üppige Gehälter und „goldene Fallschirme" für
den Tag zu sichern, an dem sich die Dinge zum Schlechteren wenden oder das Unternehmen seine Tore schließen muß – eine Gefahr, zu der sie durch ihre egozentrische Haltung und ihr auf die
Maximierung des Eigennutzes ausgerichtetes Gebaren nicht uner-
heblich beitragen. Es gibt viele Betriebe, die wegen der astrono-
misch hohen Bezüge der Chefetage zumachen mußten oder ihren
Arbeitern die Löhne kürzten oder sie gleich auf die Straße setzten.

> **Der Mensch will das Beste für sich selbst, koste es die Welt, was
> es wolle.** *Robert Browning*

Wie wirkt sich das auf die persönliche Entscheidungsfindung
aus? Die Antwort kennen wir alle. Tritt die Loyalität gegenüber
einem Unternehmen an die Stelle der Loyalität gegenüber einem
Gemeinwesen, werden die Konsequenzen einer Entscheidung für
dieses Gemeinwesen nicht mehr in Betracht gezogen, sie werden
noch nicht einmal *verstanden*. Verschwindet in dieser Situation
auch noch die Loyalität gegenüber der Firma, so zählt nur noch
die Antwort auf die Frage „Was habe ich davon?" in ihrem engst-
möglichen Sinn.

  Verschärft wird dieses Problem üblicherweise noch durch den
Umstand, daß die Menschen, die sich diese Frage stellen, das nur
vor einem engen, kurzsichtigen und gewinnorientierten Hintergrund tun. Das Resultat ist genau das, was wir heute in der Welt
um uns herum sehen: das Leben der Reichen und Berühmten vor
dem Hintergrund der Trümmer einer krisengeschüttelten Gesellschaft.

Der Persönlichkeitskult

Unsere Gesellschaft fördert den Hang zu selbstzentriertem Denken durch den Persönlichkeitskult, der einen großen Teil unseres kulturellen Lebens bestimmt. Pausenlos werden wir mit Bildern bekannter und erfolgreicher Menschen inmitten ihres Luxus bombardiert, in einer Fernsehshow nach der anderen werden uns diese Giganten des Glamour mitsamt ihrem Spielzeug vorgeführt, Zeitungen und Illustrierte berichten über jeden ihrer Schritte und glorifizieren ihr schillerndes Leben. Wer kennt sie nicht, die Ikonen des wirtschaftlichen Erfolgs, Bill Gates, Donald Trump, Ted Turner und wie sie alle heißen mögen? Die Heroen der Musik wie Frank Sinatra, Elvis Presley, Michael Jackson oder Madonna? Die Megastars des Sports, Michael Jordan oder Tiger Woods, um nur zwei zu nennen? Im Sport und im Filmgeschäft kassieren die großen Namen das große Geld, heimsen den Ruhm ein und werden zum Objekt der Träume der Durchschnittsmenschen.

Dieser Persönlichkeitskult, die Konzentration auf das erfolgreichste Individuum in welchem Bereich auch immer, wird von vielen Stars selbst nicht weniger angeheizt als von ihren PR-Leuten. Als einer dieser Stars seine Autobiographie herausbrachte und damit einen nationalen Bestseller landete, schlug ihm sein Verleger vor, ein zweites Buch zu schreiben. Er lehnte ab. Begründung: „Ich kann mir kein anderes Thema von Interesse vorstellen."

Der Starkult läßt uns leicht den Menschen hinter der Maske und die Beziehungen vergessen, denen er seinen Erfolg verdankt. Diese eindimensionale Vorstellung von Erfolg und die daraus resultierende Fixierung auf Einzelpersonen führt dazu, daß immer mehr Menschen sich darauf konzentrieren, ihre eigene „Persönlichkeit" zu kultivieren – ihren Charme, ihren Esprit, ihre Umgangsformen, ihre Führungsqualitäten, ihre Eloquenz oder sogar den einen oder anderen exzentrischen Zug, der vermeintlich auf kreative Genialität verweist –, und darüber die Formung ihres Charakters vernachlässigen. Wir konzentrieren uns darauf, einen „Look" zu entwerfen, den wir der Welt präsentieren, der uns die Art von Aufmerksamkeit beschert, die uns in die Galerie der Stars und Gewinner katapuliert. Wir jagen einer Illusion hinterher; und darin Erfolg haben bedeutet, sich auf Kosten der moralischen Wirklichkeit einen „Look" zugelegt zu haben.

Mit dem Strom schwimmen

Wir alle kennen den Begriff *Gruppenzwang*. Wie oft haben wir den Anpassungsdruck in Äußerungen gespürt wie „Wir müssen alle am selben Strang ziehen", „Wir sitzen alle im selben Boot", „Du mußt ein Teamplayer sein", „So läuft das nun mal hier" oder „Manchmal muß man eben mit dem Strom schwimmen"? In jeder Gruppe besteht ein Anpassungsdruck, ob er nun in Worten ausgesprochen wird oder nicht. Oder haben Sie sich, wenn Sie in einer Entscheidung unsicher waren, nicht schon einmal gesagt „Nun, offenbar machen es hier alle so. Vielleicht ist das einfach die Art, wie man es hier macht?" und es dann genauso gemacht?

Beruht das Verhalten einer Gruppe, in die Sie eintreten, nicht auf ethischen Gesichtspunkten, so ist der Druck auf Sie groß, sich in gleicher Weise zu verhalten. Wenn Ihre Kollegen krumme Touren drehen, die Wahrheit manipulieren und ganz offensichtlich aus purem Eigennutz handeln und dazu neigen, das menschliche Element im Umgang mit anderen zu vergessen, dann stehen Sie unter dem Druck, Ihr Verhalten anzupassen. Gegen den Strom schwimmen ist beschwerlich, vor allem über einen längeren Zeitraum hinweg. Wir sollten daher in unserem eigenen Interesse den Ratschlag vieler großer Denker beherzigen und den Umgang mit den falschen Leuten soweit wie möglich einschränken.

> **Laß dich nicht mit schlechten Menschen ein – du erhöhst dadurch nur ihre Zahl.**   *George Herbert*

Ob Gruppenzwang eine gute oder eine schlechte Sache ist, hängt natürlich vom Team ab. In einem Team, das innerhalb eines stabilen ethischen Rahmens und mit vollem Einsatz arbeitet, kann der Gruppenzwang zu unserem persönlichen Wachstum beitragen,

eine Motivation oder einen Anreiz zu stetiger Verbesserung darstellen, eine wirkliche Kraft des Guten sein. In der falschen Umgebung kann der Gruppenzwang jedoch die gegensätzliche Wirkung haben. Konformität kann manchmal vorteilhaft sein. Aber
wir dürfen nicht vergessen, daß sie uns auch etwas kostet.

Die Gelangweilten und die Ruhelosen

Vor allem jüngere Menschen – aber beileibe nicht nur sie – sind
bei der moralischen Entscheidungsfindung gewöhnlich einem
weiteren Druck ausgesetzt, dem Druck der Leere – besonders
wenn diese Leere der totalen Leere der Langeweile entspricht.
Wie sagten schon die frühen Naturphilosophen? „Die Natur
schreckt das Leere ab."

In einer vor nicht allzu langer Zeit durchgeführten Umfrage
zum Thema Moral und Verhalten gab eine überraschend große
Zahl der Befragten an, nur deshalb Regeln zu brechen oder die
Grenzen moralisch korrekten Verhaltens zu übertreten, um sich
ein wenig Abwechslung von der Langweile, der Leere des Alltags
zu verschaffen. Natürlich steckt dahinter nichts anderes als die
klassische, die ewige Verlockung der verbotenen Frucht, der emotionale Kick, ein Verbot zu überschreiten und zu versuchen, damit
durchzukommen.

Der große britische Philosoph Bertrand Russell sagte einmal:
„Langeweile ist ein Aspekt, der von den Moralisten unbedingt in
ihre Überlegungen einbezogen werden muß, da mindestens die
Hälfte aller Sünden der Menschheit aus Furcht vor derselben be-
gangen werden." Die Frage ist, warum sich gerade im Zeitalter
der Informations- und Medienrevolution, der bunten Bilder und
der boomenden Freizeitgesellschaft das Gefühl der Langeweile
wie eine Epidemie ausbreitet? Die Antwort darauf liefert uns vielleicht der französische Existentialist Jean-Paul Sartre, der sich mit
den Widersprüchen der menschlichen Existenz befaßte und über
die Langeweile folgendes schrieb: „Was ist Langeweile? Es ist
die Gleichzeitigkeit von *Zuviel* und *Zuwenig.*" Eine in ihrer Einfachheit vielsagende und sehr weise Aussage.

> **Die Ruhe ist eine gute Sache, doch die Langeweile ist ihre Schwester.**
> *Voltaire*

Wir langweilen uns, wenn wir gleichzeitig zuviel und doch nicht genug haben. Bei der Arbeit kann das manchmal eine Kombination von zuviel Bequemlichkeit und zuwenig Herausforderung sein, oder zuviel Gleiches und zuwenig Neues, zuviel gleichförmige und zuwenig kreative Arbeit. Auf der gesellschaftlichen Ebene ist es oft eine Kombination von zu vielen Privilegien und zuwenig Verantwortung, zuviel Äußerlichkeit und zuwenig Innerlichkeit, zuviel spontanem Genuß und zu wenigen erstrebenswerten Zielen, von zuviel Schein und zuwenig wirklichem Sein.

Wer nicht lernt und wächst, wer in seiner Tätigkeit keinen ihr eigenen Wert wahrnimmt, ist empfänglich für den Übergriff der Langeweile. Wer jedoch eine gute Arbeit hat, eine Arbeit, die höheren Zielen dient, die Lernen und kreatives Engagement sowie den Aufbau erfüllender Beziehungen fördert, dessen ethisches Empfinden und Handeln wird von Langeweile weit weniger bedroht.

Das Ethische und das Nichtethische

Um Einblick in die Natur und Bedeutung moralischer Entscheidungsfindung zu erlangen und zu erkennen, wie wir den Kräften widerstehen können, die ethisch verantwortliches Denken und Verhalten untergraben, ist es notwendig, zumindest kurz die zentralen Unterschiede zwischen einem ethischen und einem nichtethischen Standpunkt darzulegen.

Charakteristisch für einen nichtethischen Standpunkt ist ein begrenzter und kurzfristig orientierter Denkrahmen. Ein ethischer Standpunkt hingegen hat einen weiteren Horizont und ist auf eine lange Sicht gerichtet. Damit will ich nicht sagen, daß ein egoistischer, unmoralischer Mensch nicht auch auf lange Sicht planen kann, die Weitsichtigkeit und Langfristigkeit seiner Planungen beschränkt sich jedoch auf die selbstauferlegten, engen Grenzen seines subjektiven Eigennutzes. Ein ethisch verantwortlicher Mensch dagegen wird in seinen Planungen den Nutzen langfristig orientierten Verhaltens für die Gemeinschaft, in der er lebt, mit dem unmittelbaren persönlichen Nutzen einer kurzfristig orientierten Verhaltensweise zumindest vergleichen.

Bei einem wirklich langfristigen Denken steht das momentane Selbstinteresse notwendigerweise hintan. Kurzsichtigkeit ist eher charakteristisch für prinzipienlose Überflieger. Meiner Ansicht nach gründen viele der Probleme, die unsere modernen Gesellschaften bedrängen, auf der schwindenden Bereitschaft, kurzfristige Bedürfnisbefriedigung zugunsten langfristigem Gewinn hintanzustellen und für das Wohlergehen der Gemeinschaft persönliche Opfer zu bringen.

Ein nichtethischer Mensch empfindet eine ausschließliche, „exklusive" Verpflichtung gegenüber sich selbst oder gegenüber etwas, das sein Ich besetzt hält – eine Sache, ein Kult, ein charismatischer Mensch oder eine bestimmte Gruppierung. Ein ethischer Mensch dagegen handelt nach umfassenderen Kriterien, die andere Interessen miteinschließen, „inklusiven" Interessen.

Der Unterschied zwischen der Nicht-Beachtung und Beachtung von Interessen anderer darf nicht unterschätzt werden. Ausschließlichkeit – der Interessen, der Werte oder der Selbstverpflichtung – ist die Quelle für einen Großteil des Hasses, des Streites, der Ungerechtigkeiten und des Mißtrauens, unter dem unsere Welt leidet. *Ich gegen dich, meine Familie gegen deine Familie, meine soziale Gruppe gegen deine soziale Gruppe, meine Rasse gegen eine andere, meine Abteilung gegen andere Abteilungen, meine Firma gegen deine Firma, mein Land gegen den Rest der Welt.* Soziale Katastrophen entstehen letztlich aus der Ausschließlichkeit der Interessen.

Die Geschichte der ethischen Erkenntnis ist die Geschichte zunehmender Universalität. Nach allem, was wir wissen, beschränkten sich in der Frühzeit der menschlichen Entwicklung die moralischen Verpflichtungen und Beziehungen eines Individuums auf seine Familie oder bestenfalls seinen Stamm; wer außerhalb dieses Verbandes stand, war ein Fremder, ein Feind, eine Bedrohung oder, noch extremer, eine „Unperson", die im Rahmen des individuellen ethischen Empfindens gar nicht existierte. Die moralisch-ethische Aufklärung der Menschheit bestand darin, daß mit der Zeit das ethische Empfinden natürliche und künstliche Grenzen überwand und umfassender, universeller wurde.

Die größte Herausforderung, der wir heute im „globalen Dorf", in der immer enger vernetzten globalen Gesellschaft gegenüberstehen, ist die wirkliche Universalität unserer ethischen Interessen. Die größte Gefahr, vor allem in der Weltwirtschaft, ist ethisches Stammesdenken. Wenn das Gute Eingang in den inneren Kreis findet, muß es als Grundlage dienen für die Öffnung nach außen und die Ausdehnung dieses Guten auf alle unsere Beziehungen.

Lebendige Moral sieht weiter als der Intellekt. *J. A. Froude*

Lassen Sie uns einen Augenblick die Struktur menschlicher Entscheidungsfindung betrachten. Manche Leute scheinen zu glauben, eine Entscheidung zu treffen sei ganz einfach: Man hat ein Problem und trifft eine Entscheidung. Punkt.

Problem → Entscheidung

Doch ganz so einfach ist es leider nicht.

Zuerst gilt es, uns bewußtzumachen, daß wir das wahrgenommene Problem immer durch die Brille unserer Überzeugungen und Werte sehen. Daß zwei Menschen mit derselben Situation konfrontiert sind, heißt noch lange nicht, daß sie vor demselben Problem stehen. Die Struktur des Entscheidungsfindungsprozesses muß dieser Tatsache Rechnung tragen.

Wäre eine Entscheidung die Wahl zwischen Alternativen, so wäre es leicht, eine Entscheidung zu treffen. Doch Entscheiden ist die Auswahl und Definition von Alternativen.

Kenneth Burke

Außerdem betrachten wir ein Problem gewöhnlich nicht einfach vor dem Hintergrund unserer Überzeugungen und Werte und beschließen dann, es zu lösen. Üblicherweise ziehen wir zunächst eine ganze Reihe möglicher Lösungen in Betracht, von denen sich einige als machbar erweisen und mit denen wir leben können; am Ende entscheiden wir uns für eine Lösungsmöglichkeit und führen sie aus. Dieser Prozeß der Entscheidungsfindung ist zweistufig und sieht in einer beliebigen Situation so aus:

Überzeugungen und Werte	→	Wahr- genommenes Problem	→	Entscheidung Nr. 1 Mögliche Lösungen	→	Entscheidung Nr. 2 Durchzuführende Lösungen

Aber auch das läßt einen wichtigen Faktor in der Logik der Entscheidungsfindung außer acht.

Woher kommen unsere Probleme? Natürlich haben sie die unterschiedlichsten Ursachen, doch man vergißt leicht, daß ein gegenwärtiges Problem in gewissem Maß immer auch auf einer vorherigen Entscheidung beruht. Hätte ich mich entschieden, im Musikgeschäft zu bleiben, so müßte ich mich heute mit gänzlich anderen Problemen auseinandersetzen als mit denen, die sich mir in der Philosophie stellen. In ähnlicher Weise geht es allen so. Hätten Sie eine andere Schule besucht, sich für eine andere Ausbildung entschieden oder einen anderen Beruf ergriffen, würden Sie sich heute mit anderen Problemen herumschlagen. Abgesehen davon gibt es natürlich einige universale Probleme – jeder muß sich unabhängig von seiner Lebensgeschichte mit ihnen auseinandersetzen. Lediglich ihre spezielle Ausformung hängt von den individuellen Entscheidungen ab, die wir irgendwann gefällt haben.

Vorherige Entscheidungen → Gegenwärtige Probleme

Eine sehr schöne Kurzgeschichte des Schriftstellers Robert Fulgham handelt von einem Einsatz der freiwilligen Feuerwehr einer kleinen Stadt. Aus dem oberen Fenster eines Hauses in der Stadt quillt dicker Rauch. Die Feuerwehrmänner brechen die Tür auf,

eilen die Treppe hinauf und finden einen Mann in einem brennenden Bett. Beherzt ziehen sie ihn aus den Flammen und bringen ihn
in Sicherheit. Draußen fragt ihn einer der Feuerwehrmänner, wie
das Feuer in seinem Bett ausgebrochen sei. „Ich weiß es nicht. Es
brannte schon, als ich mich hinlegte", erwidert der Mann.

Das ist sicherlich ein extremes Beispiel für die Unfähigkeit,
Entscheidungen zu treffen. Kaum jemand wird auf diesem Niveau
ernsthafte Schwierigkeiten haben, eine Entscheidung zu treffen –
trotzdem paßt die Geschichte gut hierher. Wie der Mann aus seinem brennenden Bett müssen auch wir hin und wieder aus Situationen gerettet werden, die eine Folge unserer Entscheidungen
sind. In gewisser Hinsicht sind unsere aktuellen Probleme immer
die Folge früherer Entscheidungen. Ist man sich dessen bewußt,
wird deutlich, wie wichtig es ist, die richtigen Entscheidungen zu
treffen.

**Es ist immer so, daß wir, getrieben von einer Geisteshaltung,
die nicht anzudauern bestimmt ist, unsere unwiderruflichsten
Entscheidungen fällen.** *Marcel Proust*

Zu allen Zeiten zerbrachen sich die Philosophen den Kopf darüber, wie wir am zuverlässigsten die richtigen Entscheidungen
treffen können. Auf diese Frage gibt es zwei Antworten. Die erste
werde ich in den verbleibenden Abschnitten dieses Kapitels behandeln, die zweite im nächsten Kapitel.

Nach den Regeln spielen

Lange Zeit herrschte in der Philosophie die übereinstimmende
Auffassung, der Mensch sei zu einer ethischen Entscheidungsfindung auf ein umfassendes System von Regeln angewiesen. Diese
Auffassung entspringt einer moralischen Sichtweise, nach der
ethisches Verhalten in allen Bereichen des Lebens von Regeln bestimmt wird – von Verhaltensregeln für Juristen, Immobilienmakler oder Bankangestellte bis hin zu Verhaltensregeln im zwischen-

menschlichen und im gesellschaftlichen Bereich. Dieser Auffassung zufolge besteht moralisches Verhalten im Befolgen von Regeln, unmoralisches Verhalten im Verletzen einzelner Regeln oder des gesamten Regelwerks.

Dieses Verständnis von Ethik legt das Gewicht auf Regeltreue: Fälsche keine Berichte. Veruntreue kein Betriebseigentum. Mißbrauche nicht das Vertrauen des Klienten. Mache keine unlauteren Versprechungen. Betrüge keinen Kunden. Übertrete nicht die Gesetze, die deine Branche regulieren. Mache dich über die Regeln kundig, bevor du handelst. Oder frage einen Juristen. Ethisch handelt demnach, wer sich an die Spielregeln hält. Ein nach ethischen Grundsätzen ausgerichtetes Unternehmen muß also zwei Dinge tun: Erstens muß es seine Regeln klar definieren und offenlegen, zweitens muß es Kontrollinstanzen einsetzen, die sicherstellen, daß jeder nach den Regeln handelt. Viele Unternehmen lassen für ihre Mitarbeiter Handbücher über moralische Grundsätze zusammenstellen und setzen Ethikbeauftragte ein, die das Verhalten der Mitarbeiter überwachen.

Vor einigen Jahren hielt einer meiner Freunde in mehreren Großunternehmen Seminare über Ethik ab. Wenn die Geschäftsführung seine Frage bejahte, ob für die Belegschaft gerade ein Handbuch über ethische Regeln in Arbeit sei, empfahl er ihnen zu ihrem großen Erstaunen, das Vorhaben einzustellen.

Seiner Auffassung nach helfen solche Bücher fast gar nichts. Schlechte Menschen werden immer Wege und Mittel finden, die Regeln zu umgehen, und die Guten, die sowieso immer das Richtige machen, würden nur ihre Zeit und Energie darauf verschwenden, herauszufinden und nachzuprüfen, welche Regel angewandt werden muß, bevor sie zur Tat schreiten – „Warte, ich muß mich erst versichern, ob das mit Regel 37, Teil B, Absatz 1–3 a übereinstimmt." –, und dann kann es schon zu spät sein.

Je mehr Gesetz, je mehr Sünde. *Sprichwort*

Michael Josephson, Gründer des Josephson Institute for the Advancement of Ethics, erklärte Bill Moyers gegenüber in einem

187

PBS-Fernsehinterview, er habe in seinen Ethikseminaren an einer juristischen Fakultät stets eben diesen legalistischen Ansatz der Ethik vertreten: hier die Regeln und da die Gebrauchsanweisung für den eigenen Erfolg und Gewinn. Dann kam sein erstes Kind auf die Welt. Er dachte über die Zukunft seines Sohnes nach und fragte sich, ob er seinen Sohn in einer Welt aufwachsen sehen wollte, in der Menschen über Ethik so dachten, wie er es in seinen Seminaren lehrte. Die Antwort lautete nein. Er wandte sich von seinem an Vorschriften orientierten Ansatz ab, kündigte seine Stelle und gründete ein Institut für ethische Studien, um sich intensiver mit der Frage nach dem wirklichen Wesen der Ethik auseinanderzusetzen.

Wir stellen Regeln auf für fast alles, was wir tun, und messen diesen Regeln dann vorrangige Bedeutung zu. Das ist ganz natürlich; nur so können im Leben bestimmte Unwägbarkeiten ausgeschlossen werden. So legte ich zum Beispiel heute ein kurze Schreibpause ein und ging mit den Kindern ins Schwimmbad. Während ich am Schwimmbadrand sitzend in philosophischen Betrachtungen versank, schnappte ich eine lebhafte Diskussion zwischen Matt und Sara auf, die Wasserfangen spielen wollten. Nach ein paar Minuten mußte ich lachen – da standen sie nun bis zur Hüfte im Wasser und handelten Regeln für ein Spiel aus, für das am Ende ihrer Diskussion kaum mehr Zeit bleiben würde. Diese Situation wirft ein Licht auf viele Regeln der Erwachsenen. Regeln können sehr wichtig sein, es gibt aber auch noch wichtigere Dinge. Ethik muß über die bloße Definition und Aufzeichnung von Regeln hinausgehen. Wir müssen auch noch das Spiel spielen und darin vorankommen.

Regeln sind nicht alles

Die moderne Auffassung von Unternehmensethik wird von Regeln dominiert. Wie ich oben angedeutet habe, birgt eine Vorstellung von Ethik, die sich vor allem an Regeln orientiert, ernstliche Gefahren, von denen ich hier nur einige erwähnen kann.

Erstens kann es nie genügend Sonderregeln geben, um jede Situation abzudecken, die wir als eine moralische Herausforderung wahrnehmen. Das Leben ist zu komplex, als daß ein Regelwerk jemals vollständig sein könnte.

Zweitens begünstigt der Versuch, ethisches Verhalten ausschließlich als regelgerechtes Verhalten zu definieren, ein „Ausnahme"-Denken oder, wenn Sie so wollen, eine „Schlupflochmentalität" – eine Einstellung, die am Ende alles ist, nur nicht ethisch.

Es gibt keine Regel ohne Ausnahme. *Cervantes*

Drittens besteht die Gefahr, daß Regeln miteinander in Konflikt geraten. Wie eine ethische „richtige" Lösung finden, wenn Ethik nichts anderes meint als Regelbefolgung, zwei Regeln aber im Widerspruch zueinander stehen und uns zu zwei unvereinbaren Handlungen nötigen? Brauchen wir dann Regeln, die den Regelkonflikt regeln? Und was tun, wenn sich auch zwischen diesen Metaregeln Widersprüche ergeben?

Ein viertes und damit verwandtes Problem besteht darin, daß Regeln der Interpretation bedürfen. Beschränkt sich Ethik aber ausschließlich auf die Einhaltung von bestimmten Regeln, benötigen wir auch Regeln zur Regelauslegung. Diese müßten dann aber auch wieder ausgelegt werden, und so weiter und so weiter. Wäre Ethik nur ein Regelwerk, bräuchten wir unendlich viele Regeln, was offensichtlich absurd wäre. Demnach muß Ethik mehr als nur ein großes Regelwerk und dessen Anwendung sein.

Ohne natürliche Einsicht sind Regeln und Richtlinien wertlos. *Quintilian*

Verstehen Sie mich nicht falsch. Es ist nicht verkehrt, ethische oder moralische Regeln zu befolgen. Ich selbst habe nichts dagegen einzuwenden, wenn in Unternehmen Regelhandbücher verteilt werden, vorausgesetzt, diese Regeln werden richtig angewandt und in den richtigen Zusammenhang gestellt. Regeln

189

erfüllen eine ganze Reihe von wichtigen Funktionen. In der Persönlichkeitsentwicklung können sie ein Kind in die richtige Richtung lenken. Wir stellen für kleine Kinder zahllose Regeln auf, die, wenn alles gut geht, im Laufe ihrer Entwicklung und Reifung zusehends überflüssig werden. Im Berufs- oder Geschäftsleben sind Regeln nützlich – schließlich gibt es berechtigte gegenseitige Erwartungen. Auf bestimmten Ebenen kommen wir ohne ein Mindestmaß an Grundregeln nicht aus.

Einer meiner Freunde unterhält weltweite Geschäftsbeziehungen. Vor seiner ersten Italienreise sagte man ihm, Italiener hielten sich nicht an Regeln, und das Land sei ein einziges Chaos. Kaum aber hatte er das Land betreten, machte er eine erstaunliche Erfahrung, von der er schwört, daß sie sich wirklich so zugetragen habe: Ein italienischer Geschäftsmann holte ihn mit einem Sportwagen vom Flughafen ab und chauffierte ihn in rasender Fahrt über kurvige Straßen in die Stadt. Als er sich an einer Kreuzung einer roten Ampel näherte und sah, daß kein Verkehr herrschte, blieb er auf dem Gas und brauste, ohne anzuhalten, über die Kreuzung. Dasselbe Spiel bei der nächsten roten Ampel. Da die Kreuzung etwas weniger übersichtlich war, bremste er zwar leicht ab, beschleunigte dann aber wieder und fuhr durch. Dann kamen sie an eine Kreuzung, wo die Sicht durch Büsche und Bäume versperrt war. Obwohl die Ampel Grün zeigte, bremste er mit quietschenden Reifen. Mein Freund, der sich bis dahin jeden Kommentar bezüglich des Fahrstils des Italieners verkniffen hatte, fragte verblüfft: „Was ist denn jetzt los? Sie haben zwei rote Ampeln überfahren, und jetzt halten Sie an einer grünen Ampel an?" Der Italiener warf ihm einen kurzen Blick zu und erwiderte: „Ich muß anhalten. Die anderen haben Rot, irgend jemand könnte die Ampel überfahren."

Regeln. Sogar die Italiener, die manchmal keine Regeln zu haben scheinen, haben sie. Wir kommen nicht ohne Regeln aus. Letztendlich aber brauchen wir mehr als nur Regeln.

Die wichtigste Regel

Regeln können helfen, Erwartungen vorwegzunehmen, die an uns gestellt werden. Sie bilden ein Raster, das adäquates Verhalten definiert und koordiniert, und können, wenn auch in sehr einfacher Form und nur unvollständig, eine Unternehmenskultur vermitteln. Regeln legen fest, was man tun darf und was nicht.

Es gibt einige einfache moralische Regeln, die sich aus jahrtausendealten Erkenntnissen und Lehren entwickelt haben und uns in schwierigen Situationen moralische Orientierung geben. Und es gibt eine Regel, die in jeder großen Kultur, die ich bisher untersuchen konnte, in irgendeiner Form anerkannt wird und zu deren grundlegenden Wert sich immer mehr Führungskräfte bekennen. Die offensichtliche Stärke dieser Regel deutet darauf hin, daß moralische Regeln durchaus nützlich sind, auch wenn sich Ethik keineswegs in Regeln erschöpft.

Aus der Geschichte wissen wir, daß der große jüdische Gelehrte Hillel, der von etwa 30 vor bis 10 nach Christus lebte, auf die Frage nach dem eigentlichen Wesen der jüdischen Religion geantwortet haben soll: „Tue deinem Nächsten nichts an, was dir selbst von Schaden wäre. Der ganze Rest ist nur ein Kommentar dazu." Stellen Sie sich vor – der berühmteste jüdische Gesetzesgelehrte, der sich in den schwierigsten Fragen des Talmud und dessen Lehren sowie in dessen ganzer Geschichte auskannte wie kein zweiter Zeitgenosse, bezeichnete das ganze Werk als bloßen Kommentar zu einem Grundsatz, den wir in anderer Formulierung als die goldene Regel kennen: „Was du nicht willst, das man dir tu', das füg' auch keinem anderen zu." Oder, anders ausgedrückt: Behandle andere so, wie du selbst gerne behandelt werden willst.

Die goldene Regel ist wohl die bekannteste moralische Regel, die jemals aufgestellt wurde. Sie zieht sich durch alle Kulturen, alle Zeiten und alle Orte. Ihr Wortlaut unterscheidet sich zwar von Kultur zu Kultur und Zeit zu Zeit, ihre Aussage ist aber immer die gleiche.

Konfuzianismus	„Tue anderen nichts an, was du nicht willst, das dir angetan wird."
Buddhismus	„Trachte, anderen das Glück zu schenken, das du für dich selber wünschst. Füge anderen keine Verletzung zu, die dir selber Schmerz bereitet."
Hinduismus	„Darin sind alle deine Pflichten enthalten: Tue anderen nichts an, was dir selbst Schmerz verursacht."
Judentum	„Tue deinem Nächsten nichts an, was dir selbst von Schaden wäre."
Islam	„Lasset keinen unter euch seinen Bruder auf eine Weise behandeln, auf die er selbst nicht behandelt werden will. Keiner unter euch ist ein Gläubiger, bis er seinem Bruder das wünscht, was er sich selbst wünscht."
Taoismus	„Betrachte den Gewinn deines Nächsten als deinen eigenen Gewinn und seinen Verlust als deinen eigenen Verlust."
Christentum	„Behandle andere so, wie du selbst gerne behandelt werden willst."

Aber beachten Sie, daß die goldene Regel in ihrer positiven Formulierung nicht besagt:

Behandle andere so, wie sie dich behandeln.

Diese Regel ist als die Gegenseitigkeitsregel bekannt. Im Prinzip rät sie, anderen das Sagen zu überlassen. Sie agieren, wir reagieren. Leben wir nach dieser Regel, geben wir unsere Integrität auf, wir reagieren nur noch auf äußere Anstöße, darauf, wie andere uns behandeln. Ich werde auf diesen Punkt weiter unten noch eingehen.

Die goldene Regel sagt auch nicht:

Behandle andere so, wie du glaubst,
daß sie dich behandeln werden.

Diese Regel – das Prinzip des ersten Schlags – steht für eine aggressive Gewinnmentalität und hat in den letzten 20 Jahren viel zu sehr das Verhalten im Geschäftsleben dominiert.
Sie sagt auch nicht:

Behandle andere, wie sie behandelt werden wollen.

Diese „Regel des allgemeinen Gehorsams" ist eine verzerrte Darstellung der goldenen Regel und wird oft mit ihr verwechselt. Was, wenn jemand unfairerweise bevorzugt behandelt werden will? Kann eine Regel moralisch genannt werden, die uns auffordert, das unmoralische Begehren anderer nicht nur zu tolerieren, sondern ihm sogar zu entsprechen? Wenn jemand den krankhaften Wunsch verspürt, mißhandelt zu werden, darf kein moralisches Prinzip uns dazu zwingen, diesem Verlangen zu entsprechen.

Doch die goldene Regel ist weit mehr als bloß eine Anweisung zu moralischem Handeln: Die goldene Regel spricht unsere Vorstellungskraft an. Sie besagt, ich soll einen anderen Menschen so behandeln, wie ich an seiner Stelle selbst gerne behandelt werden würde. Doch das kann ich nur tun, wenn ich mir *vorstelle*, wie ich mich anstelle des anderen mit all seinen berechtigten Interessen und Wünschen fühlen würde. Die goldene Regel zwingt mich also, meine Vorstellungskraft einzusetzen und mich in andere einzufühlen. Meiner Meinung nach ist die Vorstellungskraft die größte natürliche Kraft im menschlichen Leben. Und so es ist auch kein Zufall, daß die wichtigste moralische Regel sich eben auf diese Kraft bezieht.

Eine goldene Regel, die auf Einfühlungsvermögen und Vorstellungskraft beruht, kann in jeder Organisation enorme Ergebnisse hervorbringen. Den folgenden Ausspruch Dee Hocks, innovativer Unternehmer und legendärer Erfinder der Visa-Karte, könnte man mit „Oberseminar in Unternehmensführung, Kurzform" betiteln:

Liste alles auf, was man dir angetan und du verabscheut hast.
Tue nichts davon jemals anderen an. Liste auch alles auf, was
man für dich getan hat und das du geliebt hast. Tue diese Dinge
immer für andere.

Zum Verständnis und zur Anwendung der goldenen Regel

Wie aber kann die goldene Regel im Geschäftsleben umgesetzt
werden? Als sich Leo Lindeck, einer der weltweit größten Bauunternehmer aus Houston, Texas, während einer Podiumsdiskussion
über Unternehmensethik an der Notre Dame University begeistert
über diese Verhaltensregel äußerte, meldete sich ein junger Mann
und sagte: „Ich bin auch in der Baubranche tätig, wenn auch erst
seit drei Jahren. Was Sie so lobend über die goldene Regel gesagt
haben, hat mich sehr bewegt. Nur gibt es da ein Problem. Ich muß
verhandeln bei meinem Job. Was mache ich, wenn ich bei einer
Verhandlung die goldene Regel befolgen will, mein Gegenüber
aber keine derartige ethische Verpflichtung empfindet? Sind mir
dadurch nicht die Hände gebunden? Gerate ich dadurch nicht tak-
tisch ins Hintertreffen? Muß dann nicht mein Verhandlungspartner, der sich nicht an moralische oder ethische Grundsätze gebunden fühlt, bei dem Geschäft fast zwangsläufig gewinnen?"

Und sehet, ich sende euch als Schafe inmitten von Wölfen, auf
daß ihr so weise seid wie die Schlangen und so harmlos wie die
Tauben.   *Jesus von Nazareth*

Nach kurzer Überlegung gab Lindbeck eine souveräne Antwort:
„,Moralisch' ist nicht gleichbedeutend mit ,naiv'. Findet Ihre erste Begegnung mit einem Verhandlungspartner erst am Verhandlungstisch statt, so sind Sie ein Dummkopf. Als moralischer Geschäftsmann muß man schlau sein, man muß im voraus planen.
Sie sollten Ihren Verhandlungspartner so früh wie möglich kennenlernen. Wochen, ja Monate im voraus sollten Sie ihn als nor-

malen Menschen kennenlernen und sich ihm genauso als norma-
ler Mensch präsentieren. Verhalten Sie sich bei jeder Begegnung
auch in Kleinigkeiten entsprechend der goldenen Regel. Die meisten Menschen erwidern die Behandlung, die sie bekommen. Je
größer Ihr Respekt vor und Ihre Aufmerksamkeit gegenüber Ihrem Verhandlungspartner sind, desto schwieriger wird es für ihn
sein, sich Ihnen gegenüber nicht ebenso zu verhalten. Wenn Sie
dann am Verhandlungstisch sitzen und er Sie trotzdem in moralisch zweifelhafter Weise behandelt, brechen Sie die Verhandlun-
gen ab. Mit schlechten Menschen kann man keine guten Geschäfte machen."

Schlau, brillant – und zutreffend. Moralische Geschäfte sind –
langfristig gesehen – die besten Geschäfte. Richtig angewandt, ist
die goldene Regel der beste Leitfaden für moralisch aufrechte und
dauerhafte Geschäftsbeziehungen.

> **Das Gute ist leichter zu erkennen als zu bestimmen.**
>
> *W. H. Auden*

Regeln müssen interpretiert werden. Für ihre moralische Ausle-
gung müssen wir aber hinter die Regeln blicken. Wir müssen lernen, die Wirklichkeiten zu erkennen, die ihnen zugrunde liegen.
Welche moralischen Grundprinzipien liegen außerhalb der Regeln? Gibt es neben den expliziten Prinzipien und den aufgestell-
ten Regeln noch eine andere Quelle ethischer Richtungsweisung?
Gibt es noch etwas anderes, das uns helfen kann, richtige, sprich
moralische Entscheidungen zu treffen? Eine bedeutende, erst vor
kurzem wiederentdeckte Tradition moralischen Denkens bejaht
diese Frage. Und genau diese Tradition wird das Thema des nächsten Kapitels sein.

9

Weisheit, Tugend und unternehmerische Stärke

Im vorangegangenen Kapitel beschäftigten wir uns mit der traditionellen Sichtweise, daß gutes, ethisches Verhalten nur ihm Rahmen eines komplexen Regelwerks möglich ist. Doch Regeln müssen in etwas Tieferem verwurzelt sein, wenn sie in unserem Leben Früchte tragen sollen. An Regeln und Regelerfüllung orientierte Unternehmen und Betriebe nehmen immer nur einen begrenzten Ausschnitt des Gesamten wahr. Man kann selbst aus dem stärksten Unternehmensgeist keinen Nutzen ziehen, wenn er nicht auf einem fundamentalen Verständnis der Ethik beruht. Uns diesem Verständnis zu nähern, ist das Ziel dieses Kapitels.

Fruchtbarer Boden für gute Unternehmen

Wie fällt man eine moralische Entscheidung? Wie verhält man sich in einem ethischen Sinn richtig? Ich antworte darauf mit Aristoteles: Wir brauchen Weisheit und Tugend.

Weisheit und Tugend – zwei altmodische Begriffe, die in jüngster Zeit wieder in Mode kommen. Ein modernes Unternehmen kann ohne Weisheit und Tugend auf lange Sicht nicht gut funktionieren. Ohne diese Qualitäten ist es unmöglich, moralische Entscheidungen zu treffen. Niemand kann ohne die Weisheit, zu erkennen, was getan werden muß, und die Tugend, es auszuführen, sein Bestes geben oder einbringen. Wenn dem aber so ist, müssen wir zunächst klären, worin genau die antiken Eigenschaften Weisheit und Tugend bestehen.

197

> **Die Weisheit ist ein festes und vollständiges Bauwerk: Jedes Teil nimmt seinen Platz ein und trägt sein Zeichen.**
>
> ***Michel de Montaigne***

Beginnen wir mit einigen kurzen Definitionen. *Weisheit* ist tiefe Lebenseinsicht. Weisheit ist ein guter Rat aus dem Reich der Erfahrung. Weisheit ist Erkenntnis des Richtigen. Tugend ist die Gewohnheit oder Neigung, in Übereinstimmung mit der Weisheit zu handeln. Weisheit ist, eine weise Sache zu tun. Das ist einfach gesagt, aber manchmal schwierig getan.

Tugend kann als der Urquell der moralischen Einstellung begriffen werden, die in Verbindung mit Weisheit die eigentliche Form menschlicher Stärke ergibt – die Stärke des moralischen Charakters, die persönliche Integrität, die Stärke, die Grundlage aller dauerhaften Spitzenleistungen ist. Diese Kraft ist immer eine Folge dessen, was der Mensch als gesellschaftliches Wesen ist, eine Folge seines Charakters.

Wir sprechen oft von „Charakter" und „Integrität", ohne jedoch immer genau sagen zu können, was diese Begriffe meinen. Philosophisch betrachtet sind sie leicht zu definieren. Ich definiere Charakter als das Maß an Weisheit und Tugend, das einer Person zu eigen ist; eine spezifische Weise zu denken, zu fühlen und sich zu verhalten, die sich aus dem Wechselspiel von Aktionen und Reaktionen in der Welt ergibt. Charakter ist demnach die Gesamtsumme aller moralisch relevanten Gewohnheiten, die wir in unserer individuellen Existenz entwickeln. Er ist die Grundlage für die meisten unserer unmittelbaren, spontanen sowie für unsere mittelbaren, überlegten Reaktionen auf die Welt.

> **Unser Charakter ist die Folge unseres Verhaltens.** *Aristoteles*

Integrität ist eine Funktion des Charakters. Betrachten wir einen Augenblick die Etymologie der Begriffe *integer,* „vollständig", und *Integration,* „Zusammenschluß verstreuter Teile zu einem Ganzen", so erkennen wir, daß auch der Begriff *Integrität* mit

Einheit, mit Ganzheit zu tun hat. In einer Situation verhält man sich integer, wenn man seine Persönlichkeit, seine tiefsten Überzeugungen und Werte in diese Situation einbringt, und wenn diese Überzeugungen und Werte mit dem Wahren und mit dem Guten in Einklang stehen. Integrität läßt nicht zu, daß man nur einen einzelnen Wert betrachtet und von der Gesamtheit seiner Werte zugunsten eines kurzfristigen Vorteils abweicht; sie erlaubt nicht, daß man die Erfordernisse der Wahrheit und des Guten bei einer Entscheidung außer acht läßt. Das Maß der Integrität eines Menschen kann zusammengenommen als Resultat seiner allgemeinen Neigung zu Weisheit und Tugendhaftigkeit interpretiert werden.

Auf der Ebene des Individuums ist Integrität ein Zeichen eines guten Charakters. Auf der Ebene von Organisationen ist Integrität ein Zeichen einer intakten Organisationskultur. Um diese beiden Pole, den individuellen Charakter und die institutionelle Kultur, dreht sich die Unternehmensethik. Hat man die richtigen Leute um sich und hat man gute Arbeitsbedingungen, so werden sich individueller Charakter und Unternehmenskultur in positiver Weise ergänzen und verstärken.

Unmoralisch heißt selbstzerstörerisch

Unmoralische Praktiken wirken sich auf lange Sicht sowohl auf der persönlichen als auch auf der unternehmerischen Ebene immer selbstzerstörerisch aus. Dies zeigt ein berühmtes Duell der amerikanischen Geschichte: Alexander Hamilton, unter George Washington Finanzminister der jungen Vereinigten Staaten, gründete die Bank of New York und die Bank of the United States. Dieses Bankenmonopol brach Aaron Burr, Vizepräsident unter Thomas Jefferson, mit der Gründung einer Konkurrenzbank, der heutigen Chase Manhattan Bank. Hamilton betrachtete Burr als unwillkommenen Rivalen. Er schleuste einen Spion in den Kreis von Burrs Aktionären ein und veranlaßte seinen Schwager John Church, Burr öffentlich zu beleidigen und damit ein Duell zu provozieren. Abgesehen von einem abgeschossenen Westenknopf überstand Burr das Duell unversehrt. Einige Zeit später beleidigte

Hamilton selbst seinen Rivalen öffentlich und führte damit ein zweites Duell herbei. Hamilton lieh sich von Church einen Satz Pistolen, die er heimlich präparierte: Drückte Hamilton den Abzug leicht nach vorne, konnte er einfacher und schneller feuern als Burr, der nichts von der Manipulation der Pistolen wußte und sich somit klar im Nachteil befand. Hamiltons Pistolen hatten darüber hinaus auch einen schwereren Schaft und ein größeres Kaliber als gewöhnlich – was sie als Duellpistolen disqualifiziert hätte. Das mag heute alles ungewöhnlich klingen, doch man darf nicht vergessen, daß ein Duell damals eine Ehrenangelegenheit war, die durch strenge Vorschriften und Konventionen geregelt war. Hamilton wollte also ein Duell, aber ein Duell ohne (oder besser: nach seinen) Regeln.

Bei dem Duell wurde Hamilton dann mit seinen eigenen Waffen geschlagen. Seine Pistole, nur auf den halben Abzugswiderstand eingestellt, ging los, bevor er sie überhaupt auf seinen Gegner richten konnte. Burr mit seiner den Regeln entsprechenden Pistole konnte in aller Seelenruhe zielen und abdrücken. Die großkalibrige 54er-Kugel traf Hamilton in die Leber, und 36 Stunden später war er tot.

Das Böse schlägt auf sich selbst zurück.   *John Milton*

Die eigene Tücke und das eigene Grauen quält einen jeden am meisten; das eigene Verbrechen verfolgt ihn und schlägt ihn mit Wahnsinn.   *Cicero*

Stellt man die Frage nach der moralischen Rechtfertigung des Duellierens für den Moment hintenan, so zeigt Hamiltons Vorgehensweise sehr deutlich die selbstzerstörerische Natur einer unmoralischen Handlung. Eine unmoralische Person gräbt sich selbst eine Grube, geht sich selbst in die Falle, sägt selbst den Ast ab, auf dem sie sitzt.

Durch seine Beobachtung nichtmenschlichen Lebens auf der Erde kam ein berühmter Biologe in einem Artikel in der *New*

York Times zu zwei Schlüssen. Erstens: In den meisten bedrohlichen Situationen oder unter dem Druck der Anpassung sind kleine Lebensformen im Vorteil gegenüber größeren. Diese Erkenntnis haben in den vergangenen Jahren viele Unternehmen gehabt, wie die Tatsache beweist, daß große Organisationen in kleinere, flexiblere Einheiten und Teams unterteilt wurden.

Die zweite Lektion aus der Welt der Biologie besagt, daß Räuber zwar kurzfristig Erfolg haben, am Ende aber die kooperierenden Lebewesen gewinnen. In einem erweiterten Sinn kann dies als Warnung vor unmoralischen Machtspielen und betrügerischen Machenschaften ausgelegt werden. Kann ein unmoralischer Mensch Erfolg haben? Natürlich kann ein schlechter Mensch manchmal erstaunliche Erfolge erzielen. Zumindest eine Zeitlang und in einem begrenzten Bereich – aber nur auf Kosten der wirklich relevanten Dinge. Auf lange Sicht aber werden unmoralische Taten nichts dauerhaft Gutes hervorbringen.

Wie man in den Wald hineinruft ...

Mich erstaunt immer wieder, wie viele ansonsten intelligente Menschen zu vergessen scheinen, daß der, der andere schlecht behandelt, am Ende die Quittung dafür bezahlen muß.
Charles Grodin

Im letzten Kapitel erwähnte ich im Zusammenhang mit der goldenen Regel auch die *Gegenseitigkeitsregel*, das Prinzip, andere ebenso zu behandeln, wie sie einen selbst behandeln. Leider neigen die meisten von uns im Geschäftsleben wie auch im privaten Bereich zu einem solchen reaktiven Verhalten. Werden wir gut behandelt, erwidern wir diese gute Behandlung. Werden wir schlecht behandelt, tut unser Gegenüber gut daran, sich in acht zu nehmen.

Diese Regel kann man natürlich leicht umdrehen. Behandeln wir andere Menschen gut, so wird man uns aller Wahrscheinlichkeit nach auch gut behandeln. Behandeln wir andere aber schlecht, werden wir am Ende auch die Suppe auslöffeln müssen, die wir uns eingebrockt haben.

Ich tue anderen an, was sie mir auch antun – nur schlimmer.
Jimmy Hoffa

Wirfst du mir einen Igel hin, so werfe ich dir zwei Stachelschweine zurück.   *Nikita Chruschtschow*

Seneca, der große Philosoph des ersten Jahrhunderts nach Christus, sagte einmal, man müsse darauf gefaßt sein, von anderen genauso behandelt zu werden, wie man sie selbst behandelt, oder, hätte er hinzufügen können, schlechter. Was das heißt, liegt auf der Hand. Die Anwendung der goldenen Regel ist der einzig mögliche Weg, ein zwischenmenschliches Umfeld zu schaffen, das uns mit tiefer Freude erfüllt.

Eine gewisse Zeit lang kann ein unmoralischer Mensch Menschen schlecht behandeln und Kollegen, Kunden oder Zulieferer belügen und betrügen. Früher oder später aber wird er – weil die Menschen auf ihn genauso reagieren werden – einer feindlichen Front gegenüberstehen, die es ihm mit gleicher – oder schlimmerer – Münze heimzahlen wird. Dies ist einer der Gründe, warum unmoralisches Verhalten auf lange Sicht selbstzerstörerisch wirkt.

Die, die wirklich oder nur ihrer Meinung nach ungerecht behandelt wurden, erregen Furcht; denn sie lauern immer auf eine günstige Gelegenheit.   *Aristoteles*

Ein weiterer Mechanismus, der unmoralisches Verhalten auf Dauer selbstzerstörerisch macht, funktioniert nach sehr viel einfacheren Prinzipien. Sehen Mitarbeiter, daß Kollegen, Abteilungsleiter oder Manager Menschen außerhalb des Unternehmens auf unmoralische Weise behandeln, argwöhnen sie natürlich, sie selbst könnten irgendwann genauso behandelt werden. Wer sich einem

Dritten gegenüber unmoralisch verhält, ist auch fähig, sich mir gegenüber unmoralisch zu verhalten. Auf einer gewissen Ebene ziehen wir uns ganz automatisch von Menschen zurück, die andere manipulieren, weil wir wissen, daß sie uns um eines Vorteils willen ebenso behandeln würden.

Ein subtiler, aber wichtiger Punkt. Ein Unternehmen, das Produktfotografien nachträglich retuschiert und damit auf Kundenfang geht, untergräbt damit in den allermeisten Fällen unwissentlich auch seine Glaubwürdigkeit nach innen. Unternehmen oder Führungskräfte, die aus PR-Gründen öffentlich zu ethischen Fragen Stellung beziehen, die sie in ihrer Unternehmenspolitik und in ihren Geschäftspraktiken nicht respektieren, fördern Mißtrauen und Zynismus in der Belegschaft, weil die Mitarbeiter natürlich davon ausgehen müssen, genauso für dumm verkauft zu werden wie die Öffentlichkeit.

Menschen sind von Natur aus vorsichtig und mißtrauisch – ein simples Anpassungsmerkmal, das die Überlebenschancen erhöht und unmittelbar mit unserem tiefen Bedürfnis nach Wahrheit zusammenhängt. Unternehmerische Heuchelei ruft Argwohn und Mißtrauen hervor und wird einen positiven Unternehmensgeist, wo er vorhanden ist, zersetzen. Auf lange Sicht ist jedes Verhalten, das solche Reaktionen provoziert, selbstzerstörerisch, so vorteilhaft es auch auf kurze Sicht erscheinen mag.

Ich hasse den unaufrichtigen Mann – ein Freund in Worten, aber ein Feind in Taten. *Palladas*

Die Folgen der Korruption

Die selbstzerstörerische Natur unmoralischen Verhaltens tritt auf unterschiedliche Weise zutage. Denken Sie nur an die Verquikkung von wirtschaftlichen und politischen Interessen, speziell an den Einfluß der Großunternehmen auf die Politik, der von so vielen Journalisten beklagt wird. Natürlich gibt es kein Zurück mehr. Angesichts der Macht der Konzerne können wir die Geister, die wir gerufen haben, nicht mehr loswerden. Und wahrscheinlich sollten wir das auch gar nicht. Großunternehmen erzeugen und sammeln Wissen und geben es weiter. Auch wenn der Einfluß der Wirtschaft auf die Politik nicht immer – sehr zurückhaltend ausgedrückt – positiv war, so wäre es doch töricht, dieses Potential, selbst wenn möglich, wieder aus dem politischen Prozeß auszuschließen.

Der Großteil der Lobbying-Aktivitäten in jüngster Zeit wurde von ausschließlich kurzfristigem, gewinnorientiertem und engstirnigem Egoismus geleitet, und die Folgen für die Gesellschaft insgesamt waren oft sehr destruktiv. Daß Unternehmen Einfluß auf die Politik nehmen, ist nicht an sich schlecht, problematisch ist nur ihr unmoralischer Egoismus. Würden Unternehmen anfangen, ihre Handlungen an ihrem langfristigen Selbstinteresse auszurichten und einsehen, daß das auch für andere Interessengruppen und für die ganze Gesellschaft von Vorteil ist, würden ihre Aktivitäten die allgemeine Effektivität politischer Prozesse steigern, nicht mindern. So, wie es ist, haben Unternehmen durch ihre unmoralischen Praktiken und Maßnahmen eine Gegenreaktion in der Öffentlichkeit provoziert. Das hat sich nicht nur auf unvorhersehbare Weise negativ auf ihr wirtschaftliches Handlungsumfeld ausgewirkt, sondern es auch ihren Mitarbeitern schwieriger gemacht, gut und glücklich zu leben.

Wie nur zu gut bekannt ist, neigen Persönlichkeiten des öffentlichen Lebens hin und wieder dazu, ihren Einfluß zu mißbrauchen, ihr Verhalten mit vorgeschobenen Sachzwängen rational zu rechtfertigen und am Ende ihrer politischen Amtszeit hochbezahlte Posten bei jenen Unternehmen anzunehmen, die von ihren Entscheidungen profitierten. So gut dieses Prinzip funktioniert, so fatal sind doch auf lange Sicht seine Konsequenzen. Ein korruptes Unternehmen heuert eine erwiesenermaßen korrupte und damit auch korrumpierbare Person für eine leitende Stellung an. Wie wir noch sehen werden, neigen Menschen allgemein dazu, sich den Menschen ihrer Umgebung anzupassen. Das wirkt sich in zweierlei Hinsicht aus. Zum einen wird der Charakter dieser Person, so vorhanden, unter den neuen Umständen Schaden nehmen; sie erntet die faulen Früchte ihrer früheren Missetaten und sinkt in ihrer moralischen Blindheit immer tiefer. Zum anderen treibt die Anwesenheit einer weiteren korrupten Person den moralischen Niedergang des ohnehin schon korrupten Unternehmens weiter voran.

Trau' nicht den morschen Planken.
William Shakespeare, Antonius und Cleopatra

Dieser letzte Punkt ist nicht nur aus prinzipiellen Gründen von Bedeutung. Ein einmal korrumpierter Mensch kann von allen korrumpiert werden. Kann man einem Mann trauen, der sich selbst schon einmal an den Meistbietenden verkauft hat? Wie kann jemand, der seine früheren Kollegen und seine Verantwortung mißbraucht hat, eine kooperative Partnerschaft mit den Menschen aufbauen, die er für seine Zwecke mißbraucht hat und umgekehrt? Gibt es so etwas wie eine Gaunerehre? Unmoralische Praktiken bringen instabile Beziehungen hervor und zeitigen Folgen, die in den meisten Fällen keineswegs den größtmöglichen Nutzen garantieren.

Auf die Gefahr hin, allzu pessimistisch zu klingen, halte ich es dennoch für wichtig, nochmals darauf hinzuweisen, daß unmoralisches Verhalten langfristig auf unterschiedliche Weise genau das Gegenteil dessen bewirkt, was beabsichtigt war, und schlußendlich sogar zur Selbstzerstörung führen kann. Auch wenn es altmodisch klingen mag – nur auf dem Boden des ethisch Guten können die menschlichen Eigenschaften gedeihen, die notwendig sind, um auf lange Sicht gut zusammenzuarbeiten.

Die Grundtugenden

Welches sind nun die Grundtugenden, die eine gute Zusammenarbeit ermöglichen? Wir haben Tugend bisher definiert als moralische Stärke und charakterliche Eigenschaften, die uns eine gesunde, angemessene persönliche Entwicklung und eine harmonische Beziehung mit den Menschen in unserem Umfeld ermöglichen.

Aristoteles' Liste von Tugenden enthält einige Begriffe, die gemeinhin nicht mit Ethik in Zusammenhang gebracht werden. Wir müssen erkennen, daß Ethik nicht im luftleeren Raum stattfindet, daß alle Aspekte unseres Lebens mit dem Bereich des Ethischen verknüpft sind.

Tugenden werden immer in Zusammenhang mit einer Vorstellung von sittlichem Leben gebracht, von einer Idealvorstellung menschlichen Erfolges und Gedeihens. Das vorherrschende Ideal in der Antike Homers war das des Helden, der sich im Wettbewerb oder Kampf bewährt, das Bild des Kriegerkönigs, der über seinen Gegner triumphiert. Viele aus diesem Ideal entspringende Charaktereigenschaften gelten heute immer noch als Tugenden, zum Beispiel Tapferkeit, Ehrbarkeit und Loyalität. Stark im Kampf waren die Tapferen, jene, die sich auf ihre Mitstreiter verlassen konnten, und jene, die ihre Stellung verteidigten.

Zu Aristoteles' Zeiten lagen dem Ideal menschlichen Lebens schon die stabileren sozialen und politischen Strukturen und die demokratischen Herrschaftsformen der *polis* zugrunde, des in Athen exemplarisch verkörperten Stadtstaates. Die ideale Lebensweise war die des sittlichen, freien Bürgers der *polis*. Die Tugenden dienten in diesem Zusammenhang der Förderung harmonischer und produktiver Beziehungen zwischen den Bürgern der *polis*.

Die Tugenden nach Aristoteles	
Tapferkeit	Ausgeglichenheit
Mäßigkeit	Freundlichkeit
Freigebigkeit	Wahrhaftigkeit
Vollkommenheit	Klugheit
Stolz	Gerechtigkeit

Falls Sie sich beim Anblick dieser Liste fragen, ob Sie vollkommen genug sind, trösten Sie sich damit, daß ich mir diese Frage in meinem Leben auch immer wieder gestellt habe und immer noch stelle.

Die Eigenschaft der Vollkommenheit hängt für Aristoteles eng zusammen mit der Fähigkeit, bei Bedarf Großes vollbringen zu können, eine Art ästhetische und moralische Fähigkeit, das Richtige zu tun, wenn eine große Geste oder beherztes Handeln verlangt wird. Nach Aristoteles trug diese Tugend zur Stabilität und zum allgemeinen Wohl dessen bei, was er als den idealen sozialen Zustand des Menschen erkannte. Die Griechen der Antike und auch Aristoteles waren der Ansicht, daß die Tugenden den Menschen darauf vorbereiten, dem Ideal sittlich guten Lebens zu entsprechen.

Wenn ein großer Mann die Tugenden ablegt, wie kann er dann den Erwartungen an seinen großen Namen entsprechen?

Konfuzius

Die aristotelischen Tugenden entsprachen den Erfordernissen souveräner demokratischer Staatsformen und der weitestmöglichen menschlichen Entwicklung in diesem vorgegebenen Rahmen. In jeder demokratischen Staatsform und in jeder Organisation, die aus den Fähigkeiten ihrer Mitglieder das Beste herausholen wollen, müssen die Beteiligten den Mut haben, ihre Meinung zu sagen und ihrem Gewissen zu folgen. Für Aristoteles und seine Vorgänger ist Mut gleich Tapferkeit, und Tapferkeit ist eine Tugend. Freundlichkeit erleichtert die soziale Interaktion genauso wie Humor, eine Eigenschaft, die wir heutzutage nicht mehr mit moralischen Eigenschaften assoziieren, die aber eindeutig zur Freude und zum Nutzen beiträgt, die man bei der Bewältigung eines schwierigen Unternehmens aus der Gesellschaft anderer Menschen ziehen kann. Besonnenheit, die Mäßigkeit der Rede und der Handlung, ermöglicht es Menschen, in größerer Harmonie zusammenzuleben. Auch alle anderen aristotelischen Tugenden sollten zu der partnerschaftlichen Unternehmung beitragen, die die Demokratie in Athen sein wollte.

Eine moderneren Gegebenheiten angepaßte Liste menschlicher Tugenden könnte darüber hinaus folgende Eigenschaften umfassen (die hier nicht speziell geordnet sind):

Güte	Anstand
Aufrichtigkeit	Bescheidenheit
Loyalität	Demut
Ernsthaftigkeit	Offenheit
Zuverlässigkeit	Fröhlichkeit
Vertrauenswürdigkeit	Liebenswürdigkeit
Wohlwollen	Toleranz
Rücksichtnahme	Verständnis
Sensibilität	Taktgefühl
Hilfsbereitschaft	Anmut
Kooperationsbereitschaft	Lebendigkeit
Anstand	Großmut
Einfühlungsvermögen	Ausdauer
Besonnenheit	Einfallsreichtum
Beherztheit	Beherrschtheit
Wärme	Gastfreundschaft
Höflichkeit	Kreativität
Optimismus	Gewissenhaftigkeit
Altruismus	Liebe
Harmonie	Ausgeglichenheit
Beständigkeit	Pflichtgefühl
Integrität	Würde
Enthusiasmus	Humor
Einsicht	Scharfsinn
Standhaftigkeit	Flexibilität
Sparsamkeit	Selbstdisziplin

Sicher gibt es noch weitere Tugenden, die hier nicht berücksichtigt wurden. Der Mensch ist ein vielschichtiges Wesen mit vielen möglichen Tugenden oder Charakterstärken, mit persönlichen Fähigkeiten, die geistige Gesundheit und soziale Harmonie fördern, und mit Qualitäten, die uns genauso zu anhaltendem Erfolg befähigen wie auch zu dauerhaftem Glück. Es geht hier weniger darum, ein erschöpfendes Verzeichnis aller Tugenden aufzustellen, als vielmehr die eigentliche Wurzel, das Wesen all dieser Eigenschaften zu verstehen, die zu einem ethischen Zusammenleben beitragen und dazu, positive Unterscheidungen zu treffen und unsere Persönlichkeit so weit zu entwickeln, wie es nur geht. Diese Eigenschaften sind Geisteshaltungen, Angewohnheiten oder Charakterdispositionen, die einem wirklich sinnvollen Leben förderlich sind. Wir müssen sie entweder als Voraussetzungen oder als wesentliche Bestandteile echten Lebensglücks verstehen. Sie sind Teil eines guten Lebens – und die Grundlage erfolgreicher Unternehmen.

Das Wesen von Weisheit und Tugend

Man kann zwischen allgemeinen und besonderen Tugenden unterscheiden, es gibt aber nur eine Weisheit. Natürlich gibt es Geisteshaltungen – einige haben wir aufgezählt – und Denkgewohnheiten, die von Weisheit geprägt sind und diese wiederum fördern. Egal ob wir von gesammelten Weisheiten, weisen Gedanken, weisen Worten oder vom Aufblitzen der Weisheit sprechen – es handelt sich um individuelle Erkenntnisse, die vollständig aufzuzählen genausowenig möglich ist, wie eine vollständige Liste aller Wahrheiten aufzustellen; denn es gibt wahrscheinlich Erkenntnisse, Einsichten und Gedanken, die nicht in Worte gefaßt werden können, manche können noch nicht einmal benannt werden, aber sie leiten uns instinktiv, intuitiv und zuverlässig.

Der große Philosoph Sokrates hatte einen Schüler namens Platon, Platon wiederum war der Lehrer Aristoteles. Ist es nur ein wundersamer Zufall, daß hervorragende Lehrer herausragende Schüler heranziehen, die dann selbst wieder hervorragende Lehrer werden? Der britische Wissenschaftler, Physiker und Philosoph Michael Polanyi behauptet, man könne dieses Muster in vielen Bereichen menschlicher Aktivitäten finden. Im richtigen Kontext, in einem freundschaftlichen und tragfähigen Miteinander bringt Größe Größe hervor.

> **Ein einziges Gespräch mit einem weisen Mann ist besser als zehn Jahre bloßes Studium der Bücher.**
> *Henry Wadsworth Longfellow*

Das alte Lehrer-Schüler-Modell birgt eine große Wahrheit. Der Umgang mit herausragenden Menschen vergrößert die Aussicht, selbst herausragend zu werden. Polanyi führt Nobelpreisträger an, deren Schüler ebenfalls der begehrte Preis verliehen wurde – und das beileibe nicht nur wegen ihrer Beziehungen. Die Studien und Arbeiten dieser großen Wissenschaftler sind allen anderen Forschern auf dieser Welt zugänglich; ihre Schüler aber, die den ganzen Tag mit ihren Lehrern im Labor zusammenarbeiten und sich mit ihnen austauschen, bekommen noch Polanyis Meinung etwas sehr viel Wesentlicheres vermittelt, nämlich Weisheit, Wissen und Erkenntnisse, die sich niemals in ihrer Gänze in Worte fassen lassen. Polanyi nennt dies „persönliches Wissen" oder „taktisches Wissen". Diese Art der Weisheit kann nicht immer in einen griffigen Aphorismus gepackt werden, in einen witzigen Spruch oder einen eingängigen Slogan, und dennoch ist sie real und machtvoll.

Sowenig Weisheit immer in Worten ausgedrückt werden kann, sowenig kann auch Tugend immer in Regeln festgehalten werden. Regeln und Prinzipien können uns in die richtige Richtung lenken, im kritischen Moment aber verlangt ethisches Verhalten mehr als nur die Anwendung der richtigen Prinzipien und Regeln.

Manchmal wünscht man sich so etwas wie einen moralischen Taschenrechner. Man gibt ein Problem in ein ethisches Programm ein, zum Beispiel: „Ich habe ein nettes Geschenk von einem potentiellen Zulieferer bekommen; nehme ich es an, gefährde ich wahrscheinlich oder sogar wirklich meine freie Entscheidungsfähigkeit, lehne ich es ab, beleidige ich womöglich einen potentiellen Geschäftspartner. So, und nun die ethische Richtung eingeben: jüdisch-christliche Ethik. Nein, heute ist mir eher nach etwas Chinesischem … Wie wäre es mit Konfuzianismus?" – und schon spuckt der Apparat eine Lösung aus. Aber so einfach ist es natürlich nicht. Ethik ist keine Rechenaufgabe, kein Aufaddieren und Multiplizieren von Regeln und Prinzipien. Ethik ist Talent, Ethik ist eine Kunst.

Weisheit und Tugend sind wie die beiden Räder eines Karren.
Japanisches Sprichwort

Weisheit und Tugend bereiten den fruchtbaren Boden, auf dem moralische Eigenschaften, moralische Umgangsformen und ein positiver Unternehmensgeist wachsen können. Die moralische Dimension in unseren Unternehmen, in unseren Beziehungen und in unserem Leben zu kultivieren, setzt voraus, Weisheit und Tugend zu achten und zu fördern. Da Weisheit manchmal so schwer zu fassen ist, stellt sich die Frage, wie wir sie in unseren Unternehmen und in unserem Leben gezielt kultivieren können.

Wenn Tugendhaftigkeit so verschiedene Formen annimmt und von speziellen Begabungen abhängt, wie kann man sie fassen, vermitteln und fördern? Anders gefragt, wie können wir unter Berücksichtigung der entscheidenden Rolle, die Weisheit und Tugend in unserem Leben und in der Zusammenarbeit mit anderen spielen, ein ethisches Klima schaffen?

Glücklicherweise ist die Antwort sehr viel einfacher, als Sie vielleicht denken.

Die drei Schlüssel zu gutem Charakter und einer guten Unternehmenskultur

Meiner Meinung nach gibt es drei Möglichkeiten, Weisheit und Tugend in unserem Leben und folglich auch in unseren Unternehmen zu kultivieren. Versteht man diese einfachen Strategien und handelt danach, werden wir selbst und die Menschen in unserer Umgebung moralische Entscheidungen treffen und Erfüllung und Glück in der Arbeit finden können.

Erster Schlüssel: Moralische Mentoren

Verkehren Sie mit weisen Menschen, pflegen Sie, so intensiv Sie können, ihre Verbindungen zu Menschen mit aufrichtigem Charakter und Weisheit. Wir gleichen uns den Menschen an, mit denen wir Umgang pflegen. Sind Sie erst lange genug verheiratet, sehen Sie ihrem Ehepartner immer ähnlicher, sagt man. Ich finde diesen Gedanken verlockend – meine Frau dagegen ist aus irgendeinem Grund von dieser Aussicht entsetzt ... Sie schmunzeln, aber der Punkt hier ist durchaus ernst gemeint.

Jeder Mensch wird in gewissem Maße so, wie die Menschen sind, mit denen er im allgemeinen Umgang pflegt.
Philip Dormer Stanhope, Earl of Chesterfield

Die Formbarkeit des Menschen ist außerordentlich groß. Können wir aus dem Umgang mit unseren Lehrmeistern Größe entwikkeln, so kann unsere Empfindsamkeit bei gegenteiligem Umgang auch geschwächt werden und sich zurückentwickeln. Große Denker haben daher immer schon vor schlechter Gesellschaft gewarnt. Schlechter Umgang verdirbt – und richtige Schurken verderben uns richtig.

An dir wird hängen die Habsucht, solange du mit einem Menschen von schmutziger Habsucht zusammenlebst. Niemals wirst du die Grausamkeit in der Lebensgemeinschaft mit einem Folterknecht ablegen; entfachen wird deine Lüsternheit die Gesellschaft von Ehebrechern. Wenn du dich deiner Fehlhaltungen entledigen willst, mußt du dich weit von den Vorbildern der Fehlhaltungen zurückziehen. *Seneca*

„Mentoring" ist seit einiger Zeit ein heißes Thema in vielen Organisationen, doch üblicherweise wird der Begriff in einem ziemlich engen technischen Sinn ausgelegt. Mentoring heißt, daß junge Mitarbeiter Tips, Hinweise und Ratschläge von einem erfahrenen Kollegen, einem Mentor, bekommen, um ihre Arbeit besser erledigen zu können. Mentoring wird meistens als ein Weg gesehen, die innerbetriebliche Ausbildung zu beschleunigen und den Lernerfolg von Anfängern zu verbessern, nur selten jedoch als eine Möglichkeit, Weisheit im ganzen Unternehmen zu fördern. Es genügt nicht, einem neuen Angestellten Tricks und Kniffe beizubringen; die kann er auch selbst herausfinden. Mentoring muß als Methode verstanden werden, Mitarbeiter in die Lage zu versetzen, ethisch richtige Entscheidungen zu treffen, als Methode, das Gute in Unternehmen zu fördern. Natürlich brauchen Menschen eine gute Ausbildung. Aber noch mehr brauchen wir gute Menschen.

Wenn Sie in einer leitenden Stellung tätig sind, sollten Sie immer Wert darauf legen, ethisch verantwortliche Menschen anzustellen und alles in Ihrer Macht Stehende tun, diesen Menschen Weisheit zu lehren. Nur durch den Umgang mit weisen Menschen werden sie den Geist jener Werte begreifen, welche die Weiterentwicklung eines Unternehmens auf dem Weg zu wahrer Höchstleistung gewährleisten. Gute Menschen sind die Grundlage guter Unternehmen. Und gute Unternehmen schaffen die Bedingungen dafür, daß die Menschen gute, moralische Entscheidungen treffen können.

Zweiter Schlüssel: Auf Kleinigkeiten achten

„Es gibt nichts Unbedeutendes", schrieb der Dichter Samuel Taylor Coleridge. Wir alle sollten uns diesen Satz als Motto über unsere Schreibtische hängen. Die moralische Dimension beginnt in kleinen Dingen. Auch die Ethik der Entscheidungsfindung hängt an Kleinigkeiten. Alles, was wir tun, ist von Bedeutung. Jede Kleinigkeit zählt.

> **Wer anderen Gutes tun will, muß es in den kleinen Dingen tun. Das Allgemeingut ist nur die Forderung des Schurken, des Heuchlers und des Schmeichlers.** *William Blake*

Zu viele Menschen in hohen Positionen führen die Begriffe Ethik, Moral, Tugend und Sittlichkeit im Mund, setzen sie aber im täglichen Umgang mit ihren Angestellten nicht in die Praxis um. Viel zu viele Menschen wollen das Gemeinwohl auf der Welt vergrößern, scheuen aber davor zurück, ihre hehren Ideale auch in den kleinen, unspektakulären und manchmal unbequemen Dingen zu verwirklichen, zum Beispiel trotz Streß freundlich auf einen Mitarbeiter zu reagieren. Die kleinen Aufmerksamkeiten und die kleinen Gesten bilden die Grundlage wahrer Größe. Ohne sie kann zwischen den Menschen nichts von dauerhaftem Wert entstehen.

> **Wenn ich mir überlege, welche große Wirkung kleine Dinge oft zeitigen – ein beiläufiges Wort, eine Berührung, eine Münze für den Zeitungsjungen – bin ich versucht zu denken… es gibt keine kleinen Dinge.** *Ralph Waldo Emerson*

Würde mich jemand nach der wichtigsten Erkenntnis fragen, die ich in all den Jahren, in denen ich mich mit Ethik beschäftige, gewonnen habe, und dürfte ich nur eine Einsicht aus dem Reich von Weisheit und Tugend nennen, ich würde ohne zu zögern antworten:

Wann immer du eine Entscheidung triffst,
wann immer du handelst –
du *tust* nicht nur etwas, du *wirst* auch etwas.

Einfach und profund. Eine Erkenntnis, die man ins Herz und in den Verstand schließen sollte. Sie geht zurück bis auf die griechischen Philosophen der Antike und ist fast schon der Refrain der aristotelischen Weltanschauung und des späteren Dynamismus. Jede Entscheidung und jede Handlung hat nicht nur Konsequenzen für die äußere Welt, sondern auch für unser innerstes Sein. Wirft man einen Stein in einen Teich, sinkt er nicht nur, sondern er verursacht auch Wellen. So verursacht auch alles, was wir tun, wie unbedeutend es auch erscheinen mag, in unserem Inneren Wellen und erhöht die Wahrscheinlichkeit, daß wir in Zukunft in gleicher Weise handeln. Charaktereigenschaften werden geformt, Denkweisen und Verhaltensmuster verankert, so subtil dieser Prozeß auch ablaufen mag. Wir ändern uns, jede Handlung macht uns ein kleines bißchen anders, als wir zuvor waren.

In allen großen oder kleinen Dingen sollten wir uns also fragen: „Werde ich der Mensch, der ich sein will, wenn ich jetzt so handle?" Eine große Gefahr dabei ist die immer drohende Versuchung zur Selbsttäuschung. Wir glauben, wir könnten „nur dieses eine Mal" etwas tun, ohne daß es Konsequenzen für unser Sein hätte. Aber es gibt keine Ausnahme. Wir können nicht eben mal Urlaub machen von der moralischen Dimension unserer Handlungen. Alles, was wir tun, formt uns, prägt uns und macht uns zu den Menschen, die wir „werden".

So laßt uns die Menschen werden, die wir sind.

William Wordsworth

Max DePree spricht in seinem erkenntnisreichen kleinen Band *Die Kunst des Führens* ein wichtiges Thema an; er behauptet, ein Unternehmen sei, wie auch die Menschen, die es bilden, immer im Werden begriffen. Was aus einem Betrieb, einer Abteilung, einem Büro, einer Vereinigung oder einer Familie wird, ist immer eine Folge dessen, was die Menschen innerhalb dieser Strukturen werden. Selbst auf der untersten Ebene beeinflussen unsere Handlungen nicht nur unser Wirken in der Welt und alles, was damit zusammenhängt, sondern auch den Charakter unserer Unternehmen. Wir sind es uns selbst und unseren Mitmenschen schuldig, auch auf die kleinen Dinge zu achten, damit unser Werden sich auf unsere persönliche und unternehmerische Stärke auswirkt.

Ein Unternehmensgeist ist ein dynamischer Prozeß; er entsteht Tag für Tag neu, von jedem einzelnen Menschen im Unternehmen, von der untersten Ebene bis hinauf in die Chefetage. Nichts ist belanglos, alles ist von Bedeutung. Beständigkeit in moralischem Verhalten zu zeigen ist von der gleichen entscheidenden Bedeutung, wie überall im Betrieb Moral vorzuleben. Was wir unseren Mitarbeitern sagen, was wir loben, was wir belohnen – das alles trägt dazu bei, den richtigen oder den falschen Corporate Spirit zu fördern. Der Unterschied liegt in den kleinen Dingen. Das ist der zweite Schlüssel zum Charakter und zur Kultur eines Unternehmens, ein Schlüssel zu Weisheit und Tugend.

Dritter Schlüssel: Moralische Vorstellungskraft

Ich finde es immer wieder erstaunlich, wie selten in den Diskussionen über Ethik die Vorstellungskraft thematisiert wird. Im Rahmen der moralischen Dimension menschlichen Lebens kommt der Kultivierung einer lebendigen und klaren Vorstellungskraft eine immense Bedeutung zu.

Vor einigen Jahren zog ich eine Art moralischer Bilanz meines Lebens. Was dabei herauskam, überraschte mich nicht wenig. Ich listete alles auf, was ich seit meiner Jugend gemacht und später als moralisch falsch betrachtet hatte. Obwohl die Liste nicht allzu lang war, standen auf ihr etliche Dinge, die mich zumindest nachdenklich machten. Ich überlegte, ob es etwas gab, das allen oder zumindest den meisten dieser Situationen gemeinsam war. Wie sich zeigte, hatte ich mir in keinem dieser Fälle die vollen Konsequenzen meiner Handlungen für andere Menschen und für mich selbst vor Augen geführt. Ich war sozusagen mit moralischen Scheuklappen herumgelaufen, hatte nur das vorausgesehen, was ich voraussehen wollte. Ich hatte mich als Meister der Selbsttäuschung und Selbstrechtfertigung erwiesen.

> **Deshalb ist nichts leichter, als sich selbst zu täuschen, denn was man wünscht, das glaubt man auch.** *Demosthenes*

Damit stehe ich nicht allein; die meisten Menschen sind wahre Meister der Selbsttäuschung. Wir neigen auf geradezu unheimliche Weise zu einer selektiven Wahrnehmung und egozentrischen Sichtweise. Wann immer wir vor einer schwierigen Entscheidung stehen und eine Lösung favorisieren, die unserem unmittelbaren Selbstinteresse entspricht, besteht Grund zu der Annahme, daß wir mit den Mitteln der Selbsttäuschung und Rechtfertigung arbeiten. Ich wünschte, wir würden über eingebaute Warnsysteme verfügen, die in solchen Fällen Alarm schlagen. Leider tun wir das nicht. Doch wir besitzen etwas, das, richtig angewandt, diese Funktion erfüllen und uns zu Weisheit und Tugend verhelfen kann: unsere Vorstellungskraft.

Die Vorstellungskraft ist das mächtigste Instrument des moralisch Guten. *Percy Bysshe Shelley*

Unsere Vorstellungskraft versetzt uns in die Lage, uns die Auswirkungen unserer Entscheidungen und Handlungen auf andere Menschen sowie auf unsere eigene Persönlichkeitsentwicklung zu vergegenwärtigen und zu beurteilen, ob sie moralisch angemessen sind oder nicht. Literatur, die bildenden Künste, Theater und in neuerer Zeit der Film nahmen in der moralischen Entwicklung schon immer die Rolle ein, unsere Vorstellungskraft zu nähren und zu entfachen, uns die moralischen Konsequenzen möglicher Verhaltensweisen vorzuhalten. Jedes Gemeinwesen, das die moralische Vorstellungskraft ihrer Mitglieder nicht fördert, setzt sich einer großen Gefahr aus.

Wir müssen den Menschen um uns herum helfen, eine lebendige Vision der Tugenden in unseren Organisationen zu entwickeln und ihnen die moralische Kraft aufzeigen, die im richtigen Handeln liegt. Wer die Kunden, Zulieferer oder Verkäufer nicht kennt, kann sich nur schwerlich die konkreten Folgen seiner Entscheidungen für sie vorstellen. Und wenn er sie nicht zu Gesicht bekommt, kann er sie auch nicht kennenlernen. Darum müssen wir unseren Mitarbeitern die Gelegenheit geben, ihr Büro oder das Betriebsgelände überhaupt zu verlassen, und die Menschen kennenzulernen, mit denen sie zu tun haben.

Wenn Ingenieure oder Produktdesigner Kunden vor Ort besuchen, können sie aus erster Hand miterleben, wie die Kunden ihre Produkte nutzen, daraus neue Erkenntnisse gewinnen, und ein Gefühl für die Bedürfnisse und manchmal auch die Nöte ihrer Kunden entwickeln. Sie sehen mit eigenen Augen, was funktioniert und was nicht. Sie hören von wirklichen Menschen, was diese an ihrem Produkt schätzen und was nicht, was sie brauchen und was sie gerne hätten. In dem Moment, wo der Endnutzer ein Gesicht und eine Stimme bekommt, ist es sehr viel leichter, seine Interessen und Bedürfnisse zu erkennen und darauf einzugehen. Wo die Kundeninteressen im Mittelpunkt stehen, gibt es einen starken Anreiz, gute Entscheidungen zu treffen.

Durch die Kraft der Vorstellung überwinden wir die Unterschiede zwischen uns selbst und anderen Wesen und lernen so, Mitgefühl, Nachsicht, Barmherzigkeit, Vergebung, Mitleid und Liebe zu üben – Tugenden, ohne die weder wir noch die Welt überleben können.   *Wendell Berry*

Um Weisheit und Tugend zu erlangen, müssen wir unsere Vorstellungskraft auf zwei Ebenen entwickeln. Zunächst brauchen wir Einfühlungsvermögen. Wir können erst dann erkennen, wie wir selbst anstelle einer anderen Person behandelt werden möchte, wenn wir uns vorstellen können, wie es ist, an ihrer Stelle zu stehen. Dazu müssen wir die betreffende Person kennen. Ein wichtiges Gebot unternehmerischen Handelns lautet demnach: Lerne deine Kunden kennen. Und entsprechend: Lerne deine Mitarbeiter kennen. Einfühlungsvermögen ist eine Tugend, eine Gewohnheit, die fortlaufend angewandt werden muß, um sich entwickeln zu können. Sich in seine Mitarbeiter und Kollegen hineinzuversetzen, ist genauso wichtig, wie sich auf Kunden und Lieferanten außerhalb des Unternehmens einzustellen. Wirkliches Einfühlungsvermögen in die Kunden und Geschäftspartner und Orientierung an ihren Interessen setzt voraus, dieselben Prinzipien innerhalb des Unternehmens anzuwenden. Nur was im inneren Kreis verwirklicht wird, kann auch nach außen weitergegeben werden.

Gefühlsmäßige Verbundenheit macht uns wundersam liebenswürdig.   *David Garrick*

Darüber hinaus müssen wir eine lebendige Vision von unserem Leben und von unserem Unternehmen schaffen. Wir müssen in unserer Vorstellung einen Plan für unser Handeln, eine Gesamtperspektive für unseren Beitrag zu dieser Welt entwickeln. Wie ein Kompaß muß diese Vision uns in den konkreten täglichen Entscheidungen leiten. Wenn wir nicht wissen, wer wir sind und wohin wir gehen, wie können wir dann wissen, wie wir uns heute oder morgen verhalten, welche Entscheidungen wir treffen sollen? Eine Vision ist die Grundvoraussetzung für den ethischen Erfolg in der Welt.

Die Vision ist eine Art Schablone oder Blaupause für unser Denken in geschäftlichen Dingen. Mitte des 17. Jahrhunderts verkündete Blaise Pascal: „Unsere ganze Pflicht besteht darin, so zu denken, wie wir sollten." Die Grundformen unseres Denkens bestimmen unsere Einstellungen und Gefühle, unsere Entscheidungen und Handlungen. Verfügen wir erst über eine machtvolle ethische Vision, die unser Denken lenkt, brauchen wir keine langen Regellisten mehr als Maßstab unseres Verhaltens; die Vision sagt uns, was richtig ist, und motiviert uns, danach zu handeln.

Das Ganze sehen

Wie können wir eine umfassende Vision für unsere Arbeit, für unser Unternehmen entwickeln? Indem wir das, war wir tun, in einem möglichst positiven Licht betrachten und unseren Produkten, unseren Dienstleistungen, unseren Strukturen – allem, was wir für andere und für uns selbst schaffen – die größtmögliche Sorgfalt widmen. Wir müssen auf einer globalen Ebene berücksichtigen, wie die kleinen Dinge, die wir Tag für Tag tun, sich auf die Welt auswirken und wie sie im Leben von anderen Menschen direkt und indirekt Gutes vollbringen.

Im Denken liegt des Menschen Größe. *Pascal*

Wir müssen unsere Gedanken auf die Würde unseres Tuns richten und unseren Mitarbeitern und Kollegen dabei helfen, dasselbe zu tun. Vor einiger Zeit besuchte ich ein Unternehmen, das eine ganz einfache visionäre Methode anwandte. Jeder Angestellte betrat das Gebäude durch denselben Eingang und kam in einen Flur, der mit Fotografien von bedeutenden Ereignissen aus der 100jährigen Firmengeschichte geschmückt war. Durch diese kleine Galerie hindurchzuwandeln gab den Mitarbeitern das Gefühl, Teil von etwas Großartigem zu sein, von etwas Wichtigem für das Gemeinwesen, von etwas, worauf sie stolz sein und von dem sie sich in ihrer täglichen Arbeit und in ihren Entscheidungen anleiten und motivieren lassen konnten.

Aufmunternde Worte regen nur an, wenn sie lobend gemeint sind. Motivierende Ansprachen wirken sich erst dann langfristig aus, wenn die moralische Vorstellungskraft mit einbezogen wird und zu guter Arbeit motiviert. Die Vorstellungskraft ist die tiefste Quelle menschlicher Motivation. Wenn sie von einer moralischen Vision geprägt wird, spornt sie uns an und führt uns zu Spitzenleistungen.

Geht etwas schief, befragen Sie die Beteiligten. Bringen Sie sie dazu, ihre Vorstellungskraft einzusetzen, und helfen Sie ihnen, die Größenordnung des Problems einzuschätzen. Wenn etwas sehr gut läuft, machen Sie das im gesamten Unternehmen bekannt. Sie müssen die Vorstellungskraft der Menschen in eine positive Richtung lenken. Eine gut ausgebildete, klare Vorstellungskraft ist unser machtvollstes Instrument zur Ausbildung und Pflege von Weisheit und Tugend. Sie hilft uns, auf dem geraden, moralischen Weg langfristig Spitzenleistungen zu erbringen.

Auch wenn ich dem geraden Weg, eben wegen seiner Geradlinigkeit, nicht folgen sollte, so folge ich ihm doch. Aus Erfahrung weiß ich, daß er, wenn alles getan und alles gesagt ist, der glücklichste und nützlichste ist. *Michel de Montaigne*

Arbeiten Sie mit weisen Menschen zusammen. Achten Sie auf kleine Dinge. Entwickeln Sie eine starke Vorstellungskraft. Allerdings – alles braucht seine Zeit, und die sollten wir uns auch nehmen. Dies sind die einfachen Schlüssel zu den Drehungen und Wendungen der moralischen Dimension, zu den grundlegenden Wirklichkeiten der menschlichen Natur, die hinter der vermeintlichen Komplexität des Lebens verborgen liegen. Mit ihrer Hilfe können wir das wirklich Gute in unserem Leben und in unseren Unternehmen pflegen und den Corporate Spirit entwickeln, der nötig ist, um dauerhafte Spitzenleistungen zu ermöglichen.

Teil IV
Einheit

10

Die spirituelle Dimension

Die vierte universelle Dimension menschlicher Erfahrung ist die spirituelle Dimension, jener Aspekt der menschlichen Natur, der Einheit oder, anders ausgedrückt, vollkommene Verbundenheit anstrebt. Spirituelle Einheit ist die vierte Grundlage wahrer Höchstleistung in allen Organisationen und Unternehmen. Wir werden sehen, daß diese letzte Dimension der logische und angemessene Höhepunkt der anderen drei Dimensionen ist. Sie ist der Ursprung der anderen und vereint sie zugleich.

Spirituelle Einheit wird wohl das Letzte sein, was einem zeitgenössischen Manager in den Kopf kommt, wenn er sich damit befaßt, wie er sein Unternehmen stärken könnte. Doch wie Sokrates sagte: Über die unwichtigsten Dinge reden und denken wir am meisten nach, und über die wichtigsten Dinge reden und denken wir am wenigsten nach. Ich meine, es ist an der Zeit, daß wir uns mit der spirituellen Dimension der Arbeit befassen.

Jeder Mensch hat vier spirituelle Bedürfnisse, die im Alltag respektiert und gefördert werden müssen. Diese Bedürfnisse lediglich zu Hause oder in der Kirche, in der Meditation oder im Gebet zu befriedigen, ist zu wenig. Sie reichen weit über den begrenzten Bereich hinaus, der von Religionen oder sonstigen Heilslehren abgedeckt wird. Unsere spirituellen Bedürfnisse müssen auch in der Arbeit erfüllt werden, soll diese Arbeit nicht zu einem Marsch durch die Wüste werden, der uns auszehrt, statt uns auf dem Weg zum Ziel voranzubringen. Menschen empfinden Arbeit nur dann als befriedigend und sinnvoll, wenn sie mit dazu beiträgt, ihre spirituellen Bedürfnisse zu stillen.

Größe ist ein spiritueller Zustand. *Matthew Arnold*

Die Tiefe des Geistes

Wenn ich von Spiritualität oder Geist spreche, so beziehe ich mich damit nicht notwendigerweise auf eine religiöse Eigenschaft. Ausnahmslos jeder Mensch verfügt über eine spirituelle Dimension, unabhängig von seiner religiösen Orientierung und sogar unabhängig davon, ob er sich überhaupt einem Glauben verpflichtet fühlt. Protestanten, Katholiken, Juden, Moslems, Hindus, Agnostiker und Atheisten, sie alle teilen eine spirituelle Dimension, ob sie sie nun als solche bezeichnen oder nicht.

Spiritualität bezieht sich im Grunde auf zwei Qualitäten: Tiefe und Verbundenheit. Je stärker spirituell entwickelt ein Mensch ist, desto mehr wird er hinter der oberflächlichen Erscheinung der Dinge die Vielfalt an Meinungen und Bedeutungen sehen. Je weniger eine Person ihre Spiritualität ausgebildet hat, desto eher wird sie den äußeren Anschein der Dinge fälschlicherweise für Realität halten.

Platon brachte diesen Umstand in seinem berühmten Höhlengleichnis sehr gut zum Ausdruck. Stellen Sie sich eine Gruppe von Menschen in einer riesigen Höhle vor, die angekettet sind und deren Gesichtsfeld sich auf die Felswand vor ihnen beschränkt. Hinter ihnen brennt ein Feuer, und zwischen dem Feuer und ihren Rücken bewegen sich verschiedene Objekte hin und her, deren Schatten auf die Wand fallen. Da die Höhlenbewohner nur die Wand vor sich sehen, sind die vorüberhuschenden Schatten für sie Realität.

Was aber würde geschehen, fragte Platon, wenn einer der Gefangenen seine Ketten sprengen, sich umdrehen und zur Höhle hinaus in das gleißende Licht der Welt treten würde? Zuerst wäre er wohl geblendet von der plötzlichen Helligkeit, doch nach einer gewissen Zeit könnte er die Realitäten erkennen, die zu sehen ihm zuvor unmöglich war. Und nun stellen Sie sich vor, er würde in die Höhle zurückkehren und seinen ehemaligen Leidensgenossen berichten, was er gesehen hat, und versuchen, sie zu überreden, sich die Ketten abzustreifen und hinauszugehen. Wie würden sie wohl reagieren? Würden sie ihm glauben? Könnten sie ihn überhaupt verstehen?

Platon war der Überzeugung, daß die Wahrnehmung der meisten Menschen so beschränkt ist wie die der Höhlenbewohner, gefangen in einem Reich trügerischer Illusionen und Schatten. Ein Philosoph, sagte Platon, ist ein Mensch, der seine Ketten zerbricht und hinausgeht in die reale Welt. Doch wenn er seine Erkenntnisse aus dem Reich des Realen in die Höhle zurückbringt, wird er nicht immer verstanden und wird ihm nicht immer geglaubt. Das ist kaum überraschend. Sich von Illusionen zu befreien, ist immer eine schwierige Sache. Und doch ist es der einzig wahre Weg zu Erkenntnis und Erfüllung.

Daß viele unserer wirtschaftlichen und politischen Führungskräfte sozusagen in Platons Höhle sitzen, stellt eine der größten Herausforderungen unserer Zeit dar. Da sie allzu sehr damit beschäftigt sind, Schattenbilder in Realität umzuinterpretieren, vergessen sie, daß sie in einer Höhle sitzen. Daran wird sich, prophezeite Platon, erst etwas ändern, wenn unsere Führungskräfte zu Philosophen werden, wenn sie entdecken, was wir wirklich brauchen und sie diese Erkenntnisse mit Mut und Ausdauer in die Tat umsetzen.

> **Wenn nicht entweder die Philosophen Könige werden in den Staaten oder die jetzt so genannten Könige und Gewalthaber wahrhaft und gründlich philosophieren und also dieses beides zusammenfällt, die Staatsgewalt und die Philosophie, die vielerlei Naturen aber, die jetzt zu jedem von beiden einzeln hinzukommen, durch eine Notwendigkeit ausgeschlossen werden, eher gibt es keine Erholung von dem Übel für die Staaten.**
>
> *Sokrates, nach Platon*

Verblüffend, wie modern Platons Gedanken anmuten. Wie viele Menschen heute verehren und erstreben Ruhm und Reichtum, glauben, daß diese Dinge allein schon ausreichen, um sie glücklich zu machen? Wie viele Menschen fürchten sich vor Dingen, die niemals eintreten oder, wenn doch, sie dann nicht wirklich betreffen würden? In Zeiten großer wirtschaftlicher und sozialer Veränderungen versetzen die Schatten, die über die Wand gleiten, viele Menschen in eine lähmende Angst vor der Zukunft. Platon ruft uns in seinem Höhlengleichnis dazu auf, uns aus dem Griff der Trugbilder und Schatten zu befreien und die Realitäten des Lebens zu erkennen.

Bruder Jeff

Viele Menschen halten das oberflächliche Erscheinungsbild ihrer Arbeit irrtümlich für die Realität. Sie übersehen, daß die spirituelle Tiefe jeder in irgendeiner positiven Form produktiven Tätigkeit praktisch unbegrenzt ist. Lassen Sie mich Ihnen ein besonders eindrucksvolles Beispiel dafür geben. Einer der spirituell aufgeklärtesten Menschen, die zu treffen ich jemals das Vergnügen hatte, ist der Hausmeister der Decio Faculty Hall der University of Notre Dame, Weldon Jeffries, oder, für seine Freunde, zu denen fast alle zählen, die ihn kennen, „Bruder Jeff". Was tut ein Hausmeister? Er wischt den Boden auf, saugt die Teppichböden, leert Abfalleimer, putzt Toiletten und Fenster, verwaltet die Schlüssel und repariert hin und wieder Dinge, die kaputtgegangen sind. Doch das ist nur die Oberfläche. In der Tiefe sieht seine Tätigkeit anders aus. Sie ist so, wie Bruder Jeff sie versteht. Er erschafft, erhält und kümmert sich um eine Umgebung, in der andere gut arbeiten können. Bruder Jeff trägt Tag für Tag dazu bei, den Arbeitstag anderer Menschen zu verschönern. Er liebt und fördert Menschen, er ist, könnte man sagen, ein Hüter der Seelen.

Klingt das ein wenig zu extrem? Vielleicht, aber es ist die Wahrheit. Wer immer von den Hunderten von Doktoranden und Professoren, die in der Decio Faculty Hall ihre Büros haben, vor einer persönlichen Herausforderung steht, zu Hause Probleme hat, sich wegen irgend etwas sorgt oder fürchtet oder einfach nur etwas neue Energie braucht, landet früher oder später bei dem einzigen Mann in der Decio Faculty Hall, der keinen Highschool-Abschluß hat – bei Bruder Jeff. Wenn Bruder Jeff arbeitet, dann pfeift er oder singt ein Liedchen und begrüßt jeden, der ihm entgegenkommt, mit einem breiten Lächeln und ein paar freundlichen Worten: „Und wie geht es Ihnen heute, mein Freund?" Ein gerade noch düsteres Gesicht hellt sich auf und antwortet: „Gut, Jeff, und selbst?" Darauf die unvermeidliche Antwort: „Danke, alles bestens." Darauf folgt – oder auch nicht – eine Unterhaltung über jedes fast denkbare Thema. Entspinnt sich ein Plausch, so endet er jedesmal mit Jeffs herzlichem Abschiedsgruß: „Und Ihnen einen wunderschönen Tag, mein Freund."

Besonderes Vergnügen scheint es ihm zu bereiten, Professoren, die er besser kennt, mit einem unvollständigen Zitat aus der Bibel zu begrüßen – in der unausgesprochenen Hoffnung, sein Gegenüber möge das Zitat vervollständigen. Ich erinnere mich mit Freude an den grimmig kalten Morgen, als er mich das erste Mal im Flur mit einem solchen Halbzitat empfing: „Bruder Morris, dies ist der Tag, den der Herrn machte…" Ich erwiderte wie aus der Pistole geschossen: „…lasset uns frohlocken und uns daran erfreuen", was er mit einem begeisterten „Amen" quittierte. Ich weiß noch genau, wie ich auf einmal lächelte, voller Erstaunen den Kopf schüttelte – und einen unerwartet guten Tag hatte.

Weldon Jeffries scheint die wahre Bedeutung seiner Tätigkeit erkannt zu haben. Keinem würde einfallen, den Hausmeister als die unwichtigste Person in der Decio Faculty Hall zu bezeichnen. Im Gegenteil, wer auch nur über ein Mindestmaß an Scharfblick verfügt, wird ihn wahrscheinlich zu den wichtigsten Leuten des Gebäudes zählen. Ich selbst kam in den Jahren, die ich in seiner Einflußsphäre arbeitete, zu dem Schluß, daß er vielleicht sogar die wichtigste Person an der University of Notre Dame überhaupt ist.

Kein Volk kann aufblühen, das nicht versteht, daß im Pflügen eines Feldes ebensoviel Würde liegt wie im Schreiben eines Gedichts. *Booker T. Washington*

Bruder Jeff ist nicht deshalb glücklich bei seiner Arbeit, weil er die Probleme der Welt ignoriert oder selbst keine hätte. Er ist ein Denker, ebenso schnell bei der Hand mit einem kurzen Abriß der aktuellen politischen und gesellschaftlichen Entwicklungen wie mit einem Lächeln oder einem guten Wort für eine niedergedrückte Seele. Ich habe miterlebt, wie rührend er sich selbst dann um seine Mitmenschen kümmerte, als sein eigener Bruder im Sterben lag. Zwei Wochen, bevor ich diese Worte schrieb, geriet sein Sohn in South Bend in eine Schießerei zwischen zwei Straßengangs und wurde von einer Kugel getötet. Doch Jeff verfügt in seinem Leben über eine spirituelle Tiefe, die ihn den Tod gut ertragen läßt. Was er bei der Beerdigung seines Sohnes über Vergebung und Liebe sagte, war für viele der Trauergäste nicht nur erhellend, sondern veränderte sogar ihr Leben. Noch inmitten eines schweren Leides reichte er seinen Mitmenschen die Hand und rührte etwas in ihnen an.

Spiritualität handelt von der Tiefe, die unterhalb der Oberfläche, hinter dem äußeren Anschein der Dinge liegt, von der Bedeutung und dem Sinn, die sich dem Auge nicht auf den ersten Blick erschließen. Spiritualität heißt, eine Quelle persönlicher Energie und Hoffnung zu erschließen, die nur außerhalb der Höhle gefunden werden kann. Im Berufsleben ist das die Fähigkeit, den eigentlichen Sinn und Zweck einer Aufgabe zu erkennen und ihm auf eine Art und Weise gerecht zu werden, über die sich in den meisten Fällen nichts in den offiziellen Arbeitsbeschreibungen findet – und die Fähigkeit, andere auf diese Tiefe aufmerksam zu machen.

Die oberflächlichen Realitäten unserer Berufe sind wie der Schaum auf einem Glas Bier. Wer nur am Schaum nippt und niemals einen tiefen Schluck von dem Bier darunter nimmt, bleibt unbefriedigt. Erst wenn wir lernen, hinter die Fassade zu blicken und zu erkennen, was wirklich zählt im Leben, und daraus ein neues, tieferes Verständnis unserer Arbeit ableiten, erst, wenn wir uns nicht länger von dem trügerischen Anschein unserer täglichen Beschäftigung irreführen lassen und die positive Energie erfahren, die ein spirituell gelebter Alltag freisetzt, werden wir in unserer Arbeit wirkliche Befriedigung und Erfüllung finden. Als Folge davon werden wir, davon bin ich zutiefst überzeugt, bessere Arbeit leisten, in den kleinen, oftmals täuschend banal erscheinenden Dingen des Alltags und in den großen Herausforderungen, vor denen wir stehen.

Keine gut getane Arbeit ist wirklich eine Einzelleistung, sondern Teil der Arbeit der Welt. *Woodrow Wilson*

Geschäftsführer, Manager und Betriebsleiter müssen das starke Bedürfnis der Menschen respektieren, den tieferen Sinn ihrer jeweiligen Tätigkeit und dessen, was das Unternehmen in der Welt leistet, zu erfassen. Dazu – und genau das ist in vielen Unternehmen das Problem – sind sie jedoch nicht in der Lage, solange sie selbst diese Dimension nicht erfaßt haben.

Je höher der Rang einer Person in einer Organisation, desto stärker die Versuchung, die spirituelle Bedeutung dessen, was um sie herum vorgeht, zugunsten des Zahlen-und-Ruhm-Spiels zu vernachlässigen, das zu spielen uns allen beigebracht wurde. Doch Geld, Rang und äußere Erfolge allein können uns niemals wirkliche Erfüllung bieten. Die innere Orientierung des Herzens ist es, die den Ausschlag gibt. Was tun wir? Und wie tun wir es?

Weldon Jeffries wertet seine Hausmeistertätigkeit nicht nur dadurch auf, daß er sich neben seinen eigentlichen Pflichten auch um das seelische Wohlergehen seiner Mitmenschen kümmert. Was auch immer er tut, Bruder Jeff tut es mit Herz und Verstand, geht in jeder Aufgabe, und sei sie auch noch so klein, voll und ganz auf. Und er erntet, was er sät. Jede Tätigkeit gibt ihm in dem Maße Erfüllung, in dem er sie mit Phantasie, Sorgfalt und liebender Aufmerksamkeit angeht. Er ist kein Schauspieler, der das Banale aufbauscht, sondern ein wahrhaft spiritueller Mensch, der die Bedeutung und das außergewöhnliche Potential, die noch in den kleinsten und einfachsten Dingen und Tätigkeiten verborgen liegen, erkennt und danach handelt. Keine Tätigkeit, die diese Tiefe vermissen läßt, ist wirklich produktiv.

Das Leben, so wird oft gesagt, ist entweder ein kühnes Abenteuer oder gar nichts. Es liegt an uns selbst, ob wir uns mit der Existenz eines Höhlenbewohners zufriedengeben, der nichts anderes als Schatten an der Wand sieht, oder ob wir der Wahrheit und dem wirklichen Leben ins Auge blicken wollen. Die Einstellung, mit der wir unsere Arbeit angehen, bestimmt weitgehend darüber, als was wir diese Arbeit empfinden.

Es ist das Spirituelle, das stets das Materielle bestimmt.

Thomas Carlyle

Im 17. Jahrhundert formulierte der geniale Mathematiker und Wissenschaftler Blaise Pascal ein dreigeteiltes Weltbild: das Reich des Physikalischen oder die Welt des Körpers, das Reich des Verstandes oder die Welt des Geistes, das Reich der Spiritualität oder die Welt der Liebe. Zu oft leben wir nur in einem oder zwei dieser Bereiche und vernachlässigen Dinge und Aspekte, ohne die ein erfülltes Leben nicht möglich ist. Wir leben und denken im Bereich des Physikalischen. Was zählt, ist das Materielle: Häuser, Autos, Flugzeuge und die Zahlen – Rangfolgen, Marktanteile, Gewinnspannen, Profite, Umsätze und so weiter –, in denen wir lesen wie eine Wahrsagerin im Kaffeesatz, um die Vergangenheit bewerten und die Zukunft voraussehen zu können. Oder wir leben und denken im Bereich des Intellektuellen, als seien Konzepte und Ideen das allein Seligmachende. Wir ziehen Schlußfolgerungen, argumentieren, planen, intrigieren und überreden. Wir denken uns, könnte man sagen, durch den Tag. Der Bereich, den wir am ehesten vernachlässigen, ist Pascal zufolge der wichtigste für alles, was wir tun: der des Spirituellen, das Reich des Herzens. In diesem Reich finden wir die wahren Grundlagen für wirkliche Höchstleistung und echtes Glück. Doch weil wir zu beschäftigt im physischen oder zu gestreßt im intellektuellen Bereich sind, vernachlässigen wir den Bereich der Gefühle – und berauben uns selbst dessen, worauf wir am dringendsten angewiesen sind.

Im Normalfall sind wir weder im intellektuellen noch im emotionalen Bereich wirklich tief in der Realität verankert. Das heißt aber, daß wir in Zeiten der Krise über keine Möglichkeit verfügen, aus unserer Tiefe Stärke und Zuversicht zu schöpfen. Wollen wir die Energien erschließen, die aus diesen Quellen gespeist werden, müssen unsere Wurzeln tief hinunterreichen, müssen wir uns in den unverrückbaren Fundamenten des Lebens verankern, in Verbindung treten mit dem Grund allen Seins. Das ist der einzige Weg zu beständigem Gleichgewicht und wirklicher Harmonie, zu Motivation und Hoffnung, Erfüllung und Zufriedenheit. Darin liegt der wahre Ursprung jenes inneren Friedens und Gleichmuts, den die alten Stoiker durch einen reinen Akt des Willens erreichen wollten.

Verbundenheit und Spiritualität

Der Kern der spirituellen Dimension liegt in der Einheit: in der engen Verbindung oder Verflechtung zwischen unseren Gedanken und Handlungen, unserem Glauben und unseren Emotionen, zwischen uns selbst und anderen, zwischen Mensch und Natur, zwischen der Gesamtheit der Natur und ihrem Ursprung – grenzenlose Verbundenheit, höchste Einheit.

Leider leben wir in einer Zeit der Zerrissenheit, der Entfremdung zwischen den Menschen und ihren Gemeinschaften, zwischen den Rassen, innerhalb von Familien, zwischen den Bürgern eines Gemeinwesens und ihren politischen Vertretern, innerhalb von Regierungen, zwischen Abteilungen ein und desselben Unternehmens, zwischen Lehrern und Rektoren, Ärzten und Krankenschwestern, zwischen Management und Arbeitern. Entfremdung und Konflikte, wohin wir auch sehen. Das ist kein spiritueller Seinszustand, im Gegenteil, es ist die Antithese dessen, worauf Spiritualität abzielt.

Die indische Philosophie und das hinduistische Denken betonten die fundamentale Einheit aller Dinge. Im Neuen Testament heißt es über Jesus Christus: „In ihm sind alle Dinge eins." Und selbst die moderne Physik kehrt immer wieder zu der Frage der fundamentalen, grundlegenden Einheit aller Dinge zurück. Wenn wir, auf einer pragmatischen, alltäglichen Ebene, weder in unseren Büros noch in unseren Familien und nicht einmal in uns selbst eine solche Einheit empfinden, was ist dann verkehrt gelaufen? Und was können wir dagegen unternehmen?

Um die Verbundenheit zu erkennen, die überall um uns herum, jenseits der oberflächlichen Erscheinung der Dinge existiert, müssen wir uns von der Illusion der absoluten individuellen Autonomie freimachen. Die moderne Gesellschaft begünstigt die Suche

nach persönlichem Reichtum, die Entwicklung unserer individuellen Talente, das Streben, sich eine von allen anderen unab-
hängige Zukunft zu schaffen. In den Buchhandlungen stapeln
sich Selbsthilfebücher und psychologische Ratgeber für Selbst-
heilung und Selbstperfektion. Wir werden dazu ermutigt, vor allem – wenn nicht sogar ausschließlich – über unsere individuellen
Bedürfnisse und Nöte nachzudenken. Wenn es hochkommt, betrachten wir vielleicht noch unsere unmittelbare Familie als eine
Einheit, deren Wohlergehen, wenigstens theoretisch, weitgehend
unabhängig ist von dem der anderen Menschen um uns herum.

Natürlich liegt es nahe, sich mehr auf die uns unmittelbar be-
treffenden Aspekte eines übergreifenden Prozesses oder einer
umfassenden Einheit zu konzentrieren und das große Ganze zu
ignorieren. Wir fixieren uns auf unsere Karriere, ohne sie ausreichend im Kontext der Gesamtheit dessen zu betrachten, was unser
Leben ausmacht. Wir pflegen eine Beziehung, ohne ihre Auswirkungen auf die Gesamtheit dessen zu bedenken, was wir lieben
und wertschätzen. Wir setzen uns mit einem Problem auseinander
und treffen eine Entscheidung, ohne die Gesamtheit der Zusammenhänge zu durchdenken, in die dieses konkrete Problem einge-
bettet ist.

Fragmentierung, Vereinzelung und der exzessive Drang nach
Unabhängigkeit und Autonomie sind die modernen Leiden des
Geistes und des Herzens. Wir scheinen jene unverrückbare Wahrheit vergessen zu haben, die in einem alten afrikanischen Sprichwort zum Ausdruck kommt, das besagt, daß es niemals nur auf ein
Haus regnet. Was einen von uns betrifft, betrifft viele von uns. Wir
alle sind miteinander verbunden, von unserer Vergangenheit her,
in unserer Gegenwart und in unserer Zukunft. Der Mensch ist ein
soziales Wesen. Als solches ist er auf die Gemeinschaft anderer
Menschen angewiesen, selbst wenn er sich weigert, diese fundamentale Abhängigkeit und Verbundenheit wahrzunehmen.

> **Dein Besitz steht auf dem Spiel, wenn die Nachbarwand
> brennt.**   *Horaz*

Zu verkennen, daß unsere Interessen und unser Schicksal unentwirrbar miteinander verbunden sind, ist ebenso gefährlich wie weit verbreitet.

Wir sollten uns in allem, was wir tun, an den Zusammenhängen und dem Kontext, innerhalb dessen wir agieren, orientieren. Die Architektin Eliel Saarinen gab angehenden Designern einmal einen weisen Ratschlag, dessen Bedeutung weit über das hinausgeht, was sie ursprünglich sagen wollte: „Entwerfen Sie ein Objekt stets im Hinblick auf seinen nächstgrößeren Kontext – einen Stuhl in einem Zimmer, ein Zimmer in einem Haus, ein Haus in einer Siedlung, eine Siedlung in einer Stadt." Das ist der Entwurf, den wir allen Bereichen unseres Lebens zugrunde legen müssen. Was auch immer wir tun, wir müssen es im Hinblick auf seinen nächstgrößeren Kontext durchdenken, dieses wiederum im Hinblick auf seinen nächstgrößeren Kontext und so weiter. Mit einer solchen Denk- und Sichtweise fällt es uns vielleicht leichter, unsere individuellen Präferenzen im Interesse einer umfassenderen, andauernden Beziehung hintanzustellen, auf einen kurzfristigen Vorteil oder Profit zugunsten einer langfristigen Entwicklung zu verzichten. Den Kontext in unsere Überlegungen miteinzubeziehen, kann uns helfen, unseren Kollegen mehr Verständnis entgegenzubringen. Und wir werden vielleicht weniger schnell eine Beziehung abbrechen, wenn wir erst die ausschlaggebende Bedeutung der Verbundenheit für das erkannt haben, was wir erreichen können.

Das Spirituelle muß immer in Verbindung mit Wahrheit, Schönheit und dem Guten gesehen werden. In Liebe ausgesprochene Wahrheit ist das stärkste und beständigste Band, das Menschen und Organisationen zusammenhält. Doch damit der positive Einfluß der Wahrheit möglichst effektiv zur Geltung kommt, muß sie im Kontext des Strebens nach wirklicher Einheit eingesetzt werden. Hin und wieder müssen wir auch unangenehme Wahrheiten aussprechen, aber niemals, um etwas zu zerstören, sondern nur, um etwas aufzubauen. Ebenso muß auch Schönheit als ein Element spiritueller Verbundenheit verstanden werden. Verbinden wir unsere Arbeit mit den Bedeutungen und Zielen, die unserem innersten Streben entspringen, wird das Resultat in einem echten und tiefen Sinn schön sein. Andersherum können Umgebungen großer Schönheit dazu beitragen, daß unsere Arbeit und unser Leben auf einer spirituellen Ebene inspiriert wird und Früchte trägt.

Schließlich trägt, wie wir im folgenden Kapitel sehen werden, auch Tugendhaftigkeit zur Befriedigung unserer spirituellen Bedürfnisse bei. Andersherum fördert eine spirituelle Perspektive mit hoher Wahrscheinlichkeit die Liebe zum Guten. Wirkliche Schönheit in menschlichen Beziehungen entsteht durch die Verbindung von Wahrheit mit der Liebe zum Guten. Mithin bestehen zwischen den Zielsetzungen unserer vier grundlegenden Dimensionen menschlicher Erfahrung tiefe und komplexe Wechselbeziehungen. Die wichtigste dieser Dimensionen jedoch ist die der Spiritualität – sie ist die Dimension der Tiefe und Verbundenheit.

In unseren geschäftlichen Entscheidungen und Handlungen ist es von ausschlaggebender Bedeutung, daß und wie wir diese wechselseitigen Beziehungen berücksichtigen. Dabei kommt es nicht nur darauf an, unsere Fähigkeiten und Erfahrungen mit dem zu verbinden, was wir für das Unternehmen leisten können. Wir müssen unsere Anstrengungen auch mit denen anderer Menschen verbinden, denen der Kollegen in unserer Abteilung ebenso wie denen von Mitarbeitern anderer Abteilungen. Und schließlich müssen wir positive Beziehungen zu unseren Lieferanten und Kunden aufbauen, Verbindungen, aus denen das partnerschaftliche Miteinander hervorgeht, das in der modernen Weltwirtschaft Grundvoraussetzung für dauerhaften Erfolg ist.

Die Menschheit ist in einem solchen Maße zu einer großen Familie geworden, daß wir für unser eigenes Wohlergehen nicht mehr garantieren können, außer, wir garantieren für das aller anderen auch. Wer für sich selbst glücklich sein will, muß, ob er nun will oder nicht, auch für das Glück der anderen sorgen.

Bertrand Russell

11

Einzigartigkeit und Gemeinschaft

Die vier spirituellen Bedürfnisse, die allen Menschen gemein sind, sind so einfach wie umfassend. Wir alle sehnen uns zutiefst nach:

1. Einzigartigkeit als Individuum,
2. Gemeinschaft mit etwas, das größer ist als wir selbst,
3. Nützlichkeit für andere und
4. Erfüllung unseres Lebens und unserer Arbeit.

Werden diese Bedürfnisse respektiert und erfüllt, sind wir in der Lage, tiefe Erfüllung und persönliche Befriedigung in unserem Leben und in unserer Arbeit zu erfahren. Werden sie nicht erfüllt, zehren unsere Arbeit und unser Leben uns auf, und letztendlich entfremden wir uns von ihnen.

Das Bedürfnis nach Einzigartigkeit

Wir alle müssen uns im positiven Sinne als einzigartig, als besonders, als anders empfinden, als eigenständige und charakteristische Individuen. Wir *sind* einzigartig, und wir alle brauchen das Gefühl, daß unsere Einzigartigkeit anerkannt und bestätigt wird. Das ist das erste der vier universellen spirituellen Bedürfnisse.

> **Jeder, der auch nur ein bißchen etwas taugt, unterscheidet sich von allen anderen.** *Felix Frankfurter*

Heute war Einführungstag für neue Schüler und ihre Eltern sowie für alle Kinder der siebten und neunten Klasse, und aus diesem Anlaß begleitete ich meine Kinder zur Schule. Der Anblick der in die Sporthalle strömenden Mittelschüler und angehenden Highschool-Studenten erinnerte mich lebhaft an meine eigene Schulzeit und die Angst, die mich zu Beginn jedes neuen Schulabschnitts überfiel. Einige der frischgebackenen Grundschüler betraten die Sporthalle sehr zögernd und verunsichert, mit einem verloren und besorgten Ausdruck auf den kleinen Gesichtern. Die Älteren, die vor dem Eintritt in die Highschool standen, stolzierten wichtigtuerisch und manchmal von einem kleinen Gefolge begleitet in den Saal. Vor dem Eingang bildeten sich kleine Grüppchen. Freunde fanden sich und blieben zusammen, als hinge ihr Überleben davon ab. Keiner wollte alleine sein oder sich alleine fühlen. Soweit ich sehen konnte, wollte jeder einzelne Schüler als einzigartige Person anerkannt und akzeptiert werden. Das übermächtige Gefühl der Angst, das man an diesem Morgen in und vor dem Saal fast mit Händen greifen konnte, rührte von der Unsicherheit her, ob dieses Bedürfnis auch in diesem Jahr, an diesem Ort und unter diesen Menschen erfüllt werden würde.

An der Oberfläche scheinen Teenager es manchmal nur darauf anzulegen, gleich auszusehen, sich gleich zu verhalten und bis in das kleinste Detail gleich zu sein, zumindest innerhalb ihrer Clique. Schaut man jedoch genauer hin, erkennt man etwas anderes. Jeder von uns will von anderen beachtet und anerkannt werden. Können wir die Welt im Großen nicht beeindrucken, so suchen wir nach einer Gruppe von Menschen, in der wir aller Wahrscheinlichkeit nach in unserer Einzigartigkeit akzeptiert und bestätigt werden. Im Gegenzug passen wir uns in vielem den anderen Gruppenmitgliedern an, übernehmen ihren Kleidungsstil, ihre Verhaltensweisen und ihre Sprache. Dadurch hoffen wir, den Grad an Akzeptanz zu erwerben, der es anderen erst erlaubt, uns in unserer wirklichen Einzigartigkeit zu erkennen.

Im Gegensatz zu einem Chamäleon wechseln wir unsere Farbe nicht, damit wir nicht auffallen, sondern damit wir zumindest innerhalb einer Gruppe als der anerkannt werden, der wir sind. Wird diese Gruppe von anderen erkannt und bewundert, so fällt ein Teil dieser umfassenderen Anerkennung und vielleicht sogar Bewunderung auch auf uns ab.

Wollen wir uns gegenseitig verstehen, müssen wir einander ein wenig ähnlich sein. Aber um uns zu lieben, müssen wir auch ein wenig unterschiedlich sein. *Paul Géraldy*

Diese Dynamik des Erwachsenwerdens verlieren wir niemals ganz, genausowenig, wie diese Bedürfnisse plötzlich in uns wach wurden, als wir unseren zwölften oder dreizehnten Geburtstag feierten. Sie prägen in unterschiedlichem Ausmaß bereits in der Kinderzeit unser Sozialverhalten. Als meine Tochter Sara acht Jahre alt war, kam sie des öfteren nach Hause und beklagte sich über das kleine Mädchen, das gegenüber von uns wohnte. „Daddy, Lindsay macht mich immer nach! Sie tut alles, was ich tue, und sie will einfach nicht damit aufhören."

Ich erklärte Sara, daß Lindsay erst vier Jahre alt war und nur lernen wollte, wie man als Achtjährige war. Sie wollte von Kindern eines Alters akzeptiert werden, das sie auch einmal erreichen würde, und suchte deshalb bei Sara nach Anerkennung und Bestätigung. Kam Lindsay zu uns ins Haus, verhielt sie sich wie meine Kinder. Was Sara nicht sah, war, daß sie selbst oft ältere Kinder aus der Mittelschule imitierte, die wiederum die Verhaltensweisen der Highschool-Studenten kopierten. Wer in die Highschool ging, orientierte sich seinerseits an den College-Kids, die sich die paar Erwachsenen zum Vorbild nahmen, die sie bewunderten. Im Tierreich nennt man diesen Prozeß „Prägung". Unbewußt spielen wir das Verhalten der Menschen um uns herum nach, und zwar nicht nur, damit wir ihnen ähnlicher werden, sondern auch, damit wir von ihnen bemerkt und als der anerkannt werden, der wir sind.

Lob ist wichtig

Unsere Familienmitglieder, unsere Freunde und alle, mit denen wir zusammen arbeiten, teilen das tiefe Bedürfnis, als einzigartige Individuen anerkannt und geschätzt zu werden. Genau aus diesem Grund betonten in den letzten Jahren viele Autoren von Managementbüchern die Notwendigkeit, die Leistungen von Mitarbeitern am Arbeitsplatz im Kleinen wie im Großen anzuerkennen. Gratulieren Sie einem Kollegen, der eine Aufgabe gut erledigt hat. Machen Sie einer Mitarbeiterin ein Kompliment für ein besonderes Talent. Sparen Sie nicht mit Lob, wenn jemand mehr tut, als die Pflicht verlangt, wenn jemand ein Problem auf kreative Art und Weise löst oder wenn sich jemand ein Herz faßt und eine unangenehme Wahrheit ausspricht. Jüngere Mitarbeiter profitieren von der Ermutigung, ältere wissen die Ehrbezeigung zu schätzen, die in einem Lob liegt.

Selbst den besten Männern haftet das Streben nach Ruhm länger an als jede andere Leidenschaft. *Cornelius Tacitus*

Jeder von uns sehnt sich nach positiver Anerkennung. Und wir brauchen in unserer Arbeit Aufgaben, die unsere einzigartigen Fähigkeiten und Erfahrungen herausfordern. Keine zwei Menschen verfügen über dieselben Fähigkeiten und denselben Hintergrund. Jeder von uns bringt, in intellektueller, physischer und kreativer Hinsicht, andere Talente und Fertigkeiten mit. Eine Organisation, die das ignoriert, die diesen Reichtum an Fähigkeiten nicht für sich einsetzt, vergeudet ihre am leichtesten verfügbare Ressource.

Die neue, sich am Horizont abzeichnende Wirtschaft basiert auf Wissen, Vorstellungskraft, Neugier und Talent. Was, wenn wir lernten, die wunderbaren und unendlichen Unterschiede zwischen den Menschen für uns zu erschließen? Würde nicht ein Unternehmen, welches die Einzigartigkeit jedes einzelnen seiner 1000 (oder 10 oder 10 000) Mitarbeiter für sich auszu-

nutzen versteht, über eine phänomenale Kraftreserve verfügen? Oder, negativ ausgedrückt, befindet sich nicht ein Unternehmen, das die besonderen Talente seiner Mitarbeiter brachliegen läßt, auf dem besten Wege in die Katastrophe?

Tom Peters

Wie sich diese Ressource erschließen läßt, exerzierte der Präsident eines mittelständischen Unternehmens vor. Eines Tages bemerkte er, daß die Mitarbeiter in seinen Büros kaum etwas von dem einzigartigen Hintergrundwissen oder den speziellen Erfahrungen ihrer Kollegen wußten. Wohl kannten sie alle beim Namen und die eine oder andere Einzelheit aus dem Leben ihrer Kollegen, aber eigentlich wußten sie so gut wie nichts voneinander. Und das, so fürchtete er, würde auf lange Sicht unvermeidlicherweise einer effektiven Zusammenarbeit entgegenstehen. Also lud er eines Samstagnachmittags alle Angestellten zu einem Picknick in den Stadtpark ein. Zunächst grillten sie und machten ein paar Spiele, doch schließlich setzten sich alle in einem großen Kreis auf den Boden, und es wurden Notizkarten ausgeteilt. Der Präsident bat alle, auf ihrer Karte ein persönliches Geheimnis zu notieren, von dem sie annahmen, daß es niemand im Betrieb wußte und das zu offenbaren ihnen nichts ausmachte. Jeder, der seine Karte ausgefüllt hatte, warf sie in eine große Schachtel. Dann zogen sie die Karten eine nach der anderen aus der Schachtel, lasen sie laut vor und versuchten herausfinden, wer sie ausgefüllt hatte. Was dabei herauskam, war oft witzig, meistens aufschlußreich und manchmal überraschend. Das wichtigste aber war, daß die Gruppe in sich verborgene Talente entdeckte, die sie in Zukunft einsetzen konnte, Talente, von denen niemand geahnt hatte, daß jemand in der Gruppe sie besaß.

Solange wir die einzigartigen Qualitäten der Menschen neben uns nicht kennen, können wir uns auch nicht auf produktive Weise darauf einstellen. Indem wir unsere Kollegen besser kennenlernen, versetzen wir uns in die Lage, sie als das anzuerkennen, was sie sind, erkennen wir, inwiefern sich ihre Sichtweisen und Fertigkeiten von den unseren unterscheiden und wie wir am effektivsten auf neue und kreative Weise zusammenarbeiten können.

Unsere Fähigkeiten einbringen

Willst du anderen zu Diensten sein, so bleibe du selbst.
Henry Van Dyke

Nur wenn wir mit uns selbst in Harmonie leben, uns in unserer Einzigartigkeit wohl fühlen, sind wir in der Lage, anderen wirklich zu helfen. Die Menschen um uns herum brauchen keine Spiegelbilder ihrer selbst, auf Kooperation getrimmte Klone, die ihre Aussagen wiederholen – egal wie oft das genau das erwünschte Verhalten zu sein scheint. Wir leisten dann den bestmöglichen Beitrag zu einem gemeinsamen Unternehmen, wenn wir unsere einzigartigen Perspektiven und Fähigkeiten einbringen. So, wie wir andere ermutigen sollten, ihre besonderen Talente und Erfahrungen einzusetzen, so müssen wir selbst uns kontinuierlich besser kennenlernen, müssen uns selbst weiterentwickeln, damit wir in der Lage sind, Erfahrungen und Fähigkeiten, über die vielleicht nur wir verfügen, in ein gemeinsames Projekt einzubringen. Die Geschichte eines jeden von uns unterscheidet sich von der aller anderen. Jeder von uns verfügt über einen einmaligen Erfahrungsschatz, über eine einzigartige Kombination von Fertigkeiten sowohl in praktischer wie auch in intellektueller Hinsicht. Erst wenn wir unsere individuelle Lebensgeschichte erkennen und lernen, sie für uns zu erschließen, können wir das Beste aus den Gelegenheiten machen, die sich uns tagtäglich eröffnen.

Die Geschichte eines jeden Menschen ist in sich eine Bibel.
Novalis

Studieren Sie nicht nur die anderen, studieren Sie auch sich selbst. Und zögern Sie nicht, die Konsequenzen aus den positiven Unterschieden zu ziehen, die sie entdecken. Nur so können Sie Ihre Einzigartigkeit in alle Ihre Unternehmungen einbringen.

Der Preis der ignorierten Individualität

Meine Frau arbeitet seit langem als ehrenamtliche Schülerbetreuerin; sie holt besonders auffällige Grundschulkinder aus ihren Klassen und gibt ihnen Einzelunterricht. Mit Respekt und Achtung, Liebe, fürsorglichem Interesse und Bestärkung, sagt sie, gelingt es ihr oft, daß scheinbar lernbehinderte und zur Zusammenarbeit unfähige Kinder ihr Verhalten von Grund auf ändern. Diese Kinder, von denen die wenigsten zu Hause in ihrer Einzigartigkeit positiv anerkannt werden, verlangen in der Schule, auf irgendeine Weise in ihrer Individualität anerkannt zu werden. Erhalten sie keine positive Beachtung, so provozieren sie eben negative Reaktionen, da das immer noch besser ist, als überhaupt nicht beachtet zu werden. Sie verweigern den Lehrern den Gehorsam, bestehlen Mitschüler und fangen Streit mit Mitschülern an. Und dieses Bedürfnis- und Verhaltensmuster beschränkt sich beileibe nicht nur auf Grundschüler oder besonders auffällige Kinder.

Auch später, am Arbeitsplatz, verspürt jeder das Bedürfnis, als einzigartiges und eigenständiges Individuum beachtet, anerkannt und gelobt zu werden. Verweigern wir unseren Mitmenschen diese Anerkennung, besteht die Gefahr, daß sie eine – und sei es eine negative – Reaktion ihrer Umwelt erzwingen. Menschen, die sich in ihrer Besonderheit nicht anerkannt fühlen, verspüren wenig oder gar kein Gefühl der Loyalität oder Kameradschaft gegenüber denen, die sie als Individuum ignorieren. Das führt zum Beispiel dazu, daß im Büro immer wieder Dinge abhanden kommen, die Spesenabrechnungen überhöht ausfallen oder das Lob für ein Projekt nicht gerecht geteilt wird, daß, kurz gesagt, der Unternehmensgeist leidet.

Man braucht nicht gleich große Preise auszuloben, um diesen Prozeß umzukehren. Auch kleine Beweise der Anerkennung, in Worten oder Taten, können schon ausreichen, wie meine Frau von ihrer Arbeit mit verhaltensauffälligen Schulkindern – und viele von uns von ihren Erfahrungen im Berufsleben – her weiß.

Menschen brauchen Liebe und Anerkennung. Wer der Meinung ist, diese Gefühle hätten in Unternehmen nichts verloren, beweist nur seine Unkenntnis darüber, welches die wirklichen Voraussetzungen für den Erfolg sind.

Was innerhalb eines Unternehmens gilt, gilt selbstredend auch für alle nach außen gerichteten geschäftlichen Beziehungen. Verleihen Sie Ihren Kunden das Gefühl, einzigartig zu sein? Oder Ihren Lieferanten? In jeder Verkaufsbeziehung, jeder Consulting-Beziehung, jeder geschäftlichen Verbindung zwischen Individuen und Unternehmen muß ein positiver Unternehmensgeist im ursprünglichen, weitesten Sinne des Wortes kultiviert werden. Fühlt Ihr Gegenüber in dieser Beziehung sein Bedürfnis nach Einzigartigkeit erfüllt, wird die Beziehung gestärkt. Wenn wir den Menschen in unserer Umgebung das Gefühl vermitteln, im positiven Sinne etwas Besonders zu sein, werden wir selbst davon profitieren. Das ist alles anderes als hohles Gerede – es ist die Realität der menschlichen Natur.

> **Ein Volk, so scheint es, ist immer eine bestimmte Zeit lang fortschrittlich und dann nicht mehr. Wann hört es auf, fortschrittlich zu sein? Wenn es aufhört, Individualität zu besitzen.**
>
> *John Stuart Mill*

Der Philosoph John Stuart Mill erkannte, daß nicht nur einzelne Individuen geschätzt werden wollen, sondern daß auch die Mitglieder einer Gruppe oder Partnerschaft, die ein bestimmtes Ziel gemeinsam anstreben, sich als etwas Besonderes fühlen wollen. Die Mitglieder einer Familie müssen ein positives Gefühl für die Einzigartigkeit ihrer Familie empfinden. Die Einwohner einer Stadt, einer Region oder eines Landes müssen sich im positiven Sinne als Teil einer besonderen menschlichen Gemeinschaft wahrnehmen. Und die Mitarbeiter eines Unternehmens müssen ihr Unternehmen mit einem Gefühl der Begeisterung oder des Stolzes betrachten. Das ist auch einer der Gründe dafür, warum gute Werbung von ihrer Wirkung auf die Mitarbeiter des werbenden Unternehmens her oftmals ebenso wertvoll ist wie von ihrem Effekt auf Kunden und potentielle Kunden. Gut gemachte Werbung kann nach innen das Gefühl für die Besonderheit und die

Bedeutung des Unternehmens stärken. Solange wir uns in dem, was wir tun, einzigartig fühlen, sind wir eher motiviert, an unseren Fähigkeiten zu arbeiten, mehr als das Verlangte zu tun und neue Bereiche der Spitzenleistung zu erschließen.

Das Bedürfnis nach Gemeinschaft

> Niemand ist eine Insel, in sich vollständig; wir alle sind Teil eines Kontinents.
> *John Donne*

Auf den ersten Blick scheint das zweite universelle spirituelle Bedürfnis – unser Bedürfnis, eine Einheit mit etwas Größerem als uns selbst zu verspüren – in die entgegengesetzte Richtung unseres Bedürfnisses nach Einzigartigkeit zu zielen. Wir sehnen uns nach Zugehörigkeit zu einer größeren, umfassenderen Einheit. Das ist die Kraft, die Familien zusammenhält, und die Kraft, die zur Bildung von Straßengangs führt.

In Kalifornien trat vor kurzem ein ehemaliger Bandenführer mit einer provozierenden Äußerung an die Öffentlichkeit. Der Hauptgrund, warum Jugendliche sich den Gangs anschließen, ist, erklärte er, nicht die Verlockung des schnellen Geldes aus kriminellen Tätigkeiten noch der Reiz der Drogen oder die Lust daran, Waffen tragen und einsetzen zu können. Jugendliche schließen sich zu Banden zusammen, weil sie einer Gemeinschaft angehören wollen, die größer und umfassender ist als ihr individuelles Selbst. Würde dieses Bedürfnis auf andere, produktivere Weise gestillt, dann würden die Straßengangs weit weniger Anziehungskraft ausüben.

Das Gemeinschaftsgefühl ist die unsichtbare Kraft, warum sich Menschen zusammenschließen. Allgemeiner gefaßt: Dieses Gefühl ist die Triebfeder aller Formen des Patriotismus und eine der Säulen, auf denen alle Weltreligionen ruhen. Im Kontext von Unternehmen kann es die Grundlage für einen starken Unternehmensgeist sein.

Der Direktor der Human-Resources-Abteilung eines sehr erfolgreichen Computerherstellers berichtete mir vor einiger Zeit von einem ungewöhnlichen Experiment, das in seinem Unternehmen durchgeführt worden war. Man hatte beschlossen, einen Bericht über Unternehmenswerte zu erstellen, und eine kleine Arbeitsgruppe gebildet, die sich einmal wöchentlich treffen und eine Rohversion ausarbeiten sollte. Das erste Gruppentreffen war ein Brainstorming über die für die Arbeitsweise in dem Unternehmen zentralen Werte.

Jemand schlug Individualität als wichtigen Wert vor. Der Begriff wurde auf die Tafel geschrieben, und alle Anwesenden nickten zustimmend. Ein anderes Gruppenmitglied sagte Teamarbeit, und auch dieser Vorschlag stieß auf allgemeine Zustimmung. So ging es fort, Eigenschaften, die in dem Unternehmen geschätzt wurden, wurden in die Runde geworfen, mit allgemeinem Kopfnicken begrüßt und an der Tafel festgehalten. Die Sitzung verlief weitaus harmonischer, als die Teilnehmer erwartet hatten. An der Tafel stand eine beeindruckende Liste mit den verschiedensten Werten, und alle fühlten sich sehr zufrieden mit dem Ergebnis des ersten Treffens.

Die nächste Sitzung nahm einen gänzlich anderen Verlauf. Die Arbeitsgruppe fing damit an, die Liste der zuvor zusammengetragenen Werte zu diskutieren. Der Mitarbeiter, der in der letzten Sitzung Teamwork als zentralen Unternehmenswert vorgeschlagen hatte, äußerte Zweifel an dem Begriff Individualität. Wie, fragte er, könne das ein Unternehmenswert sein, wenn doch ein Übermaß an Individualität den Ausbruch von anarchistischen Verhältnissen begünstige, in der jeder ohne Rücksicht auf das Unternehmen das tue, was ihm gerade in den Kopf komme?

Der Mitarbeiter, der Individualität eingebracht hatte, reagierte mit einem Gegenangriff auf die Teamarbeit. Könne ein Unternehmen, das auf die Kreativität seiner Angestellten angewiesen ist, Gruppendenken oder die Konformität, die sich oftmals hinter dem Ausdruck „Teamplayer" verbirgt, tatsächlich als Grundwert fördern? In der zuvor so harmonischen Gruppe kam es auf einen Schlag zu einer extrem polarisierten Auseinandersetzung. Während Einwände und Erwiderungen durch den Raum flogen, realisierte der Personalchef, daß beide Seiten die von der Gegenseite favorisierten Werte falsch interpretierten oder sogar bewußt überzeichneten.

Vielfalt, die nicht zur Einheit gebracht wird, ist Konfusion; Einheit, die nicht auf Vielfalt gründet, ist Tyrannei.

Blaise Pascal

T.H. Huxley sagte einmal: „Wo sich die Individualität nicht entfalten darf, kann die Gesellschaft nicht fortschreiten; wo die Individualität alle Grenzen sprengt, löst sich die Gesellschaft auf." Diese Aussage gilt für die Gesellschaft als solche ebenso wir für die Gesellschaft, die ein Unternehmen oder eine Unternehmensabteilung darstellt. Die Individualität, die in jeder Organisation geschätzt, gefördert und ermutigt werden muß, ist die Einzigartigkeit, von der weiter oben die Rede war – und keine absolute individuelle Autonomie. Das würde in der Tat die Konfusion der Vielfalt zur Folge haben, vor der Pascal warnte, und den Zerfall der Gesellschaft, den Huxley beschreibt. Die angemessene Form der Individualität, die zu fördern es gilt, ist jene Form des Selbstbewußtseins, die uns erlaubt, unsere Kreativität in die partnerschaftliche Zusammenarbeit mit anderen einzubringen. Jeder von uns kann zu dieser umfassenden Unternehmung einen Teil beitragen, etwas, was niemand sonst in exakt derselben Weise leisten kann. Wenn wir unsere Mitmenschen nicht zu dieser „gebenden" Individualität ermutigen, lassen wir die wertvollste Ressource, über die wir in unserem Unternehmen verfügen, brachliegen.

Die Art Teamwork, die innerhalb einer Organisation angestrebt werden sollte, ist nicht die Herdenmentalität, die die Leute wie Lemminge blindlings in eine (oftmals falsche) Richtung führt, die auf Konformität und blinden Gehorsam gegenüber den Vorgesetzten abhebt. Im Gegenteil, sie wird charakterisiert durch eine geistige Haltung und ein Handlungsmuster, in der einzelne sich zu einer Gruppe zusammenschließen, die Leistungen erzielen kann, die jeder auf sich allein gestellt nicht erbringen könnte. Charakteristisch dafür ist ein Gefühl der persönlichen Verantwortung gegenüber der Gruppe und dem Unternehmen, die individuelle Initiative im Kontext der Partnerschaft, das Teilen von Werten, Visionen und Ressourcen, die Offenheit für gegenseitige Kritik, Lernen, Unterstützung und Ermutigung. Die besten Teams bestehen aus individuellen Führungspersönlichkeiten, die ihre Talente, Erfahrungen und Energien auf kreative Weise in den Dienst einer für die Gruppe nützlichen Aufgabe stellen.

> **Auch ein Scheffel Getreide besteht aus einzelnen Körnern.**
>
> *Thomas Fuller*

Der bedeutende politische Philosoph und Ethiker John Stuart Mill schrieb bereits im 19. Jahrhundert: „Egal, wie wir es benennen, was immer die Individualität unterdrückt, ist Despotismus." Wer Teamwork fördert, darf Teammitgliedern niemals Grund zu der Annahme geben, kreatives Denken und Eigeninitiative seien unerwünscht. Das wäre in der Tat nichts anderes als Despotismus, weiter als alles andere von der aufgeklärten Managementphilosophie entfernt, die wir heute brauchen, um unsere Unternehmen und Mitarbeiter in die Zukunft zu führen.

Einerseits wurde und wird in der westlichen Philosophie der Begriff der Einzigartigkeit viel zu extrem als absolute individuelle Autonomie und Selbstzentriertheit definiert. Andererseits interpretiert die Philosophie des Ostens das Konzept der Gemeinschaft viel zu ausschließlich als die endgültige Auflösung des Individuums in einer übergreifenden Einheit. Im Interesse einer philosophischen Ausgewogenheit und einer lebendigen Spiritualität müssen wir beide Bedürfnisse, das nach Einzigartigkeit und das nach Gemeinschaft, in einer dynamischen Harmonie vereinen. Die Gemeinschaft, die wir wirklich brauchen, ist die Verbundenheit, in der wir und unsere Partner unsere einzigartigen Qualitäten optimal einsetzen können. Die Einzigartigkeit, die wir in uns anstreben müssen, ist eine Eigenschaft, die unsere besonderen Stärken in den Dienst einer umfassenderen Einheit zwischen Menschen stellt und als solche als positive Kraft innerhalb dieser Einheit respektiert und gelobt wird. So, wie die Verbundenheit mit anderen der Hintergrund ist, vor dem allein unsere Individualität ihr Potential entfalten kann, Gutes für die Gemeinschaft zu schaffen, ist unsere Einzigartigkeit das Salz in der Suppe jeder Gemeinschaft und jedes Unternehmens. Es kommt darauf an, durch ein dynamisches Wechselspiel zwischen diesen beiden spirituellen Bedürfnissen ein gesundes Gleichgewicht herzustellen.

Wäre es einem von uns vergönnt, für ein paar Stunden in das Himmelreich aufzusteigen und IHN auf seiner täglichen Runde zu begleiten, würde er unter sich Millionen seiner Mitmenschen erblicken, die sich voller Eifer in ihre Leidenschaften, in den Sport oder was immer sie in diesem Moment tun, stürzen – und dabei die Menschen um sie herum scheinbar vergessen. Doch verfügte unser Beobachter über die Allmacht und das Allwissen des HERRN, so würde er auch von dort unten eine verzweifelte und endlose Klage heraufdringen hören, die jede einzelne Seele erfüllt und erzittern läßt : „Seht mich! Ich will von der ganzen Welt erkannt, bewundert und geliebt werden!" Und es ist dies, diese wunderbare Schwäche, diese Abhängigkeit aller von allen, die aus einigen von uns Helden und aus anderen Narren macht – und aus den meisten von uns beides zugleich. *Michael Burry*

Einerseits ist es genau dieses Bedürfnis, wahrgenommen und anerkannt zu werden, das uns die Gemeinschaft mit anderen sowie in gemeinsamen Unternehmungen suchen läßt. Andererseits treibt uns dieses Bedürfnis aber auch dazu an, unsere individuellen Talente so weit zu entwickeln, daß wir als gebende Mitglieder einer größeren, wichtigeren Einheit akzeptiert werden. Wiederum sind beide Bedürfnisse gleich wichtig, und jedes muß in seiner Beziehung zum anderen verstanden werden.

Einheit und Vielfalt

Da Verschiedenheit in den letzten Jahren ganz oben auf der Managementagenda rangierte, scheint es mir angebracht, die Beziehungen zwischen Einheit und Vielfalt zu verdeutlichen und damit auch, was der Begriff Gemeinschaft auf der Ebene von Unternehmen bedeutet.

Natürlich ergeben sich allein aus dem Umstand, in einer homogenen, einheitlichen Umwelt zu leben oder zu arbeiten, gewisse Vorteile. In einer homogenen Umgebung empfindet man unmittelbarer ein Gefühl des Wohlbefindens. Je mehr die Menschen um uns herum uns ähnlich sind, desto eher fühlen wir uns in ihrer Gesellschaft zu Hause. Wir werden darin bestätigt, wer wir sind und wie wir denken. Die Reibungen, die sich notwendigerweise aus Unterschieden ergeben, entfallen. Wir sind, wie der sprichwörtliche Fisch im Wasser, ganz in unserem Element.

Allerdings sprechen einige klare Vorteile auch für eine heterogene, vielfältige Umgebung. So wirkt eine heterogene Umwelt notwendigerweise auf einer intellektuellen Ebene stimulierend. Wir sehen uns mit Unterschieden konfrontiert, die uns zwingen, sie aufzunehmen und zu verstehen, unsere gewohnten Denkschemata zu durchbrechen. In einem solchen Kontext können wir ein Gefühl für kreative Offenheit gegenüber dem Neuen entwickeln, das sehr beflügelnd wirken kann. Die Herausforderung, darüber zu reflektieren, wer wir sind und wie wir denken, kann der Motor zu persönlichem und beruflichem Wachstum sein, das in sich erfüllend ist. Eine vielfältige, von Unterschieden geprägte Umwelt ist immer auch eine Umwelt des Lernens, ein Vorgang, der eng mit der Empfindung verbunden ist, ein glückliches, erfülltes Leben zu führen.

> **Wir sind zwar von Geburt her gleich, aber von Geburt her auch verschieden.**   *Erich Fromm*

Kein Unternehmen würde, zumindest unter normalen Umständen, auf den abstrusen Gedanken verfallen, ausschließlich Mitarbeiter einzustellen, die, sagen wir, Hans heißen, rote Haare haben, Rechtshänder sind oder im Sternzeichen Skorpion geboren wurden. Solche Übereinstimmungen sind nicht nur ganz offensichtlich irrelevant für die Arbeit, sie sind schlichtweg bizarr. Doch es gibt Gleichheiten, die für eine produktive Zusammenarbeit förderlich sind. So ist es etwa empfehlenswert, daß alle Mitglieder eines Teams oder Mitarbeiter eines Unternehmens die gleichen grundlegenden Wertvorstellungen aufweisen und in der Lage sind, sich auf bestimmte Ziele zu einigen.

Genauso unsinnig oder gar gefährlich wäre es, Vielfalt bloß um der Vielfalt willen anzustreben. Was hielten Sie von einem Chef, der, da alle seine Mitarbeiter grundehrlich und aufrichtig sind, auf den Gedanken verfällt, aus Gründen der Vielfalt ein paar Lügner einzustellen? Vermutlich wenig. Das wäre nicht nur eine nutzlose, sondern auch eine unproduktive und selbstzerstörische Form der Vielfalt. Ebenso widersinnig wäre es, ein paar ungehobelte Leute einzustellen, weil man in den letzten Jahren ausschließlich Mitarbeiter mit höflichen Umgangsformen eingestellt hat.

Aber es gibt auch Unterschiede, die von einer rein wirtschaftlichen Seite her wichtig sind. Die Mitarbeiter in einer Abteilung sollten etwa unterschiedliche Lebensläufe (und damit Erfahrungen) mitbringen und Ereignisse auf einer kognitiven, emotionalen und geistigen Ebene unterschiedlich wahrnehmen und verarbeiten.

> **So viele Menschen, so viele Meinungen; jeder auf seine eigene Weise.**
> *Terenz*

Im Idealfall können die Mitglieder eines Teams auf sich deutlich voneinander unterscheidende Interpretationsmöglichkeiten zurückgreifen und danach handeln. Dieselben Tatsachen können auf unterschiedlichste Weise aufgefaßt werden, und jedes Unternehmen ist auf Mitarbeiter angewiesen, die sich in ihren Erfahrungen und ihren sich daraus ergebenden Fähigkeiten ergänzen. Es kann sich auch als vorteilhaft erweisen, ein Team mit Leuten zu besetzen, die ganz unterschiedlich an das Leben herangehen.

Je unterschiedlicher die Teammitglieder sind, desto eher können sie sich gegenseitig ihre Fähigkeiten und ihr Urteilsvermögen stärken und desto geringer ist die Gefahr, daß aufgrund fehlerhafter oder unvollständiger Informationen eine falsche Entscheidung getroffen wird.

Ein einzelner Pfeil ist leicht zerbrochen, aber nicht zehn im Bündel. *Japanisches Sprichwort*

Allein die Anzahl kann eine bestimmte Stärke bedeuten. So besagt eine alte Volksweisheit aus Äthiopien: „Viele Spinnweben zusammen können einen Löwen fesseln." Und Homer verkündete in der *Ilias:* „Unterschätzt nicht die Schwächsten, wenn sie ihre Kräfte vereinen." Kaum überraschend also, daß der Mensch sowohl im Leben wie auch in der Arbeit den Zusammenschluß mit anderen braucht und sucht. Doch die Stärke, die aus der bloßen Anzahl herrührt, ist keineswegs so absolut, wie sie oft dargestellt wird. Vor allem im Geschäftsleben können kleine, aber verschiedenartige und kreative Teams weitaus flexibler und effektiver agieren als große Abteilungen. Unterschiede im Geschlecht, der geographischen Herkunft, der ethnischen Zugehörigkeit, des allgemeinen Hintergrunds und des beruflichen Werdegangs können ausschlaggebend sein, wenn es darum geht, eine kreative und schlagkräftige Truppe zusammenzustellen. Wie bereits gesagt garantiert der Versuch, nur um der Vielfalt willen Vielfalt zu erzeugen, ebensowenig den Erfolg wie das Bestreben, eine möglichst homogene Belegschaft aufzubauen. Dennoch hängen die Entstehung eines ausgeprägten Zusammengehörigkeitsgefühls innerhalb eines Unternehmens und effektives Empowerment stets von der richtigen Mischung von Homogenitäten und Heterogenitäten ab.

Wahre Tugend und wahre Einheit

Schon in der Antike sprach der römische Dichter Ovid von „einem jeder Waffe überlegenen Geist". Wie läßt sich ein solcher Geist erzeugen? Der bedeutende puritanische Theologe und Philosoph Jonathan Edwards leitete seine im Jahre 1755 verfaßte Abhandlung über „The Nature of True Virtue" mit folgender Begriffsbestimmung ein:

Wahre Tugend besteht im Grunde aus einem Wohlwollen gegenüber dem Sein im allgemeinem. Oder, exakter ausgedrückt, sie ist Einwilligung, Neigung und Vereinigung des Herzens mit dem Sein im allgemeinen, die unmittelbar in einem allgemeinen guten Willen ausgeübt wird.

Wenn er eine Seite später schreibt: „Wenn ich sage, wahre Tugend sei die Liebe zum Sein im allgemeinen, so wird man mich wahrscheinlich nicht verstehen…", so stellt er sich mit dieser Einsicht lediglich in die lange Reihe von Philosophen, die sich die ganzen Jahrhunderte über mißverstanden fühlten. Edwards fährt dann fort:

Was ich damit meine, ist, daß nicht in der Liebe zu bestimmten Personen oder Wesen die Natur wahrer Tugend liegt, sondern in solcher Zuneigung, die einem allgemein wohlwollenden Charakter entspringt, oder in der Gewohnheit oder Denkweise, die eine Disposition zur Liebe des Seins im allgemeinen aufweist.

Weiter oben habe ich die individuelle Tugendhaftigkeit als eine Charakterstärke bezeichnet. Tugendhaftigkeit an sich ist eine übergreifende Eigenschaft, die das Erreichen anstrebenswerter Ziele erleichtert und eng mit der Bedeutung des menschlichen Lebens verbunden ist. Nach Edwards umfaßt wahre Tugend die Vereinigung des Herzens mit „dem Sein im allgemeinen", die umfassendste Verbundenheit, die zwischen einem Individuum und der es umgebenden Realität möglich ist. Seiner Meinung nach ist keine noch so umfassende Vereinigung mit einem anderen Individuum oder einer Gruppe von Individuen angemessen oder tugendhaft, die uns von der umfassenderen, allgemeineren Form der spirituellen Gemeinschaft abtrennt. Im Idealfall jedoch kann die Gemeinschaft zweier oder mehrerer Menschen die Grundlage für größere und umfassendere Formen der Gemeinschaft darstellen, die uns mit der Welt im allgemeinen verbinden.

Siehe, wie fein und lieblich ist's, wenn Brüder einträchtig beieinander wohnen!   *Psalm 133,1*

Eine Beziehung, die uns von unseren Mitmenschen trennt, ist weder tugendhaft noch stärkend. Dasselbe gilt für Loyalität gegenüber einem Team oder einer Abteilung, die andere Mitglieder der Gesamtorganisation ausschließt und sich gegen sie wendet. Jede Form menschlicher Gemeinschaft muß auf bestimmte Weise offen sein für andere Formen der Gemeinschaft. Die Ehe ist die Grundlage der Familie, Familien sind die Bausteine nachbarschaftlicher Gemeinschaften, die zusammen wiederum eine Stadt bilden. Städte gehören übergreifenden regionalen Körperschaften an, die in ihrer Gesamtheit eine Nation formen. Eine ähnliche Hierarchie findet man in Unternehmen. Mehrere Individuen formen ein Team, innerhalb einer Abteilung oder Division bestehen möglicherweise viele verschiedene Teams, und Teams können abteilungs- oder funktionsübergreifend organisiert sein. Das Gemeinschaftsgefühl, das idealerweise innerhalb eines Unternehmens besteht, darf jedoch nicht die weiter gefaßte Gemeinschaft mit den Kunden und Lieferanten und externen Gemeinschaften ausschließen, sondern muß sie im Gegenteil stärken. Das Solidaritäts- oder Gemeinschaftsgefühl innerhalb einer Organisation darf, das sollten wir nicht vergessen, niemals im Konflikt zur staatsbürgerlichen Gemeinschaft und gesellschaftlichen Verantwortung stehen, sondern muß sie immer unterstützen. Nur so läßt sich eine durchgängige Gemeinschaft, von einer Verantwortungsebene zur nächsten, errichten.

Wir alle haben es wohl schon miterlebt, wie eine kleine Gruppe innerhalb einer Organisation versuchte, ihre Macht auf Kosten anderer, mit denen sie zusammenarbeiten sollte, auszubauen. Solche Prozesse führen in jeder Organisation über kurz oder lang zu offenen Auseinandersetzungen und Krisen. Und die meisten von uns haben auch schon mit ansehen müssen, wie Abteilungen innerhalb einer Organisation aus Neid, unnötiger Rivalität oder bloßer Unfähigkeit, die andere Position zu verstehen, sich gegenseitig Steine in den Weg werfen. Cliquenbildung trägt in den seltensten Fällen zur dauerhaften Stärkung des Unternehmensgeistes bei. Genau davon hat Jonathan Edwards vor über 100 Jahren gesprochen. Die Verpflichtung gegenüber dem „Sein im allgemeinen" sollte über jeder anderen Verpflichtung, die wir annehmen, jeder anderen Gemeinschaft, in die wir eintreten, stehen.

Gemeinsame Werte und Motivation

Es gibt zwei Kräfte, die Menschen vereinen: Angst und Interesse. *Napoleon Bonaparte*

Anfang des 16. Jahrhunderts verkündete der italienische Philosoph Niccolò Macchiavelli, daß es zwei Wege gebe, Menschen zu motivieren, durch Liebe oder durch Angst. Die Liebe, sagte er, sei zu unbeständig. Deshalb, argumentierte er, sollten wir durch Angst motivieren. Macchiavelli schrieb:

Die Menschen sorgen sich weniger, einem anderen ein Unrecht anzutun, der beliebt ist, als einem, der Angst um sich verbreitet. Das Band der Liebe ist eines, das die Menschen, erbärmlich wie sie sind, zerbrechen, so sie daraus einen Vorteil ziehen können; doch die Angst wird verstärkt durch die Androhung einer Strafe, was sehr wirksam ist.

Angesichts des geringen Erfolgs, der Macchiavelli zu Lebzeiten beschieden war, überrascht es in der Tat, wieviel Einfluß seine Lehren später gewonnen haben. Seine Worte wurden durch die

Jahrhunderte wieder und wieder zitiert und scheinen heute einen übermäßigen Einfluß auf die Unternehmenskultur in den Industrieländern auszuüben.

Natürlich kann man Menschen durch Angst motivieren. Angst führt dazu, daß Menschen sich zusammenschließen und härter arbeiten, was in Zeiten des Krieges oder verheerender Naturkatastrophen immer wieder besonders offensichtlich wird. Auch in wirtschaftlichen Notzeiten können die Furcht vor Verlust und die große Unsicherheit Menschen dazu bewegen, bis an den Rand ihrer Kräfte zu gehen und härter und länger zu arbeiten.

Angst ist eine am modernen Arbeitsplatz oft eingesetzte Motivationsstrategie: Wer Angst hat, seinen Arbeitsplatz zu verlieren, ist mehr motiviert, Höchstleistungen zu bringen. Doch Angst ist eine ätzende Säure, die den Unternehmensgeist schneller als alles andere zersetzt. Vor allem künstlich erzeugte Angst, die Taktik, Mitarbeitern dadurch Furcht einzujagen, daß man Drohungen ausspricht, falsche Zahlen veröffentlicht oder Emotionen manipuliert, ist nicht nur heimtückisch, sondern motiviert höchstens kurzfristig und führt langfristig zu weit mehr Problemen als sie löst.

Meiner Meinung ging Macchiavelli von falschen Voraussetzungen aus, als er von Liebe und Angst schrieb. Macchiavellis Angst ist die Angst vor einem Menschen, einem autokratischen Militärführer, dem „Fürsten". Entsprechend ist die Liebe, an die er denkt, eine auf einen anderen Menschen gerichtete Emotion. Macchiavelli empfindet diese Art der Liebe als zu unbeständig und zu sehr den Launen des subjektiven Eigeninteresses ausgeliefert. Doch es existiert eine andere Art der Liebe, die von ihrer Motivation her tiefer ist als die Art der Liebe, auf die sich Macchiavelli bezieht, eine Liebe, die eher Napoleons Gedankengang entspricht, als er die beiden Kräfte, die die Menschen vereinen, als Angst und Interesse beschrieb.

Gemeinsame Unternehmungen sind eher erfolgreich, wenn beide Seiten daraus Nutzen ziehen.   *Euripides*

Das, was wir am meisten lieben oder wertschätzen, bildet die Grundlage unserer individuellen Motivationsstruktur. Es bestimmt unsere Gedanken, Überzeugungen, Emotionen und Einstellungen und dadurch auch unsere Handlungen. Am stärksten motiviert sind wir dann, wenn wir Ziele anstreben, die uns im Hinblick auf unsere fundamentalsten und wichtigsten Interessen und das, was wir wirklich lieben und wertschätzen, von Nutzen sind. Die Wankelmütigkeit der menschlichen Liebe in ihrer Erscheinungsform als Zuneigung zu einer anderen Person ist oftmals nichts anderes als die Konsequenz der Neubewertung der Beziehung zu dieser Person vor dem Hintergrund dessen, was wir am tiefsten lieben oder wertschätzen.

Was Menschen am Arbeitsplatz am stärksten motiviert, ist das kontinuierlich bestätigte Gefühl, durch effektive Zusammenarbeit das sichern und befördern zu können, was ihnen als Mensch am wichtigsten ist, beispielsweise Sicherheit für ihre Familie, Wohlstand für ihre Gemeinschaft, ein positives Selbstbild und das Gefühl, ein Leben zu führen, das sinnerfüllt ist und auf das sie stolz sein können. Lieben wir das, was wir tun, ist die Wahrscheinlichkeit höher, daß wir es gut tun. Nicht die Liebe zu oder der Respekt vor einer bestimmten Person ist von überragender Bedeutung, sondern vielmehr das tiefere Gefühl, durch unsere Tätigkeit zu dem beizutragen, was wir am tiefsten und unerschütterlichsten lieben.

Das heißt nicht, daß Sie als Führungskraft Ihren Mitarbeitern pausenlos philosophische Werte vermitteln müssen. Dennoch glaube ich, daß es von großer Bedeutung für ein Unternehmen ist, einen Wertekatalog und Ziele festzulegen, in denen die Mitarbeiter ihre eigenen Überzeugungen und Werte wiedererkennen. Weiter bin ich überzeugt, daß die Strategieabteilungen in den Unternehmen sich mehr mit den grundlegenden Werten befassen sollten, die sich hinter spezifischen Plänen und Zielen verbergen. Genauso wichtig jedoch ist, daß jeder einzelne in einem Unternehmen danach strebt, in seinen Handlungen diese Kernwerte zu leben und ein tiefes und echtes Interesse an seinen Mitarbeitern an den Tag zu legen.

Vielleicht sollten wir uns mehr damit befassen, wie wir von Nutzen sein können, statt damit, wie wertvoll wir sind.

Edgar Z. Friedenberg

Das ist auch der Grund, warum ich für das Management reservierte Parkplätze und Kantinenbereiche im allgemeinen für keine gute Idee halte. Sie grenzen bestimmte Leute ganz offen aus und zerstören dadurch jedes tiefergehende Gemeinschaftsgefühl innerhalb eines Unternehmens.

Das Gefühl einer spirituellen Gemeinschaft am Arbeitsplatz wird niemals Eingang finden in die Bilanzen oder Quartalsberichte. Obwohl das Vorhandensein einer spirituellen Gemeinschaft sich nur schwer in Zahlen fassen oder messen läßt, spürt doch jeder sofort, ob sie vorhanden ist oder nicht. Sie ist der Grund dafür, warum wir gerne zur Arbeit gehen, sie hält uns den Tag über in Gang. Nur Unternehmen, die eine spirituelle Gemeinschaft bilden, können in sich verändernden, turbulenten Zeiten dauerhaft Spitzenleistungen erzielen. Raufen wir uns nicht zusammen, werden wir auseinandergerissen. Deshalb sind die besten Führungskräfte diejenigen, die in ihrem Unternehmen spirituelle Einheit erzeugen, indem sie sich beständig um ihre Mitarbeiter kümmern und ihnen das Gefühl verleihen, gemeinsam mit anderen auf ein höheres, wertvolles Ziel hinzuarbeiten.

Fördern und respektieren wir die komplementären Bedürfnisse nach Einzigartigkeit und Gemeinschaft, so schaffen wir damit die Voraussetzungen für das Entstehen eines Corporate Spirit, in dem wir unsere Arbeit als glückbringend und erfüllend erfahren und der uns motiviert, unser Bestes zu geben.

Diese lange als die „weichen Themen" im Geschäftsleben bezeichneten Aspekte werden zusehends darüber entscheiden, ob ein Unternehmen, gleich in welcher Branche, in der Lage ist, auf Dauer Spitzenleistungen zu erzielen. In einer Welt, in der ein Unternehmen weder auf technologischem noch auf organisatorischem Gebiet entscheidende Vorteile gegenüber der Konkurrenz erzielen kann, ist es die Geisteshaltung der Mitarbeiter, die über Erfolg oder Mißerfolg entscheidet.

12

Nützlichkeit und Verständnis

Wir alle empfinden ein spirituelles Bedürfnis, anderen zu nützen, und ein gleichermaßen zentrales Bedürfnis, zu begreifen, wo wir stehen, wohin wir gehen und warum das so ist. Wir brauchen eine umfassende Perspektive, die unserem Leben Sinn verleiht, eine Art geistiger Landkarte unserer Erfahrungen, anhand derer wir erkennen können, daß wir uns voranbewegen, daß wir die Welt durch unsere Existenz im positiven Sinne verändern.

Beide Bedürfnisse sind Teil des allgemeineren, umfassenderen spirituellen Bedürfnisses nach Einheit, nach Verbundenheit mit anderen. Ein Gefühl der Nützlichkeit ist eine Quelle für die praktische Erfahrung der Einheit mit anderen. Ein positives Verständnis unseres Lebens kann sowohl eine intellektuelle wie auch eine existentielle Form der Einheit sein. Ein starker Corporate Spirit kann nur dort entstehen, wo die Mitarbeiter das Gefühl haben, daß diese beiden Bedürfnisse erfüllt werden. Dasselbe gilt für stabile Geschäftsbeziehungen. Menschen müssen sich als nützlich, als wertvoll für andere empfinden. Und sie müssen verstehen, was um sie herum vor sich geht.

Das Bedürfnis, nützlich zu sein

Die griechischen Philosophen der Antike betrachteten die Menschen als teleologische (von dem griechischen Wort *telos,* „Ziel, Zweck") , zielorientierte Wesen, die sowohl konkrete Ziele als auch eine übergreifende Lebensaufgabe brauchen. Im tiefsten Inneren sehnen wir uns alle nach dem Gefühl, etwas Positives zu dieser übergreifenden Aufgabe, in jeder Beziehung zu anderen und in jeder Situation, die unsere Kraft und unseren Verstand beanspracht, beizutragen. Wer sich nutzlos und überflüssig fühlt, wird auf Dauer kein Glück in seinem Leben empfinden. Das ist einer der Gründe, warum Arbeitslosigkeit niemals ein rein ökonomisches, sondern immer auch ein viel tiefergehendes, spirituelles Problem darstellt.

Ein unnütz Leben ist ein früher Tod.
Johann Wolfgang von Goethe

Mit dem Gefühl der Nutzlosigkeit geht der Verlust des Selbstwertes einher, des Gefühls, am Leben zu sein. Genau deshalb kann die Pensionierung im wahrsten Sinne des Wortes töten.

Ein sehr agiler Mann, der die Siebzig längst überschritten hatte, erzählte mir, er und drei seiner Freunde wären im selben Jahr in den Ruhestand getreten. Da er nicht die Hände in den Schoß legen wollte, engagierte er sich ehrenamtlich und fand Aufgaben, die seine Fähigkeiten und seine Erfahrungen erforderten und ihm das Gefühl vermittelten, weiterhin von Nutzen für seine Mitmenschen zu sein. Seine Freunde taten nichts dergleichen, sie wollten nach einem langen und harten Arbeitsleben ihre wohlverdiente Ruhe genießen. „Mögen sie in Frieden ruhen", sagte der alte Mann. Binnen zwei Jahren nach der Pensionierung waren alle drei gestorben. Als teleologische Wesen sind wir darauf angewiesen, uns für eine Sache zu engagieren, uns nützlich zu fühlen.

Als mein Sohn sieben Jahre alt war, beschlossen meine Frau und ich, ihn mit einigen regelmäßig anfallenden Aufgaben im Haus zu betrauen. Doch als ich ihm unseren Plan unterbreitete, antwortete er nur: „Dad, ich bin ein Kind. Mein Job ist es, Spaß zu haben." Ich ließ mich überzeugen. Die Last der Verantwortung, dachte ich, wird ihm noch früh genug im Leben aufgebürdet werden, soll er spielen und Spaß haben, solange es noch geht. Doch ein paar Wochen später beschlich mich der Verdacht, daß er im Familienleben nicht den Grad an Erfüllung erlebte, den er hätte haben können. Natürlich wußte er, daß er vom Familienleben profitierte; was ihm fehlte, war das Gefühl, etwas dazu beizutragen. Ironischerweise ziehen wir aus Vorteilen, die uns zufallen, niemals soviel Erfüllung wie aus dem, was wir zu etwas beitragen. Als ich ihm schließlich doch ein paar regelmäßige Arbeiten übertrug, erschloß sich ihm, zumindest empfand ich es so, ein neues Gefühl der familiären Solidarität.

Dieses spirituelle Bedürfnis ist der Grund für die zentrale Bedeutung von Empowerment am Arbeitsplatz. Wenn wir Mitarbeitern erlauben, selbständig zu handeln, kreativ zu sein und etwas zu leisten, was sie selbst als nützlich und wertvoll empfinden, sind sie in der Lage, wirkliche Erfüllung in ihrer Arbeit zu finden. Damit helfen wir ihnen nicht nur, ihr Bedürfnis nach Einzigartigkeit zu stillen. Wir helfen ihnen auch, ihr Bedürfnis nach Gemeinschaft mit anderen zu befriedigen, denn von Nutzen sein bedeutet nichts anderes, als einen einzigartigen Beitrag für eine Gemeinschaft von Menschen zu leisten und dafür anerkannt zu werden. Diese drei fundamentalen spirituellen Bedürfnisse hängen eng miteinander zusammen und können sich, werden sie erfüllt, in ihrer positiven Wirkung gegenseitig verstärken.

> **Um einen Menschen zu zerbrechen, ihn restlos auszulöschen, ihm die furchtbarste aller Strafen aufzuerlegen, so daß vor ihr noch der schlimmste Mörder erzittern und erschrecken würde, muß man ihm nur eine absolut nutzlose und irrationale Arbeit geben.** *Fjodor Dostojewski*

Keine Arbeit zu haben ist ein furchtbares Los. Lange Arbeitslosigkeit führt zur Entwurzelung, raubt den Menschen ihren Halt im Leben. Den wenigen Menschen, die zwar angestellt sind und ein Gehalt beziehen, aber nichts zu tun haben, ergeht es nicht viel besser. Ich habe mit Beamten gesprochen, die daran verzweifelten, den ganzen Tag über nichts zu tun zu haben. Ein guter Freund meiner Eltern klagte verbittert, daß er jeden Morgen einen Roman einpackte, bevor er zu seiner Arbeitsstelle in einer Behörde fuhr, weil er sonst nur dasitzen und Löcher in die Decke starren würde. Sein Sicherheitsbedürfnis und die Angst, seine Rentenansprüche zu verlieren, hielten ihn zwar von einer Kündigung ab, aber er zählte bereits die Tage bis zu seiner Pensionierung, wenn er endlich frei sein und sich eine wirkliche Arbeit suchen können würde. Dieser Mann empfand ein tiefes spirituelles Bedürfnis nach fruchtbarer Arbeit, nach einem sinnvollen Einsatz seiner Talente und seiner Energien.

> **Arbeit ist der Arzt der Natur und unabdingbare Voraussetzung für das menschliche Glück.** *Galen*

Die Bedeutung sinn- und würdevoller Arbeit

Unterbeschäftigung stellt für Angestellte in der Privatwirtschaft in den seltensten Fällen ein Problem dar. Oder, besser gesagt, es ist im Normalfall kein Problem, das lange besteht. Keine Arbeit bedeutet über kurz oder lang keinen Job. Allerdings könnte, wie Dostojewski erkannt hatte, eine Arbeit, die wenig oder gar keinen Sinn hat, ein noch größeres Übel darstellen. Dafür, daß wir eine Arbeit als sinnlos empfinden, können mehrere Ursachen verantwortlich sein. Manche Menschen sind in ihrer Arbeit ernsthaft unterfordert. Sie müssen ständig gleichförmige Routinetätigkeiten ausführen, die keinen Spielraum für kreatives Denken und direkten, persönlichen Einfluß auf die Gestaltung der übergreifenden Arbeitsbedingungen lassen. In den letzten Jahren wurden in vielen Unternehmen Qualitätssicherungsprogramme initiiert, um solche Arbeitsplätze ausfindig zu machen und umzugestalten. Ganz richtig wurde immer und immer wieder darauf verwiesen, daß Unternehmen, wollen sie konkurrenzfähig werden und bleiben, nicht nur den Körper, sondern auch den Verstand aller ihrer Mitarbeiter einsetzen müssen. Was jedoch häufig übersehen wurde und noch wird, ist, daß wir auch ihre Herzen ansprechen müssen.

Der Mensch ist von seiner Natur her kreativ, ein zweckorientierter Problemlöser. Ihm wohnt das Bedürfnis inne, Ideen hervorzubringen und Strukturen zu erschaffen. Ein Leben als Roboter ist ihm unerträglich. Wir alle sehnen uns nach sinnvollen Herausforderungen, nach Aufgaben, die uns weiterbringen und das Gefühl geben, etwas zu einem Prozeß beizusteuern, an den wir glauben und den wir als sinnvoll empfinden.

Wir gehen nicht zur Arbeit, nur um Geld zu verdienen, sondern um einen Sinn in unserem Leben zu finden. Was wir tun, macht einen großen Teil dessen aus, was wir sind. *Alan Ryan*

Zu vielen Mitarbeitern in zu vielen Unternehmen fehlt der Blick auf den übergreifenden Kontext, in dem ihre tägliche Arbeit stattfindet. Sie haben keine Möglichkeit, die Bedeutung ihres Beitrags zum allgemeinen Wohlergehen zu erfassen. Es ist traurig, wenn jemand sagt, er sei „nur" Fernfahrer, „nur" Sachbearbeiter, „nur" Verkäufer oder „nur" Hausfrau. Was ich hören will, ist, daß die Leute sagen: „Ich fahre für APA Trucking. Wir halten die amerikanische Wirtschaft in Gang", oder: „Ich bin Verkäufer, ich sorge dafür, daß die Leute die Produkte erhalten, die ihr Leben schöner machen", oder: „Ich erziehe drei wundervolle Kinder, oder, um genauer zu sein, zwei kleine Mädchen und einen Ehemann". Jede Tätigkeit, die etwas Gutes hervorbringt, sei es ein Produkt oder eine Dienstleistung, verdient eine würdevolle Beschreibung. Zu viele von uns tragen in ihren Hinterköpfen ein entwürdigendes, triviales und erniedrigendes Bild dessen herum, was sie tun, ein Bild, das ihnen nicht mehr aus dem Sinn geht, ihnen den Zugang zu der tiefen Zufriedenheit verwehrt, die sie in ihrer Arbeit verdient haben.

Es kommt darauf an, daß wir und die Menschen, mit denen wir arbeiten, ein möglichst positives Selbstverständnis unserer Tätigkeit entwickeln. Jede strategische Entscheidung, jedes Ziel, das gesetzt wird, muß nicht nur den Verstand, sondern auch die Phantasie herausfordern. Neue Initiativen müssen in den Kontext einer umfassenden Vision gestellt werden, müssen klar erkennbar zu den Werten beitragen, die uns leiten oder die wir erreichen wollen. Sind diese Voraussetzungen erfüllt, können wir aus unserer Arbeit ein tiefes Gefühl der Nützlichkeit ableiten und werden, weil wir erkennen, daß wir uns für eine lohnende Sache einsetzen, um so motivierter sein. Die meisten Menschen haben nichts dagegen, hart arbeiten zu müssen, wenn sie nur wissen, daß ihr Einsatz sie einem Ziel näher bringt, das die Mühe wert ist.

> **Das bei weitem Beste, was das Leben uns zu bieten hat, ist die Aussicht auf harte Arbeit, die die Mühe lohnt.**
> *Theodore Roosevelt*

Wie können wir unseren Mitmenschen helfen, den Überblick zu erhalten, die großen Zusammenhänge zu erkennen? Die Antwort, die einem als erste einfällt und die wahrscheinlich auch die beste ist, lautet: mehr darüber reden. Beispielsweise könnten Geschäftsführung und Management in regelmäßigen Treffen die Unternehmensvision darlegen und verstärken, in der Betriebszeitung über den Wert dessen schreiben, woran alle im Unternehmen gemeinsam arbeiten oder was sonst noch an kreativen Möglichkeiten vorhanden ist, die Belegschaft anzusprechen. Ein anderer Weg, der kürzlich in einem großen US-Unternehmen beschritten wurde, besteht darin, die Mitarbeiter dazu zu ermutigen, sich mit ihren Kollegen aus anderen Abteilungen oder Teams zu unterhalten, um über das direkte Gespräch einen besseren Einblick in das große Ganze zu erlangen, zu sehen, daß sie selbst ein wichtiger Teil davon sind.

Lebenslanges Lernen

Eine andere Möglichkeit, Menschen zu einem umfassenderen Verständnis ihrer Tätigkeit zu verhelfen und ihr Bedürfnis nach Nützlichkeit zu stillen, gewinnt seit einigen Jahren mehr Anhänger. Seit einigen Jahren ermutigen zusehends mehr Unternehmen ihre Mitarbeiter, sich in andere Aufgabenfelder einzuarbeiten, neue Fähigkeiten zu erwerben und sich gezielt in Bereichen fortzubilden, in denen sie Schwächen aufweisen. Auf diese Weise können sie Aspekte und Teilbereiche der Organisation kennen- und schätzenlernen, die sie zuvor als gegeben hingenommen haben. In je mehr für das Unternehmen wichtige Aufgabenbereiche sie sich einlernen, desto besser können sie den Nutzen ihrer eigenen Tätigkeit innerhalb der Gesamtorganisation erkennen. Aber Unternehmen, die diesen Weg beschreiten, profitieren auch direkt davon: In einer Zeit, in der immer mehr mit immer weniger Mitarbeitern getan werden muß, sind Mitarbeiter um so wertvoller, um so mehr Aufgaben sie übernehmen können.

Nach dem jahrzehntelangen Trend zur immer stärkeren Spezialisierung kann ein bißchen mehr Generalismus in mehrerlei Hinsicht vorteilhaft sein. Doch das gilt nur, wenn es nicht übertrieben wird. Während eines Besuchs bei einem großen Dienstleistungsunternehmen beklagten sich mehrere Spitzenkräfte aus dem Außendienst über den massiven Druck, der auf sie ausgeübt wurde: Sie sollten neue Fähigkeiten erlernen und Bereiche stärken, in denen sie Schwächen aufwiesen, anstatt daß man sie ihre wahren Talente und Stärken ausbauen ließ. Ihrer Ansicht nach zog man sie aus den Bereichen ab, wo sie dem Unternehmen und den Kunden am besten von Nutzen sein konnten. Sie fürchteten, in austauschbare Rädchen umgeformt zu werden, daß man es ihnen unmöglich machen würde, ihre einzigartigen Fähigkeiten weiter einzusetzen und zu entfalten. Diese Spitzenleute plagte die Angst, weniger nützlich sein zu können als bisher.

> **Laßt jeden Manne seinen Tag mit dem zubringen, worin seine höchsten Fertigkeiten liegen.** *Sextus Propertius*

Jeder Mensch verfügt über eine einzigartige Kombination von Talenten und Erfahrungen, die nicht kopiert werden kann. Jeder Mitarbeiter besitzt bestimmte Stärken und sollte ermutigt werden, seine besten Talente in die Arbeit einzubringen. Bis zu einem gewissen Punkt fühlen wir uns um so nützlicher, um so mehr wir tun können. Doch das darf nicht so weit getrieben werden, daß wir anfangen, uns als austauschbare Rädchen im Getriebe zu fühlen.

> **Nichts ist wichtiger als eine Umgebung zu erschaffen, in der wir das Gefühl haben, einen Unterschied bewirken zu können. Wir haben nur dann ein gutes Gefühl unserer Arbeit gegenüber, wenn wir glauben, einen Unterschied bewirken zu können.**
>
> *Jack Stack*

Ein tiefes Bedürfnis

Wir müssen den Menschen um uns herum die Möglichkeit geben, sich nützlich zu fühlen; sie wollen spüren, daß sie etwas bewegen können. Für David Packard, den Mitbegründer von Hewlett-Packard, war es die spirituelle Berufung, „etwas Nützliches zu tun", die ihn dazu antrieb, eines der weltweit erfolgreichsten Computerunternehmen aufzubauen. Das Bedürfnis, in der Welt von Nutzen zu sein, stellt eine sehr starke Kraft im Leben der Menschen dar und läßt sich auf Dauer nicht unterdrücken.

Das Bedürfnis nach Verständnis

Ich bin immer wieder überrascht und erschreckt, wie viele Menschen mir gestehen, daß sie, wenn sie einen Moment innehalten und über ihr Leben nachdenken, das Gefühl überfällt, sich ohne Landkarte und Kompaß in einem tiefen Wald verirrt zu haben. Das Gefühl des Verlorenseins im Leben ist keineswegs ein Phänomen der modernen Zeit. Schon Dante ließ seine *Göttliche Komödie* mit den folgenden Zeilen anfangen:

> Als unseres Lebens Mitte ich erklommen,
> Befand ich mich in einem dunklen Wald,
> Da ich vom rechten Wege abgekommen.

Wo stehen wir? Wohin sind wir unterwegs? Und warum? Wir alle sehnen uns nach Orientierung in unserem Leben. Wir brauchen eine Landkarte des Lebens und ein Wissen um unser Ziel. Viele von uns leiden, weil sie grundlegende Mißverständnisse über das Leben entwickelt haben, Mißverständnisse, die wir oft erst „auf halbem Wege unserer Lebensfahrt" als solche erkennen. Je früher wir merken, daß wir vom rechten Weg abgekommen sind, und uns aufmachen, ihn wieder zu finden, um so besser. Allerdings setzt das voraus, ein grundlegendes Verständnis dafür zu entwickeln, was unsere Arbeit und wo unser Platz im Leben ist. Ein klares Verständnis der Umstände und Zusammenhänge, die unser Leben und unsere Arbeit prägen, ist eine zentrale Voraussetzung dafür, darin Zufriedenheit und tiefe Erfüllung zu erfahren.

Ich kann dir nur das sagen: Der nicht weiß, wer er ist und zu welchem Zweck er existiert, was diese Welt ist, mit wem er verbunden ist, und was das Gute und das Schlechte, was das Schöne und Häßliche, und der weder weiß, logisch zu denken noch Zeichen zu deuten, noch was richtig und was falsch ist und beides nicht auseinanderhalten kann, der wird weder entsprechend der Natur begehren noch sich abwenden, noch sich in Bewegung setzen, noch nach etwas trachten, weder zustimmen noch ablehnen, noch sein Urteil aussetzen; mit wenigen Worten: Er wird stumm und blind durch das Leben gehen, glauben, er sei jemand, dabei aber niemand sein. *Epiktet*

Beschäftigen wir uns mit der Rolle des Verständnisses der eigenen Lebensumstände für die Fähigkeit, Glück auf einer ganz allgemeinen Ebene zu empfinden. So, wie ich es sehe, leidet unsere Gesellschaft an einer Reihe von konzeptuellen Mißverständnissen, die entscheidend für die allgemeine Unzufriedenheit im beruflichen wie im privaten Bereich mit verantwortlich sind. Wir laufen Gefahr, einige der traditionellen Werte, die ein gutes Leben ausmachen, aus dem Blickfeld zu verlieren. Werte, die überlagert werden von modernen Entsprechungen, die zwar nach außen hin dieselben Qualitäten zu verkörpern scheinen, in Wahrheit aber nur Imitationen sind. Lassen Sie mich Ihnen anhand einiger Beispiele veranschaulichen, was ich damit meine.

Traditioneller Wert	Moderne Entsprechung
Weisheit	Wissen
Würde	Image
Wahrheit	Zweckmäßigkeit
Schönheit	Nervenkitzel
Integrität	Freundlichkeit
Charakter	Persönlichkeit
Ehre	Ruhm
Respekt	Angst

Betrachten wir zunächst unser Verhältnis zur Weisheit. Anstelle von Weisheit suchen wir heute Wissen. Wir meinen zwar, das sei dasselbe, aber das ist es nicht. Als Doktorand in Yale strebte zu meinem Erstaunen fast niemand, den ich traf, die Erlangung von Weisheit an. Die überwältigende Mehrheit meiner Kommilitonen häufte Fakten über Fakten an, ohne sich Gedanken über die wahre Bedeutung dieses Wissens zu machen. Statt Weisheit zu lehren, brüten unsere Universitäten menschliche Lexika aus.

Wissen ist nicht dasselbe wie Weisheit, sagt Konfuzius.
Zettel in einem Glückskeks

Ich erinnere mich noch sehr lebhaft an mein erstes Semester an der Yale University. Hitzige Diskussionen waren an der Tagesordnung, Namen von berühmten Wissenschaftlern und Philosophen flogen hin und her wie Tennisbälle, gefolgt von Zitaten von Autoren, von denen ich noch nie in meinem Leben gehört hatte. Nach der ersten Woche war ich überzeugt, daß alle anderen unendlich klüger und gebildeter seien als ich, und ich fing an, mich ernsthaft zu fragen, wie um alles in der Welt es mir gelungen war, hier aufgenommen zu werden. Erst sechs Wochen später wurde mir klar, daß alle Promotionsstudenten im ersten Semester genau dasselbe dachten. Nein, nicht etwa über mich, sondern über sich selbst im Vergleich zu allen anderen, einschließlich, zu meinem größten Erstaunen, meiner verunsicherten Wenigkeit. Jeder von uns gab vor, Sachen begriffen zu haben, die er in Wahrheit nur halb verstand – aus Angst, sich vor seinen Kommilitonen eine Blöße zu geben, die, und das ist die Ironie daran, größtenteils ebenfalls nur vorgaben, Dinge verstanden zu haben, von denen sie tatsächlich kaum eine Ahnung besaßen.

Nichts schadet einem Land mehr, als wenn listige Männer für weise gehalten werden. *Francis Bacon*

Auch bei Würde und Image verwechseln zu viele Menschen heutzutage das eine mit dem anderen. Bei meinen Besuchen in Fabriken traf ich immer wieder Arbeiter, die sich mir gegenüber für ihre Arbeit entschuldigten. Weil ihre Tätigkeit kein gutes Image hat, hatten sie das Gefühl, sie sei nicht würdevoll. Und ich habe sogar Unternehmer erlebt, die mir gegenüber fast schon beschämt über ihre Tätigkeit berichteten, weil ihrer eigenen und der scheinbar allgemeinen Auffassung nach das Produkt, das in ihren Fabriken hergestellt wird, „langweilig" ist, kein positives Image ausstrahlt und deshalb auch keine wirkliche Würde besitzt.

Doch Image ist nicht dasselbe wie Würde. Eine Gesellschaft, die die Würde, die harter Arbeit und handwerklichem Geschick eigen ist, nicht versteht, untergräbt ihre eigenen Fundamente. Die Arbeit eines guten Schreiners oder eines geschickten Mechanikers ist ebenso würdevoll wie die eines Professors, eines Managers, eines Arztes oder eines Parlamentariers.

Als Philosophieprofessor an der University of Notre Dame betrachtete ich es niemals als meine Aufgabe, meine Studenten auf den Lebensstil der Reichen und Berühmten vorzubereiten. Statt dessen bemühte ich mich, ihnen den Lebensstil der Weisen und Glücklichen beizubringen. Ein Leben muß nicht glanzvoll sein, um ehrenhaft, würdig und sinnvoll zu sein.

Verstehen Sie mich nicht falsch. Ich sage nicht, daß Wissen oder Image an sich schlecht seien. Beides sind wunderbare Qualitäten – solange sie nicht an die Stelle von Weisheit und Würde treten. Weil dieser Unterschied nicht verstanden wird, jagen viele Menschen in ihrem Leben den falschen Dingen hinterher. Ebenso läuft der Wert der Wahrheit heute Gefahr, in vielen Kreisen durch Zweckmäßigkeit ersetzt zu werden. Immer häufiger wird anstelle der Frage „Ist das wahr?" die Frage danach gestellt, ob etwas funktioniert, ob es zweckdienlich ist. Natürlich ist an Pragmatismus nichts auszusetzen, aber nur, solange die Zweckdienlichkeit nicht die Frage nach dem, was wahr und wirklich ist, ins Abseits drängt.

Genauso wichtig ist es, zu erkennen, daß Schönheit und Nervenkitzel nicht dasselbe sind oder daß Integrität und Freundlichkeit verschiedene Werte darstellen. Bei der Entscheidung, ob ein neuer Mitarbeiter eingestellt werden soll, reicht es nicht, zu fragen, ob er umgänglich ist oder eine freundliche Art besitzt. Wir müssen uns immer auch die Frage stellen, ob die betreffende Person „gut" ist – eine eigenständige, aber damit zusammenhängende Frage. Charakter ist eben nicht dasselbe wie Persönlichkeit.

Waren die Menschen früher bestrebt, Ehre zu erwerben, so wird heutzutage um fast jeden Preis Ruhm oder Berühmtheit hinterhergejagt. Doch auch heute gilt noch, daß ein Mann oder eine Frau damit bekannt wird, was er oder sie tut. Wollen wir, daß man gut von uns denkt, müssen wir Gutes tun. Aber die öffentliche Meinung sollte immer erst an zweiter Stelle hinter der Sorge um die Qualität und den Nutzen unserer Handlungen stehen.

> **Er wollte lieber gut sein als gut scheinen; so folgte ihm der Ruhm um so mehr, je weniger er nach ihm strebte.**
>
> *Sallust, über Cato*

Hinter diesen begrifflichen und konzeptionellen Verwirrungen steht größtenteils das Versäumnis, zwischen äußerem Anschein und innerem Gehalt zu unterscheiden. Doch was auch immer die Ursache sein mag, in ihren Folgen gleichen sie sich. Diese modernen Imitate auf Kosten der alten Werte zu akzeptieren, bedeutet, sich die Art fundamentaler Einsicht in das Leben zu verbauen, ohne die wir kein dauerhaftes Glück empfinden können. Wer die Unterschiede zwischen Original und Imitat nicht erfaßt, wird schwerlich erfolgreich durch das Leben gehen können.

Edmund Burke sagte einmal über die wahren Stärken im Leben des Menschen: „Die meisten dieser Tugenden können selbst von den größten Lastern imitiert und in ihren prägnantesten Auswirkungen noch übertroffen werden." Doch Imitation kann nicht von Dauer sein. Wir müssen den Unterschied zwischen Tugend und Laster, zwischen dem Guten und dem bloßen Anschein des Guten, zwischen dem Salz und der Suppe klar erkennen und festhalten, wollen wir unsere Gedanken und Bemühungen in eine gute Richtung leiten. In allen unseren unternehmerischen Handlungen müssen wir soweit wie möglich dafür Sorge tragen, daß alle Beteiligten diese Unterschiede begreifen. Gelingt uns das nicht, werden Ziele verfolgt und Dinge getan werden, die auf Dauer nichts zu unseren eigentlichen Zielen beitragen.

> **Das höchste Ziel aller Bildung ist die Schärfung des Wahrnehmungsvermögens in allen Dingen – die Fähigkeit, das Gute vom Schlechten und das Echte von der Kopie zu unterscheiden und das Gute dem Schlechten und das Echte der Kopie vorzuziehen.** *Samuel Johnson*

Den Zusammenhang verstehen

Der Präsident eines bekannten Unternehmens mit rund 400 Mitarbeitern betont immer wieder, daß er 400 Verkäufer beschäftigt. Seiner Überzeugung nach können alle, die für ihn arbeiten, die Produkte des Unternehmens auch verkaufen, weil jeder einzelne mit ihnen vertraut ist und an sie glaubt. Was einem normalen Angestellten zu einem Unternehmer fehlt, erklärt der Mann, sei lediglich Wissen, Begeisterung, Sendungsbewußtsein sowie ein Anreizsystem, das jeden sich ein bißchen wie ein Besitzer fühlen läßt. Die Produkte und das Unternehmen in- und auswendig zu kennen, sie wirklich zu verstehen, kann sehr motivierend wirken.

Je mehr die Mitarbeiter wissen und je mehr sie verstehen, desto mehr können sie zum Erfolg des ganzen Unternehmens beitragen.

Nicht alle Topmanager denken so. Sie verweisen auf Unternehmen wie die frühere IBM, die sich dafür rühmte, ihren Leuten alles über ihre Produkte beizubringen – es waren dieselben Leute, die nach ihrem Absprung Jahre später Big Blue als bestens informierte und höchst gefährliche Konkurrenten das Leben schwermachten.

Ein lehrreiches Beispiel. Bei IBM gab es zwar schon immer eine starke Unternehmenskultur, aber manche würden sagen, daß sie, zumindest in den alten Tagen, eine erstickende war. In Unternehmen mit einer das Individuum fördernden und respektierenden Kultur ist die Gefahr, daß Mitarbeiter aussteigen und zu Konkurrenten werden, sehr viel geringer. Viel wahrscheinlicher ist, daß sie sich inspiriert fühlen, daß sie „interne" Unternehmer werden. Ein gewisses Risiko bleibt natürlich, aber wer nicht wagt, gewinnt auch nichts, und im Rahmen einer gesunden Unternehmenskultur ist es dieses Risiko wert, auf sich genommen zu werden, wie erfolgreiche Unternehmen wie 3 M seit Jahren überzeugend vorexerzieren. Wirkliche Höchstleistung kann nur erreicht werden, wenn das Wissen über Produkte, Prozesse und Märkte innerhalb eines Unternehmens soweit wie möglich geteilt wird.

Stellen Sie Mitarbeiter ein: erstens wegen ihrer Integrität, zweitens ihrer Motivation, drittens ihrer Fähigkeiten, viertens ihres Verständnisses, fünftens ihres Wissens und zuletzt aufgrund ihrer Erfahrung. Motivation ohne Integrität ist gefährlich, Fähigkeiten ohne Motivation nutzlos, Verständnis ohne Fähigkeiten begrenzt, Wissen ohne Verständnis bedeutungslos und Erfahrung ohne Wissen blind. Erfahrung läßt sich von Menschen, die die übrigen Qualitäten besitzen, schnell erwerben und umsetzen. *Dee Hock*

Richtig vermittelt und eingesetzt, ist mehr Verständnis immer besser als weniger Verständnis. Auf gewisse Weise bringt uns das zurück zur Bedeutung der intellektuellen Dimension der menschlichen Erfahrung und der Macht der Wahrheit in Unternehmen. Doch diese spirituelle Art des Verstehens reicht über die bloße intellektuelle Ebene weit hinaus, ist niemals nur eine Sache des Kopfes, sondern immer auch eine des Herzens. Sie berührt die existentiellen Fragen nach dem Was, Wie und Warum unserer Arbeit.

Eine offener Geist, Enthusiasmus, der partnerschaftliche Prozeß selbst, das alles kann den Beteiligten ein Gefühl des Verständnisses verleihen innerhalb der Grenzen einer gemeinsamen Anstrengung und in der alltäglichen Routine am Arbeitsplatz. Ein Unternehmen, dessen Mitarbeiter diese Art von Verständnis auf der emotionalen und der intellektuellen Ebene empfinden, verfügt über einen fruchtbaren Boden, auf dem ein starker Unternehmensgeist wachsen kann, über einen Kontext, der Mitarbeiter fördert, den sie um ihre einzigartigen Talente und Erfahrungen bereichern können. Das Bedürfnis nach Verständnis zu respektieren und zu stillen, kann – im Zusammenspiel mit den anderen spirituellen Dimensionen – einem Unternehmen zu wahrer und dauerhafter Höchstleistung verhelfen.

Epilog

Höchstleistung in Unternehmen

Ich bin 30 Jahre auf dieser Erde gewandelt und will, aus Dankbarkeit, ein Andenken zurücklassen. *Vincent van Gogh*

Spitzenleistung in Unternehmen ist eine Form menschlicher Höchstleistung. Hinter jeder Spitzenleistung stehen Menschen, die an das, was sie tun, glauben, die darin von einem Unternehmensgeist unterstützt werden, der alle vier fundamentalen Dimensionen menschlicher Erfahrung respektiert und fördert: die intellektuelle, die ästhetische, die moralische und die spirituelle Dimension. Erfolg in Organisationen und persönliche Zufriedenheit setzt voraus, daß die dazugehörigen Prinzipien der Wahrheit, der Schönheit, des Guten und der Einheit in unserer Arbeit und unserer Umwelt gelebt werden – die vier zeitlosen Grundlagen dauerhafter Höchstleistung und menschlicher Erfüllung. Nicht mehr und nicht weniger.

Wir studieren die Erfolgsfaktoren in anderen Unternehmen und versuchen, diese Prinzipien zu kopieren. Meistens aber machen wir uns weder die Mühe zu analysieren, warum genau etwas funktioniert, noch welche Eigenschaften in der menschlichen Natur dafür verantwortlich sind, daß es funktioniert – und sind dann überrascht, wenn sich die Techniken und Strategien nicht so effektiv auf unsere Organisation übertragen lassen, wie wir es erwartet hatten. Wir schieben es auf mangelnde Motivation oder zerbrechen uns den Kopf darüber, ob wir die Technik falsch „installiert" haben, verschicken Memos, probieren dies und das aus und lesen noch ein Managementhandbuch. Wir bemühen uns. Aber wir graben nicht tief genug oder an der falschen Stelle, wir suchen nach Wissen, nicht nach Weisheit.

Wir müssen unsere Wurzeln so tief wie nur möglich in den Ur-
sprüngen menschlichen Denkens und Verhaltens verankern. Wir
müssen das Fundament dauerhafter Höchstleistung und die wahren Gründe menschlicher Motivation erkennen. Letztendlich sind
Spitzenleistungen in kooperativen Unternehmungen nur möglich,
wenn wir erkennen und respektieren, was Menschen wirklich
Glück und Erfüllung verschafft.

Menschen scheuen vor Herausforderungen, Veränderungen
und Risiken zurück, solange sie sich als Individuen nicht respektiert und gefördert fühlen. Nur in einer fruchtbaren Umgebung
können wir unser ganzes Potential an Kreativität und Leistungsfähigkeit ausschöpfen. Das wirkliche Verstehen des Ursprungs
menschlichen Glücks und individueller Motivation ist der Le-
bensmotor jeder Organisation. Die Einsichten der großen Denker
und Philosophen in die Natur des Menschen können uns durch
diese Zeit des Wandels und der Herausforderung leiten.

Wahrheit, Schönheit, das Gute und Einheit: Diese vier Prinzipien sind das Grundgerüst aller erfolgreichen Organisationen und
aller positiven menschlichen Beziehungen; die Leitbilder, an denen wir unser Verhalten in unseren Familien, Gemeinschaften und
Unternehmen ausrichten müssen. Die Frage lautet, wie genau wir
sie auf unsere derzeitige Situation anwenden. Aber wie Sokrates
einst schon sagte, Philosoph zu sein heißt nicht, die Antworten
auf alle Fragen zu wissen, sondern nur, die richtigen Fragen zu
stellen. Zu fragen, wie man die Wahrheitsliebe fördern, für mehr
Schönheit sorgen, das Gute stärken und ein Gefühl der Einheit mit
den Menschen, mit denen man zusammenarbeitet, erzeugen kann,
heißt, die richtigen Fragen zu stellen, Fragen, deren Antworten zu
einem positiven und starken Unternehmensgeist beitragen.

Einen neuen Unternehmensgeist aufzubauen und die Grundlagen für Spitzenleistungen zu stärken kann ein sehr langwieriger
Prozeß sein. Dennoch lohnt dieser Weg jeden Gedanken und alle
Mühe, die wir darauf verwenden. Erfolg werden wir nur dann haben, wenn jeder einzelne sich in seinen Aktivitäten von zwei Idealen leiten läßt, von zwei zentralen Eigenschaften, die leider nur
selten im Leben in einer gesunden Balance vorliegen.

Der wahre Geist der Größe

Vor einigen Jahren machte ich die Bekanntschaft des bekannten Fernsehproduzenten Norman Lear. Aus dem, was Lear mir an Einsichten über das Leben vermittelte, zog ich großen Nutzen, doch eines Tages erhielt ich einen Brief von ihm, der alles andere in den Schatten stellte. Er habe, schrieb er mir, vor einiger Zeit an einer Diskussionsrunde über Religion und Politik in den USA teilgenommen. Beim Versuch, eine bestimmte Frage zu beantworten, habe er einige Minuten damit gekämpft, dem Gefühl Ausdruck zu verleihen, daß er sich mit zunehmendem Alter zwar der „Bedeutungslosigkeit des Individuums in Gottes großem Plan der Dinge" bewußt werde, sich gerade aber dank dieser Erkenntnis „immer größer und wichtiger" fühle. Er mühte sich nach Kräften, dem Publikum den Sinn und die Wahrheit dieser scheinbar paradoxen Erkenntnis begreiflich zu machen, hatte aber das Gefühl, daß ihm das nicht gelungen sei.

Hinterher kam ein älterer Mann zu ihm, der sich als Rabbi Fields vorstellte. „Mr. Lear", sagte der Rabbi, „es gibt eine alte haschimidische Weisheit, die genau das ausdrückt, was Sie zu sagen versuchten. Ich werde sie Ihnen schicken." Lear war von der haschimidischen Weisheit so begeistert, daß er sie in seinem Brief an mich zitierte:

Trage immer ein Gewand mit zwei Taschen. In der einen Tasche bewahre ein Papyros, auf dem steht: „Ich bin nichts als Staub und Asche", in der anderen eines, auf dem steht: „Für mich wurde die Welt erschaffen."

Darunter hatte Lear hinzugefügt: „Ist das nicht phantastisch?"

Immer und immer wieder las ich den Ausspruch, saß da und sann nach. „Ich bin nichts als Staub und Asche.", „Für mich wurde die Welt erschaffen." Und dann fiel es mir wie Schuppen von den Augen. Dies ist die magische Kombination zweier menschlicher Einstellungen, die Haltung, die das Beste aus uns und unseren Mitmenschen herausholt: die Kraft, die wir aus dem Glauben an die eigene Würde schöpfen, gemildert durch die aus der Einsicht in die eigene Nichtigkeit herrührende Bescheidenheit.

Der einzige und alleinige Adel ist die Tugend. *Juvenal*

„Für mich wurde die Welt erschaffen." Auf lange Sicht inspiriert Menschen nur dieses Gefühl der Würde. Wenn es Ihnen gelingt, den Menschen in Ihrer Umgebung ein Gefühl der Größe zu vermitteln, halten Sie den Schlüssel zur vollkommenen Entfaltung ihrer Fähigkeiten in der Hand.

Und wenn Sie an Ihre eigene Größe glauben, gewinnen Sie daraus die Entschlossenheit und Beharrlichkeit, große Veränderungen in Angriff zu nehmen und auch in widrigen Zeiten unbeirrt daran festzuhalten. Das Gefühl der eigenen Größe wird alle in Ihrer Umgebung dazu ermutigen, das ihre zu einem positiven Unternehmensgeist beizutragen, zusammen an einer großen gemeinsamen Zukunft zu bauen.

Doch das Gefühl der eigenen Größe allein ist nicht ausreichend, sondern bedarf der Ergänzung durch ein entsprechendes Gefühl der Bescheidenheit. Ohne eine gewisse Bescheidenheit schlägt der Glaube an die eigene Größe leicht in Arroganz und Überheblichkeit um. Andererseits ist Bescheidenheit ohne Selbstbewußtsein nutzlos und ineffektiv. Erst die Kombination macht die beiden so stark.

Wir alle sind kleine Würmchen. Aber ich glaube, daß ich ein Glühwürmchen bin. *Winston Churchill*

Das Tao-teking sagt, der Ozean sei die größte aller Wasserflächen, weil er tiefer liegt als alle anderen: Sie müssen sich in ihn entleeren. Darin liegt eine der tiefsten Einsichten in die Natur der Menschenführung, die ich kenne. Die Größe des Ozeans liegt in seiner Demut, darin, daß er unter allem anderen liegt. Die meisten Führungskräfte bahnen sich ihren Weg mit Gewalt durch die Welt, angetrieben von dem Glauben an ihre eigene Größe, aber blind gegenüber der Notwendigkeit, im Umgang mit anderen Bescheidenheit zu zeigen.

„Ich bin nichts als Staub und Asche." Was kann ich alleine schon erreichen? Aber vergessen Sie nicht: „Für mich wurde die Welt erschaffen." Wenn ich mich dafür öffnen kann, was jenseits der Grenzen meines kleinen Ichs in der Welt existiert, wenn ich mich auf ein Niveau der bescheidenen Offenheit herabbegeben kann, die es mir erlaubt, das anzunehmen, was andere anzubieten haben, dann ist es sehr viel wahrscheinlicher, daß sie ihre Kraft auf mich übertragen und mir helfen, meine Ziele – und mögen sie noch so schwierig und anspruchsvoll sein – zu erreichen.

Größe und Bescheidenheit ergänzen sich und ermöglichen es jedem von uns, zu dem eigentlichen Sinn unserer Existenz beizutragen – der kreativen Liebe, der schöpferischen Kreativität. Vor allem aber helfen sie uns, eine Umwelt, einen Kontext, eine Kultur und einen Nährboden zu erzeugen, in der andere Menschen ihr Bestes geben können und gemeinsam mit uns ihren Teil dazu beitragen, daß wir glücklich werden und zu Höchstleistungen fähig sind. Mit Würde und Bescheidenheit können wir gemeinsam den Unternehmensgeist für unsere Zeit neu erfinden, die Wirtschaft um die menschliche Seele bereichern, unsere wirtschaftlichen Aktivitäten mit Sinn ausstatten und in ihnen wahre Höchstleistungen erreichen.

Ich bin fest überzeugt: Wenn wir lernen, die richtigen, sprich philosophischen Fragen über die Voraussetzungen eines positiven Unternehmensgeistes zu stellen, wenn wir uns wirklich mit den Antworten beschäftigen, die wir darauf erhalten, und wenn wir aus dem, was wir lernen, auch die Konsequenzen ziehen, dann können wir als Individuen und als Unternehmen die Spitzenleistungen vollbringen, die wir alle anstreben – und das Maß an persönlicher Zufriedenheit und individuellem Glück, das wir alle brauchen. Gelingt uns das, können wir der Welt im besten möglichen Sinn unseren Stempel aufdrücken.

Wenn Aristoteles auf dem Chefsessel eines Unternehmens säße, würde er genau das tun. Warum sollten wir uns mit weniger zufriedengeben?

Register

Personenverzeichnis

282

Praxiswissen für Ihren Erfolg